高等院校特色规划教材

高校思想政治理论课实践教程

（富媒体）

主　编　王世恒

副主编　初　丹

石油工业出版社
Petroleum Industry Press

内容提要

本书根据习近平在学校思想政治理论课教师座谈会上的重要讲话精神及《新时代高校思想政治理论课教学工作基本要求》，紧密结合当下高校思想政治理论课实践教学的需求和改革现状，对思想政治理论课实践教学的基本理论和具体实践操作进行了系统阐释。书中各专题配备了以二维码为载体的富媒体资源，使实践案例变得形象、生动，拓展了教师的教学方式和学生的知识面，也有助于提升学生的学习兴趣。

本书可作为高等院校、高职院校尤其是石油高校思想政治理论课实践教学的教材，又可作为大学生的自学用书。

图书在版编目（CIP）数据

高校思想政治理论课实践教程：富媒体 / 王世恒主编 .—北京：石油工业出版社，2021.2

高等院校特色规划教材

ISBN 978-7-5183-4524-3

Ⅰ．①高… Ⅱ．①王… Ⅲ．① 思想政治教育—中国—高等学校—教材 Ⅳ．① G641

中国版本图书馆 CIP 数据核字（2021）第 040718 号

出版发行：石油工业出版社
（北京市朝阳区安华里 2 区 1 号楼　100011）
网　址：www.petropub.com
编辑部：（010）64256990
图书营销中心：（010）64523633　（010）64523731

经　销：全国新华书店
排　版：北京点石坊文化发展有限责任公司
印　刷：北京晨旭印刷厂

2021 年 2 月第 1 版　　2021 年 2 月第 1 次印刷
787 毫米 ×1092 毫米　开本：1/16　印张：12.75
字数：292 千字

定价：32.00 元

序

2018年教育部印发的《新时代高校思想政治理论课教学工作基本要求》指出："思想政治理论课承担着对大学生进行系统的马克思主义理论教育的任务，是巩固马克思主义在高校意识形态领域指导地位、坚持社会主义办学方向的重要阵地，是全面贯彻党的教育方针、落实立德树人根本任务的主干渠道和核心课程，是加强和改进高校思想政治工作、实现高等教育内涵式发展的灵魂课程。"而思想政治理论课实践教学是增强学生学习主动性、提高教学实效性的有效途径，加强对高校思想政治理论课实践教学的研究，有利于发挥思想政治理论课的育人作用。

实践教学是高校思想政治理论课理论教学的补充和延伸，是高校思想政治理论课教学的重要环节，也是高校思想政治教育的主渠道之一。现阶段思想政治理论课实践教学已经在很多学校得以开展，并得到前所未有的重视。特别是"05方案"和《新时代高校思想政治理论课教学工作基本要求》出台以来，东北石油大学尤其重视思政课实践教学，率先将五门思想政治理论课实践教学部分整合为一门课程单独授课，设立32学时，2学分。在教学特色方面，我校在"大思政"格局的引领下，立足红色沃土，以"大庆精神育人，铁人精神铸魂"为育人理念，将"思政课程"与"课程思政"紧密结合，重点拓宽思想政治理论课实践教学的理论视野，逐步探索出立体式、多层次的全员覆盖型社会实践新模式，努力构建思想政治理论课实践教学的长效机制，大力推进实践教学模式创新。本教材是在《思想道德修养与法律基础》《中国近现代史纲要》《毛泽东思想和中国特色社会主义理论体系概论》《马克思主义基本原理概论》《形势与政策》等5门课程理论部分的基础上，结合各门课程的不同特点和本校的办学特色，有针对性地设置了参观体验、角色模拟、课堂讨论、视频观看、主题演讲、模拟法庭等丰富多样的实践教学形式，通过实践教学，使学生加深对中国特色社会主义理论体系的理解和对党的路线方针政策的认识，更深刻地感受民生，了解社会，认识国情，增强热爱祖国、热爱社会主义的信念和振兴中华的责任感与使命感，进一步拓展能力，增长才干，更好地为社会作贡献。

然而，高校思想政治理论课实践教学也面临某些困境和难题，在一定程度上阻碍了思想政治理论课实践教学质量的提升，如大学生主体意识欠缺、课堂运行机制尚待健全和规范等。因此需要在实践教学的过程中端正大学生自身态度，健全和规范课堂运行机制等，将校园课堂内的“小实践”转向社会课堂的“大实践”，使学生走入社会、了解社会，学会做人、学会做事，拓宽学生视野，在实践中锻炼自己，增强社会责任感和使命感。思想政治理论课实践教学既是思想政治理论课学科属性的内在要求和实现既定教学目标的重要途径，也是适应当代大学生思想特点和知识结构的必要措施，因此，开设好思想政治理论课实践教学具有重要意义。

《高校思想政治理论课实践教程（富媒体）》是一本集理论与实践为一体的综合性实践教程，也是一本通俗易懂的入门级教科书。本书通过情景剧表演、新闻实事播报、课堂讨论、视频观看、主题演讲、模拟法庭等形式生动地将理论“润物细无声”地融入实践，使学生最大限度地融入社会，提升自身能力。实践反哺理论，通过教材中理论与实践案例的学习，也可以筑牢学生思想政治理论课的基本功，真正实现“立德树人”。

东北石油大学党委副书记

2020 年 12 月 28 日

前言

高校作为教书育人的前沿阵地，承担着“立德树人”的重要责任。思想政治理论课正是落实立德树人根本任务的关键课程，其地位和作用不容忽视。如何创新思想政治理论课实践教学模式，切实提高人才培养质量，成为高校面临的重要课题。因此，必须构建新时代高校思想政治理论课实践教学的立体化模式。构建新时代高校思想政治理论课实践教学的立体化模式就是要坚持理论联系实际、双向互动和全程、全方位育人的原则，注重强化部门协同、推进全员育人。具体来讲，就是指在实践教学过程中通过社会实践和校园实践，使大学生的实践能力和社会生存能力得到有效锻炼，并通过活灵活现的实物或故事，激发学生的爱国热情和报国之志，树立大学生正确的人生观、世界观、价值观，加强高校思政课的亲和力。同时，结合东北石油大学“大庆精神育人、铁人精神铸魂”的育人特色，思想政治理论课实践教学通过还原客观真实又生动鲜明的历史场景，将大学生带入其中，让大学生实现与历史的跨时空对话，促使大庆精神内化于大学生的内心，并外化为个人自觉的实际行动，进而达到“立德树人”的目的。

本教材的编者都是奋斗在思想政治理论课实践教学一线的教师，他们有着丰富的高校思想政治理论课理论和实践教学经验。在思想政治理论课理论教学方面，他们是《思想道德修养与法律基础》《中国近现代史纲要》《毛泽东思想和中国特色社会主义理论体系概论》《马克思主义基本原理概论》《形势与政策》等 5 门课程的教学骨干和精英，对每门课程的内容和体系有着深刻的了解与把握。在实践教学方面，在校园内他们积极组织学生参加各种马克思主义社团、调研和微视频拍摄等活动；在校外多次带领学生走入社区，参观铁人王进喜纪念馆、油田历史陈列馆、1205钻井队等大庆精神红色基地，组建“重走铁人路 传承石油魂”社团，并多次重走铁人路，感受“铁人”在石油会战时期的艰辛和“宁可少活二十年，拼命也要拿下大油田”的英雄气概，并获得2019年“全国大学生百强暑期实践社团”称号。鉴于此，便有了编写一本思想政治理论课实践教材的想法，以满足大学生修读思想政治理论课实践教程的需要，也满足思想政治理论课实践教学的需要。

本书由东北石油大学组织相关教师编写，由王世恒担任主编并负责本书的组织和统稿工作，由初丹担任副主编，具体编写分工如下：理论篇的专题一、专题二、专题三及实践篇的专题九、专题十、专题十一、专题十二、专题十三由王世恒负责编写；实践篇的专题四、专题五、专题六、专题七、专题八由初丹负责编写。另外，徐晓宇、赵金子、王媛媛、钟楠、刘媛、赵琳、董王南也参与了本书的编写。本书的编写工作历时近两年，并进行了多次修改和完善工作，副主编初丹做了初次统稿工作，徐晓宇、赵金子、王媛媛等参编人员进行了书稿内容的搜集、整理、校对等工作，最后由王世恒进行了统稿和定稿。

本教材在编写过程中得到了东北石油大学党委副书记刘景顺的大力支持，并亲自为本书作序。同时本教材的编写得到了东北石油大学教务处，特别是教材科王继红科长的大力支持，并得到东北石油大学自编教材立项资助。马克思主义学院王鹤岩院长、徐晓宇副院长十分关心本教材的编写工作，并给予了多方帮助。同时，本书还得到了石油工业出版社“石油教材出版基金”的支持。在此一并表示衷心的感谢！

本教材编写者致力于编写一本实用、简练、规范操作性强的高校思想政治理论课实践教学教程，但其中不完善、不规范之处在所难免，实践教学内容也还存在诸多问题需要改进。尚祈读者批评指正，提出意见和建议，以便进一步完善。

王世恒

2020年11月

目录

理论篇

实践篇

富媒体资源目录

本教材的富媒体资源由东北石油大学马克思主义学院实践教研室搜集和提供，若教学需要，可向责任编辑索取，邮箱为 upcweijie@163.com。

理论篇

专题一 高校思想政治理论课实践教学概述

一、高校思想政治理论课实践教学的目标要求

思想政治理论课实践教学的目标是指学生通过实践教学活动，在理解和掌握思想政治理论知识，塑造和提升自身思想政治素质与道德素质方面应该达到的标准或者水平，它在整个实践教学过程中起着导向作用。思想政治理论课实践教学与思想政治理论课教育教学从本质上来讲属于同一范畴，与思想政治理论课各门课程的目标要求是一致的，因此，实践教学不是思想政治理论课之外的一个课程系统和教学系统，其教学目标不但不能偏离思想政治理论课的教育教学目标，而且要服务于思想政治理论课的总体目标，并与其协调一致。思想政治理论课教学的总体目标是通过学习马克思主义基本理论与马克思主义中国化理论成果，学会运用马克思主义的立场、观点和方法认识问题、分析问题、解决问题，结合国际国内的复杂形势，正确认识中国国情和人类社会发展的一般规律，坚定走中国特色社会主义道路，深刻领会实现中华民族伟大复兴的中国梦的历史使命，树立正确的世界观、人生观、价值观、道德观和法治观，最终实现自身自由全面的发展。

因此，围绕总体目标，思想政治理论课实践教学要注重针对思想政治理论课学习重点、难点以及社会热点，结合大学生的兴趣和关注点，把课堂讲授的思想政治理论和大学生的学习实践、生活实践、校园实践、与课程内容相关的校外实践结合起来，形成针对性和操作性强的、具有多层性和多维性的思想政治理论课实践教学的具体目标体系。还应围绕实践教学目标“制定大纲、规定学时、提供必要经费”，以此作为落实实践教学目标的制度保障。

（一）思想政治理论课实践教学的知识目标

坚持实践对认识的检验和深化作用，是中国传统“知行观”的重要观点，同时也是马克思主义认识论的一个基本观点。思想政治理论课实践教学，一方面以思想政治理论课教学内容为主题，选择适当的实践方式，让学生在调查、参与、思考、互动的过程中理论联系实际，加深对马克思主义基本理论和中国特色社会主义理论体系的认识、理解与认同，巩固和检验所学的思想政治理论知识；另一方面，通过思想政治理论课实践教学，依托于教材而又超越教材，引导学生进一步了解世情、国情、党情、民情、国史，从而拓展思想

政治理论知识范围，这是思想政治理论课实践教学最基本的目标。

（二）思想政治理论课实践教学的能力目标

通过多种形式的实践教学，提高学生主动运用马克思主义的理论、立场、观点和方法思考问题、分析问题、解决问题的能力，这是首要的能力目标。同时也通过实践教学，提高大学生的自我管理、人际交往、协调沟通、语言表达等能力。此外，通过形式多样、内容丰富和时空拓展的社会实践教学，提高大学生探索研究能力，促进大学生理性思维发展，培养大学生的创新意识和创新精神，增强大学生的实践意识和主体意识。

（三）思想政治理论课实践教学的情感、态度、价值观目标

高校思想政治理论课实践教学的核心目标是提高大学生的思想政治素质和道德素质，把当代大学生培养成德才兼备的社会主义建设者和接班人。思想政治理论课实践教学的有效开展，为大学生提供了接触社会、直面社会的机会；使大学生更多地了解社会生活，自觉砥砺品行、完善人格、加强能力塑造；使所学所得内化为科学的世界观和方法论，进而转化为对党和国家的路线、方针、政策的认同，增强对国家、民族、人民的认同和热爱；坚定为共产主义事业奋斗终生的理想和信念，学会把个人的前途命运和自我价值的实现与国家的发展联系起来，坚定中国特色社会主义共同理想，坚持道路自信、理论自信、制度自信、文化自信，自觉肩负起实现中华民族伟大复兴的重要使命；将课堂理论与社会实践紧密结合，通过实践的检验和充实，做到真学、真懂、真信、真用，自觉用理论指导自身的思想和行为。

综上所述，思想政治理论课实践教学的目标要求具有多维性和多层次要求，总体来讲是为了达到寓教于行、实践育人的总体目标。思想政治理论课实践教学应在传授基础理论的基础上，突出锻炼大学生实践能力、培养大学生社会情感、完善大学生人格修养，最终促进当代大学生的自由全面发展，同时这也是社会主义教育事业的终极目标。

二、高校思想政治理论课实践教学的指导思想

思想政治理论课实践教学主要是以马克思列宁主义、毛泽东思想和中国特色社会主义理论体系为指导思想，遵循马克思主义实践观，深入贯彻落实教育与生产劳动和社会实践相结合的教育方针，特别是落实“高校思想政治理论课要坚持政治理论教育与社会实践相结合，既重视课堂教育，又注重引导大学生深入社会、理解社会、服务社会”的要求，坚持思想政治理论教育与社会实践相结合，实现实践育人，服务于大学生的自由全面发展和成长成才的目标。

实践教学是思想政治理论课课堂教学的延伸和载体之一，要充分体现“贴近生活、贴近社会、贴近学生”的“三贴近”原则，全面落实“全员育人、全方位育人、全过程育人”的育人理念，细化育人过程、优化育人环境，实现思想政治理论课“知情意行”四位一体的有机统一。同时，思想政治理论课实践教学还要体现时代特色，紧扣时代脉搏。当前，思想政治理论课实践教学要引导大学生深刻领会和把握社会主义核心价值体系，自觉培育和践行“富强、民主、文明、和谐，自由、平等、公正、法治，爱国、敬业、诚信、

友善”的社会主义核心价值观，增强实现中华民族伟大复兴中国梦的信心和使命感。

三、高校思想政治理论课实践教学应遵循的基本原则

所谓原则，就是我们说话、办事所依据的根本准则。思想政治理论课实践教学的基本原则是指在思想政治理论课实践教学的实际运行和操作中，由思想政治理论课实践教学的内在规定性所决定的，正确处理各种矛盾和关系必须遵循的准则和依据。高校思想政治理论课实践教学的实施应坚持以下五大基本原则。

（一）思想性原则

思想政治理论课从根本上讲是育人课，是高校公共课程中唯一的政治显性课程和德育显性课程，具有鲜明的政治教育、政治宣传和思想引导功能。而思想政治理论课实践教学又是德育课程中一个十分重要和不可或缺的环节。思想政治理论课实践教学在具体实施中必须贯彻实践育人的基本理念，坚持社会主义的方向，坚持社会主义核心价值观。因此，该课程不仅是“知识”传授的课程，还承担着重要的政治思想和德育教育任务。就该课程所拟实现的教学目标而言，情感态度价值观目标应该优先于也优越于知识目标和能力目标的实现。思想性原则是思想政治理论课实践教学实施的首要原则。

在课堂理论教学中，学生获得了关于“情感态度价值观目标”的理论认识；而在实践教学中，学生主要通过具体的实践活动来体验价值选择，提升自我的政治觉悟和思想意识。这种体验和感悟将“触及学生融知、情、意于一体的内在的心灵和灵魂，必然给学生带来心灵的震撼和净化”。在具体教学实施中，我们不仅要告诉学生“是什么”，进行定性的结论式教育，而更应在探究过程中，告诉他们应当“做什么”和“怎么做”。“做什么”是思想定位，帮助和引导学生在实践中能认清方向，找准目标，明辨是非，作出客观正确的评价和认识；“怎么做”是规范教育，引导学生进行思想价值选择的体验，在体验中学会怎么进行价值的取舍。让学生以社会公民主体的身份体验规范的重要性，形成自觉遵守规范的意识。如在实际调研中，通过实地走访、调研，让学生对问题有一个客观清晰的感性认识，引导学生去发现问题，但更重要的是帮助学生寻找解决问题的方法和途径，最终实现将理论研究转化为自我的思想认识，心系国家，关注社会。

（二）实践性原则

思想政治理论课实践教学，就字面意思而言，是以思想政治理论为课程内容，以教学实践为课程形式。思想政治理论课实践教学重在实践，它本身就是“一种基于实践的教学理念、教学活动和教学课程，实践性是思想政治理论课实践教学最显著的特征和最根本的属性”。实践是人认识和改造世界的能动活动，是人的存在方式。对于涉世未深的大学生来说，思想政治理论课的实践教学就成为他们参与社会实践的重要形式。实践教学为大学生打开了一扇认识世界与改造世界的窗口，也为大学生搭建了一座从书斋通往社会的桥梁。实践是否一以贯之，实践是否落在实处，实践是否卓有成效，直接决定了该课程教学的成败。因此，实践性原则是思想政治理论课实践教学实施必须遵循的最鲜明原则，在坚持思想性原则的前提下，实践性原则将统摄其他各项原则。

思想政治理论课程实践教学不能简单地等同于“社会实践”，它有固有的要求和内容。在具体的教学实施中，实践教学的实践性主要通过三大基本形式体现。一是课堂实践教学，如主题演讲、红色影视作品赏析、课堂情景设置和案例讨论等。学生通过课堂实践教学加深理解，探求新知。二是社会实践教学（即课外实践教学），如开展社会调研、勤工助学、参加“青马工程”的研学、投身于大学生“三下乡”活动和青年志愿者活动等，通过社会实践教学学以致用，锻炼各方面能力。三是虚拟实践教学，参与以网络为平台的实践教学活动，如网络信息采集、网络学堂等，在虚拟实践中能力得到充实与提高。

值得注意的是，思想政治理论课实践教学虽然把实践作为重要的教学形式，但仍离不开正确的理论指导，这就意味着强调实践的重要性并不否认理论的指导性价值，而是要坚持在理论指导下的实践教学。

（三）实效性原则

实效，是指实际效果，即目的所实现的程度和成效。思想政治理论课实践教学实施的实效性原则，指在思想政治理论课实践教学实施过程中遵循教学的客观规律，把理论知识学习与实践运用有机结合，把转变学生的思想与解决实际问题有机结合，把教学方法的创新与提高学生的实际能力有机结合，达到思想政治理论课实践教学实际效果最大化的原则。从本质讲，思想政治课实践教学的最终目的就是“通过某种实践形式让学生的知、情、意受到感染，进而产生或思想认识或意志情感或思维方式等方面的正向的改变”。实效性原则正是思想政治理论课实践教学实施的终极原则。衡量思想政治课实践教学实效性的一个重要标准就是是否真正“唤醒”了学生，该课程是否真正成为让学生“真心喜欢、终身受益”的实践教学课程。

那么，怎样保证思想政治理论课实践教学实施的实效性呢？一是实践教学实施必须要有针对性，二是搞好“两个结合”。一方面，实践教学的内容、方式等要与所学课程相结合，要在梳理各门思想政治理论课共性的基础上根据各门课程的特点及其所肩负的教育任务，设计个性化的实践教学内容和形式。另一方面，要与学生专业特点、高校所处区域环境条件相结合，充分利用各种社会资源。比如，同一个实践教学主题，也可从不同专业、不同地区等出发布置不同题目，进行不同视域的思考。这样有利于激发学生的兴趣，调动学生修读实践教学课程和参加实践教学的积极性与主动性，让学生从自己熟知的领域寻找实践素材和教育资源，使教育更具感染力，教学更具实效性。

（四）系统性原则

高校思想政治理论课实践教学是一项系统工程，单靠思想政治理论课教师是远远不够的，学校必须从组织建设、队伍建设、制度建设、物质保障等方面着手，对各种资源进行统筹安排，实现校内各相关方面的通力合作。同时，积极利用和创设校外资源，获得校外各相关方面的大力配合和支持。可见，高校思想政治理论课实践教学的实施，本身就是一个操作系统或运行系统。遵循系统性原则，就必须坚持对实践教学进行整体性的建构和思考，充分发挥系统各要素的作用，形成合力效应。

如何体现实施中的系统性原则，可从以下三个方面着手。一是人员、机构的系统整合。应将思想政治理论课实践教学纳入高校实践教学育人工作的总体规划和教学计划，采用“一体多元”的方式整合各方力量，即建立由学校党委统一领导，主管教务的副校长和主管学生工作的副书记为直接领导，教务处具体牵头，宣传部、学工部、团委、图书馆等职能部门参与其中，以思想政治理论课教师为主体的实践教学或实践育人组织管理系统。同时，充分利用校外资源和力量，动员相关的其他高校、社会团体、企事业单位、街道、社区和乡镇等为实践教学提供实践的基地与平台，提供相应的支持和服务。二是实践教学活动的系统共创。由于思想政治理论课实践教学与大学生社会实践活动在活动目标、活动主体、活动内容、活动形式等方面的共通性，它们完全可以在形式上实现有效整合和统筹安排。“思想政治课实践教学要因地制宜、因时制宜，充分利用校内、社区和学生家庭中的各种活动资源，善于‘不求所有，但求所用’，努力实现活动资源共享的最大化。”三是实践阵地的系统共建共享。一方面，可充分挖掘、调动、整合其他课程学习、社会实践、勤工助学、“青马工程”、志愿服务、社团活动等实践基地的资源，将学校各部门建立的实践基地统一起来，成为思想政治理论课的实践教学基地，使思想政治理论课实践教学获得稳定的教学资源和教学阵地。另一方面，也可整合校外教育教学资源，如与社区建立互惠服务平台、与乡镇建立帮扶建设基地、与工厂建立实践锻炼基地等，实现实践阵地的系统共享共建。

（五）互动性原则

互动性原则是思想政治理论课实践教学具体实施的重要操作性原则，主要体现为实践教学中师生间的互动和实践教学环节的互动。前者是实践教学互动性的最直接、最重要的体现。师生间的互动要求调动学生和教师两个方面的积极性，实现教学相长。在师生互动中，一方面，学生是实践教学的直接受益者，实践教学效果更多地依赖于学生主体性的发挥。因此，在教学实施中应始终坚持“以学生为本”的教学理念，要切实尊重学生在实践教学中的主体地位，积极调动他们的主体性和参与性。只有这样，才能真正让学生在课程学习中获取新知，磨炼意志，提升能力，从根本上保证教学目标、课程目标的实现。另一方面，在教学实施中，教师的主导作用也不可缺失。学生的实践活动需要教师的理论指导、教学督促。教师当以自身渊博的知识、深刻的见识和人格魅力感染学生并答疑解难，增进师生感情，从而推动实践教学的良性互动，实现教学相长。

同时，教学环节的互动也是实践教学互动性的重要体现，主要表现为以下三个方面。一是从教学“一体化”而言，强调课前准备、课堂实施和课后反思三者呼应。课前准备是前提和基础，课堂实施是关键和重点，课后反思则是拓展与深化，课前准备和课后反思都应紧紧围绕课堂实施来开展。二是从教学基本运行而言，强调“五大课堂”互动，即以第一课堂理论学习为运行起点，以第二课堂学生实践为运行展开，以远程课堂教师督导为运行保障，以翻转课堂师生互动为运行深入和以成就课堂学生思信为运行终点。三是从教学平台建设而言应努力建构课内外互动、校院互动、校内外互动平台。

四、高校思想政治理论课实践教学的重要地位

实践教学成为高校思想政治理论课的重要组成部分，具有不可忽视的重要作用，具体来讲分为以下四个方面。

（1）实践教学适应中国社会发展对人才素质的新要求。随着世界各国向现代化的逐步迈进，以高科技和工业化为主要特征的现代社会，对人才素质的具体要求也正在发生着相应的变化。当代世界政治、经济、文化、科技等的发展，要求高等教育培养出一批有创新精神与创新能力的高素质人才。创新已成为当前各国发展的主要动力之一，也是人才最重要的素质，今天的中国也无例外。实践教学作为一门重在培养大学生实践能力、应变能力与创新能力的重要课程，对于提高人才素质无疑肩负着重要的责任与使命。

（2）实践教学是彰显当代大学生主体性的内在需要。当代大学生有着很强的自我意识。他们的主体性、主动性、探索性、自我选择性比之前任何一个时代的青年都要突出和鲜明，这也反映出他们在新的时代中证实自我、彰显自我的一种真实渴望。因此，传统的理论灌输式思想政治教育显然不能满足当代大学生的实际需要，反而容易导致大学生厌恶，甚至逆反心理的产生。而实践教学，跳出仅仅讲理论的枯燥怪圈，促使大学生走出教室、校门，深入社会生活实际，联系多姿多彩的社会现实，激起他们学习和思考的浓厚兴趣，更易于将思想政治理论教育中积极、健康、合理的思想和价值观转化为当代大学生的理想信念和实际行动。

（3）实践教学是实现中国梦的迫切需要。毫无疑问，实现民族复兴、国家富强、人民幸福的中国梦，需要广大民众的共同奋斗，尤其需要一代又一代青年人才的持续努力。高等教育就是为国家各行各业培养优秀人才的，因而在中国梦的实现过程中展现出至为关键的作用。人才的培养首先是思想观念的引导，然后才是知识的传授和技能的训练。常言道：体育不好出废品，智育不好出次品，德育不好则出危险品。各类专业人才只有在积极、健康、向上的思想和价值观指引下，才能做出有益于社会发展与人自身发展的行为。因此，高校思想政治理论课程中的理论教学与实践教学也需要与时俱进地加以发展，尤其是通过实践课程的教学，让大学生既学好理论，又能将理论运用于现实，能够对社会现实中的各类问题进行深刻认识，正确分析，最终合理解决。只有这样，青年大学生才能最终成长为中国特色社会主义建设事业所需的人才，才能为中国梦的早日实现贡献正能量。

（4）实践教学是思想政治理论联系国际国内社会现实的桥梁。马克思主义、毛泽东思想、中国特色社会主义理论体系本就来源于社会实践，是对社会现实及其历史发展趋势的科学反映。然而，社会现实的复杂多变性，使任何理论都会显示出抽象性、概括性的特点。因而，简单的“纯”理论灌输难以达到对马克思主义理论真学、真信和真用的目的。马克思主义的科学世界观和方法论必须在关注社会现实的过程中才能学习和掌握，但另一方面，没有科学理论指导的实践也是盲目的实践。所以，实践教学就成为思想政治理论与国际国内社会现实相联系的桥梁。就是说既要通过各种实践教学活动来升华、巩固对思想政治理论的学习和掌握，又要在科学理论的指导下开展有效的社会实践，将理论运用于实践，转化为实践，检验于实践，发展于实践。因此，将书本知识与社会现实、理论与实践

紧密结合起来的实践教学，成为高校思想政治理论课教育教学发展的一条必由之路。

同时，实践教学本质归属于思想政治理论教育教学范畴。因此，开展实践教学的重要意义也在于更好地帮助大学生学习和掌握思想政治理论。思想政治理论本就是来源于社会实践又服务于社会实践的，对思想政治理论的学习理解和深化认识也应在多种形式的实践教学中实现。毛泽东说过：感觉到了的东西，我们不能立刻理解它，只有理解了的东西才更能深刻地感觉它。实践教学不仅帮助大学生理解思想政治理论书本知识，也帮助大学生对社会实践经验进行理论升华，从而提高理论思维能力。思想政治理论课实践教学开设的必要性主要体现在以下三个方面。

（1）实践教学促进大学生坚持理论联系实际的优良学风。当代大学生的学习内容不仅包括扎实的专业知识，还包括必要的思想政治理论知识；不仅包括系统的理论知识，还包括较强的实践技能。在高校思想政治理论课体系中设置实践教学课程，有利于大学生将所学的专业知识应用于专业领域的实践活动，有利于其将马克思主义基本理论知识应用于对国内外社会发展现状的分析，在理论联系实际的过程中进一步理解、巩固、深化和发展理论知识，取得更好的学习成效。

（2）实践教学提高大学生学习的主动性和积极性。大学生始终是学习的真正主体，教师应在其学习过程中发挥主导作用。因此，无论对于大学生个人的成长与发展，还是对于高等教育最终质量的提升来说，大学生自身的学习态度和能力是最关键的影响因素。高校设置思想政治理论课实践教学课程，让大学生亲自动手，身体力行，在丰富多样的实践活动中应用知识，检验理论，发现问题和解决问题，而不是完全被动地接受知识理论的灌输。显然，这有助于提高大学生学习的主动性与积极性，有利于进一步体现其学习的主体地位。

（3）实践教学促进思想政治理论课教师教学能力和科研水平的提高。实践教学不仅是关乎学生的，也是关乎教师的，因为“教育者本人一定是受教育的”。一方面，教师通过对大学生实践教学的指导活动和开展社会实践、学习考察等活动，进一步了解国情，了解世界，开阔视野，丰富教学素材，提高理论教学和课堂教学实效性，同时教师也在指导实践教学的过程中提升自己的实践教学指导能力。另一方面，高校思想政治理论课教师不仅有教学任务也有科研任务。以教学促科研是高等教育发展的必由之路。教师通过指导学生的各种社会实践活动，也能够发现各方面的新现象，分析新问题，进而有目的地开展科研活动，包括教育教学方面的科研活动。因此，思想政治理论课教师积极参与实践教学指导和社会实践、社会调研等活动，对于提升自己的科研能力也具有极大的帮助。

专题二
高校思想政治理论课实践教学的基本内容

一、高校思想政治理论课实践教学的实施细则

马克思主义强调社会生活在本质上是实践的，实践的观点是马克思主义哲学的首要的和基本的观点，实践育人是马克思主义实践观在高等教育领域的直接运用。我国高校的思想政治理论课尤其注重社会实践的育人价值。思想政治理论课实践教学也是内容和形式的统一，实践教学课结合社会热点和大学生的学习兴趣，整合并围绕各门思想政治理论课的主要教学目标展开教学活动，因而具有丰富的实践教学内容。同时，实践教学内容的丰富性，决定了实践教学形式的丰富性。整合各门思想政治理论课实践教学的主要内容，形成实践教学课程完整的内容体系，进而探索和提炼出适合思想政治理论课实践教学的丰富形式，对于提高思想政治理论课实践教学的实效性具有重要意义。

（一）高校思想政治理论课实践教学模式

在“大思政”的理念下，马克思主义学院整合资源，拓展平台，根据课程自身特点和学生实际，在原有思想政治理论课实践教学的基础上采用“四位一体”实践教学模式。实现课内实践和课外实践相结合、校外基地实践和校园生活实践相结合、线上实践与线下实践相结合、专项集中式与个人分散式相结合的方式，对应建设四个实践教学平台以支持实践活动的开展。

（1）课堂情境模拟教学实践。以“课题化、全员化、开放化”为原则，激发学生理论学习的兴趣。教师根据实践教学主题，引导学生以小组为单位设定实践课题，推动全员参与，在课堂上通过经典研读、辩论、问题探究、情景剧表演、专题演讲、PPT 展示、新闻评论脱口秀等形式，创设生动形象的教学情境，将社会现实环境融入理论教学内容，将研究型学习渗透到课堂实践教学，及时解决学生在实践中的认知模糊、选择矛盾和行为偏差等问题。

（2）校内特色文化实践。以大学生成长成才为主线，依托校内社团和基地，活学活用，将理论学习与校园文化活动相结合。我校现有一批具有思想文化教育特色的社团和研练中心，如记者团、志愿者公益中心、创新创业中心、心理咨询中心、文学艺术中心等，这些社团组织将不定期根据思想政治理论课实践教学主题举办校内相关主题活动；此外，

院团委、学工处、党支部和马克思主义学院也会以校内资源为基础，充分开发校史展览馆、图书馆阅览室、校园媒体、活动中心、宿舍等校园实践教学基地开展活动，充分激发学生参与的积极性和创造性，依托活跃的校园文化培养和提高学生综合素质。

（3）校外参与体验式社会实践。学院充分开发利用周边教育资源，通过校企合作、联合办学交流、与专业实习实训相结合等方式建设一批就近稳定、特色鲜明、形式新颖、学生参与度高、社会反映好的校外社会实践教学基地，通过提供社会调查、志愿服务、生产劳动、“三下乡”、“进社区”、科技发明、参观学习、挂职锻炼与职业体验等实践形式，组织学生开展丰富多样的社会实践活动，并集中进行考核与成果转化。达到使大学生在与社会的接触中培养独立人格，在服务社会中陶冶道德情操，在人际交往中历练自我的目的，使社会实践成为大学生了解社会、开阔视野、提高修养、增长见识的重要平台。

（4）网络社会实践。以党的基本理论、路线、方针、政策为准绳，紧密围绕应用型创新人才培养目标，创建大学生思政课社会实践网络指导平台，包括思政课程网站、实践课程管理信息系统、实践课程微信公众号、手机 APP 等，通过慕课学习、主题论坛、网上阅读、网络问卷调查、视频展播、实践成果分享等活动为学生提供丰富的学习资源和交流渠道。

（二）高校思想政治理论课实践项目基本类型

1．社会调研类

发挥学科优势和专业特长，以实地走访和访谈方式深入城乡发展一线，开展社会或文化调研实践活动，获得第一手资料。充分利用地域特色文化、优秀传统文化资源开展文化调研课题，增强对国家、社会的认识和感情；根据城乡发展的突出问题，在城市运行、环境保护、医疗卫生、科技创新、文化建设、创新创业等方面的社会热点中展开深入调研，发现问题，提出解决方案，知行合一，为国家经济、政治、文化、社会、生态发展贡献青春力量。

2．公益服务类

通过社区服务工作、校外辅导工作、关爱弱势群体、理论政策宣讲、普法宣传、环保宣传等志愿者服务活动，了解我国加强法治建设的必要性及社会公民应具有的基本的法律意识，了解和认识社会对人才素质特别是对人才的思想品德及行为规范的基本要求，以达到对自己成才方向的初步定位，提升自身的社会责任感和奉献意识。实践活动以照片、视频、文字的形式记录志愿活动的实际过程，阐述自己的实践感悟，成果还可以以实践报告、PPT 或视频方式展示。

3．体验学习类

（1）寻访缅怀：开展追寻“大庆精神，铁人精神”的社会实践活动。参观大庆精神纪念馆，走访爱国主义教育基地，了解党史国情，正确认识人类社会发展的基本规律。寻访大庆石油会战参加者，开展实地调查研究活动，重温英雄人物的爱国事迹，增强民族自信心和自豪感。

（2）职业体验、创新创业实践：深入贯彻大学生创业的相关政策，前往企事业单位开展见习、实习、实训等职业体验；进入各地创业园区、校友企业、创业型企业开展走访、调研活动，学习提高创业技能；主动参与创新创业实践活动，参加各种创新竞赛。

（3）校友访谈：开展“寻访校友”实践活动。对知名校友或杰出校友进行访谈，了解其成长经历和人生轨迹，从中得到启发，汲取成长的力量。

（4）参观考察：参观博物馆，亲近历史文化的契机，感受国家悠久的历史和深厚的文化底蕴，提高认知水平；参观军营，体验部队真实的学习及生活，弘扬爱国主义精神及团结协作、吃苦耐劳的优良品质；参观各类大中小企业，认识改革开放给我国社会经济发展和人民生活水平带来的巨大变化，了解新农村建设情况，了解经济新常态下国有企业、民营企业、个体企业发展的现状，了解社会经济发展的其他组织形式在我国改革开放和经济建设中所起的作用；观摩法庭、监狱，加强大学生法治观念。

学生在参加以上体验学习实践中要求以文字、照片或视频方式记录过程，实践归来应结合主题撰写实践心得报告或论文。

4．主题表演类

通过自主编排，以自编、自导、自演小品、舞台剧、话剧、公益视频、微电影等方式，在现实情景中展示校园生活、青春梦想、社会问题、爱国情感、道德与法治、传统与现实等主题，记录表演实践的过程，撰写实践心得报告，并将表演成果在课堂或网络上进行展播。

5．校园文化实践活动

校园内由马克思主义学院与各院部或相关学生社团根据思想政治理论课实践教学主题举办的辩论赛、专题演讲、PPT 制作赛、新闻评论脱口秀、知识竞赛、创新技能大赛、报告讲座、采访活动、摄影展、经典诵读活动、观影活动、文化艺术节等形式丰富多样的校园文化实践活动。学生应积极参与到校园文化活动中，践行大学精神，感受校园文化的魅力，并形成相应的作品成果、实践报告或心得体会。

（三）思想政治理论课社会实践组织方式

思想政治理论课实践教学坚持“课程化定制、主题化设计、课题式引导、团队型组织和项目化管理”的组织理念，将实践组织方式分为专项集中式团队实践和个人分散式自主实践两种。学生以其中任一种方式成功参加社会实践，并提交成果合格方能取得学分。马克思主义学院通过对实践主题策划、实践计划指导、实践课题申报、实践活动实施、实践经验总结交流以及实践成果转化等“六环节”的把控管理，完善实践教学文件和管理制度建设，建立实践教学过程管理长效机制。具体安排包括专项集中式团队实践和个人分散式自主实践两种。

1．专项集中式团队实践

由马克思主义学院拟定相关主题，由院团委、学生工作处、思政课教师负责动员各系各专业学生自由组建实践队，围绕思想政治理论课实践教学主题，结合团队所具有的社会资源，制定关于实践目的、成员分工、经费预算、安全注意事项、时间地点、进程和预期效果等的详尽计划，每支实践队的学生人数一般控制在 20 ～ 30 人。实践团队经教师指导认真填写并提交《东北石油大学马克思主义学院思想政治理论课团队实践项目申报书》，经“学院思想政治理论课实践教学指导委员会”严格评审通过，最后申报成功的重点特色实践团队将获得一定经费补助。实践团队开展实践活动中要做好过程记录和宣传工作，接受中期检查，指导教师全程提供指导，各实践团队最终要形成相关团队实践成果，如实践报告、论文、课件、视频、创意作品等以便交流分享，同时每个组员应填写《东北石油大学马克思主义学院思想政治理论课社会实践登记表》，并独立撰写一篇实践论文、心得报告或调查报告，不少于2000字。

2. 个人分散式自主实践

未参与专项集中式团队实践的学生应根据马克思主义学院拟定的年度思想政治理论课实践教学主题，参考选题范例，确定具体课题，自主联系实践单位，选取适当的实践类型，开展为期不少于7天的社会实践活动。此外，学院将为学生提供多样的实践渠道和广阔的实践平台，学生个人也可以积极参加由学院各系、各部门根据思想政治理论课实践教学主题举办的辩论赛、演讲赛、知识竞赛、创新创业技能大赛、报告讲座、志愿者活动、摄影展、经典诵读活动、观影活动、文化艺术节等校园文化实践活动。每一位参加思想政治理论课实践教学的学生均应填写《东北石油大学马克思主义学院思想政治理论课社会实践登记表》，并独立撰写一篇实践论文、心得报告或调查报告，不少于2000字。

（四）思想政治理论课实践教学各教学环节学时分配

序号	内容	形式	学时分配					合计
			课堂引导	课外实践	课堂讨论	学术研究	其他	
1	校园调研实践教学	（1）校内实践调查活动； （2）结合或围绕重大社会历史事件或纪念活动，开展与课程教育相关的学术讨论和学术研究	1	2	2			5
2	参观体验实践教学	参观当地爱国主义教育基地，进行社会考察、社会实践调查、参观访问等实践活动，或观看爱国主义经典影视作品等，交流感想，撰写体验报告		4	2			6
3	角色模拟实践教学	课堂讨论、主题演讲、课堂辩论、模拟法庭、自编短剧、小品等	1	4	4			9
4	素质拓展实践教学	志愿服务、社区服务等活动等	1	4	2			7
5	科研实践教学	根据课程特征和教育内容，选择具有代表性的经典著作供学生阅读，深入了解马克思主义理论著作，进行课堂讨论并撰写读后感	1		2	2		5
合计			4	14	12	2		32

（五）教师职责

（1）负责组织安排、监督检查本人所负责班级各项实践教学活动；

（2）加强与学生的联系、交流，及时提供咨询、指导和帮助；

（3）积极配合，协调解决学生在实践教学过程中发生的突发事件；

（4）查收、评阅学生的申请表、调研报告、汇报材料等，并存档；

（5）根据学生提交的汇报材料及在实践活动中的实际表现评定成绩。

二、高校思想政治理论课实践教学的实施流程

高校思想政治理论课实践教学实施一般应包括课前准备、课堂实施和课后反思三大基本环节。不论是课堂实践教学还是课外实践教学，都不能忽略这三大基本环节。但在某个具体实践教学形式的开展过程中，每一个大环节又可包含若干具体步骤，它们构成实践教学课程的完整运行流程。

（一）思想政治理论课实践教学的课前准备

充分的课前准备是实践教学圆满完成的基础。课前准备主要包括以下三方面的任务。

一是成立实践教学领导小组。每学期应成立由教学院长为组长，实践教学教研室和督导组负责人为副组长的教学领导小组，召开领导小组会议，根据教务处的全校性教学计划对实践教学作总体部署。

二是开展实践教学指导教师课前培训。思想政治理论课实践教学作为全校性的公共必修课程，一方面，课程覆盖面大，涵盖课堂内课堂外、校内校外的众多实践教学内容和形式。另一方面，上课教师人数多，教师对该课程的重要性普遍认识不足，关注不多，又长期从事并习惯课堂理论教学模式，加上自身的社会实践经历浅、经验欠缺，其指导、监督和组织管理实践教学的能力参差不齐。因此，开展教师课前集中培训是非常必要的。培训内容大致包括：明确实践教学指导教师的职责，加深对实践教学的目的和意义认识，掌握开展实践教学的基本技巧和基本流程、实践教学的主要内容和形式，以及学生成绩评定标准等。有条件的教师也应学习和掌握诸如 SPSS（Statistical Product and Service Solutions，即“统计产品与服务解决方案”）等统计软件等。各高校的马克思主义学院还可以编写《思想政治理论课实践教学教师手册》，做到人手一册，供指导教师进一步学习体会。附例一是某高校编写的《思想政治理论课实践教学教师手册》节选。

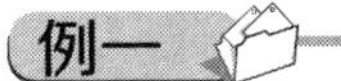

《思想政治理论课实践教学教师手册》节选

在教学院长指导下，实践教学教研室根据各位教师一学年的总的工作任务情况，分配承担实践教学的工作任务。

(1) 教师利用第一课堂应对所指导的班级进行实践教学课前期相关培训工作，如学生

参加实践教学的目的及意义、学分学时、方式方法和安全教育。

(2) 主动掌握与学生的联系沟通方式，跟踪第二课堂学生教学实践的实施。

(3) 利用网络等手段，通过建立班级 QQ 群等方式，实施远程课堂教师督导，及时掌握学生教学实践动态，进行有针对性的指导。

(4) 利用翻转课堂，引导学生学以致用，在实践中检验学生学习效果。

(5) 指导学生拍摄与课程相关的小视频，并推荐优秀小视频参加“我心中的思政课”全国高校大学生微电影展示活动。

(6) 引导成就课堂的运行，组织班级或校级实践教学成果汇报会，如学生交流、谈收获体会等。

(7) 对学生提交的调研报告、读后感或观后感等按照成绩评定标准进行批阅，根据学生的表现综合评定学生的实践教学课成绩。对学生提供的参加了其他实践教学活动的证明材料给予认证。

(8) 推选出优秀实践教学成果，评选优秀个人和团体；在规定时间内登录成绩。

(9) 组织学生参加全校性或全院（系）性的思想政治理论课实践教学成果汇报展。有条件时帮助学生汇编优秀论文集、优秀调研报告。

(10) 对本次指导实践教学的工作进行总结，写出书面材料。

三是进行集体备课。备课的效果往往决定了上课的效果。思想政治理论课实践教学进行集体备课是课前准备的重要任务，直接影响甚至决定了教师担负该课程的实际效果。集体备课包括课堂实践教学的备课和课外实践教学的备课。课堂实践教学备课包括备学生、备课程和备教师三个方面。备学生是指应对授课对象的专业、学科背景、兴趣爱好、知识储备的程度等有一个大致的了解，力争做到因材施教；备课程是指对各门理论课程的主要内容和教学任务进行梳理，选择思想政治理论内容与实践教学的最佳结合点，对每学期各门课程的实践教学主题、开展方法、教学手段进行研讨，力争做到经验共享、资源共享；备教师是指授课教师对自我有一个清楚的认识，扬长避短，可在总体实践教学实施方案的指导下有重点地突出自己专业研究的特长等。

当然，集体备课更主要的是就课外实践教学的备课。目前，思想政治理论课外实践教学采用最多也是最基本的形式就是组织学生开展社会调研活动。现以社会调研为例，介绍课外实践教学备课的主要任务：一是研讨并确定社会调研选题。由于思想政治理论课具有鲜明的时代性、社会性等特征，因此，其实践教学课应及时调整社会调研的内容。集体备课就是利用集体的智慧和力量，结合当前国内国际的热点问题和课程基本要求，最终确定社会调研的主要方向、选题等。二是制定相应的指导提纲，周密安排调研具体实施方案。三是博采众长，进行教学方法的研讨，完善指导流程。

（二）思想政治理论课实践教学的课堂实施

思想政治理论课实践教学在一定意义上还属于一门新兴课程，不论是实践教学课程要素建设方面，还是实践教学实际开展方面，都还处于积极探索和经验总结的过程中。因此，在坚持并贯彻实践教学基本原则的前提下，应充分尊重并发挥教师和学生的探索精神，视整个社会为实践教学的大课堂，让实践教学在学校课堂和社会课堂的连接中得到贯彻实施。因此，“五课堂”的实践教学课堂设计不失为一种大胆的创新和积极的探索。

1. 以第一课堂教师讲授为运行起点

思想政治理论课实践教学的“第一课堂”属于实践教学中的理论教学阶段，即实践教学指导教师首先应对学生集中授课，就实践教学进行理论讲解，这是实践教学特别是课外实践教学运行的起点，也是教师与学生第一次面对面交流沟通的课堂。在第一课堂中，首先，指导教师应帮助学生明确思想政治理论课实践教学的目的和意义，调动学生投身于实践教学活动的积极性。其次，指导教师要对思想政治理论课实践教学的学时学分、课程学习的主要内容、拟完成的实践任务（如第二课堂的调查研究和观读、翻转课堂的开展等）和实践教学实施的基本步骤或基本环节、成绩评定标准等进行详细讲解，让学生对该课程修读方式有一个清晰的认知。再次，指导教师还应对自主开展实践教学环境条件下的注意事项，如与人沟通的技巧和安全问题等进行说明。最后，学校还可编写《思想政治理论课实践教学学生手册》，做到人手一册，作为学生课后学习资料。附例二是某高校编写的《思想政治理论课实践教学学生手册》节选。

《思想政治理论课实践教学学生手册》节选

(1)“思想政治理论课实践教学”是大学生思想政治理论教育课程系统中的一门必修课程，每个学生须修完本课程并获得相应学分才能毕业。

(2)“思想政治理论课实践教学”包括课堂实践教学和课外实践教学。课堂实践教学由思想政治理论课任课教师结合课程内容在课堂教学中实施完成。课外实践教学为独立设置课程，由思想政治理论课“实践教学Ⅰ”和“实践教学Ⅱ”构成。其中“实践教学Ⅰ”主要包括在教师指导下利用寒暑假或节假日开展社会调研、观读经典著作或经典影视作品并撰写调研报告、观读报告等实践活动。“实践教学Ⅱ”则可选择性地自主开展诸如勤工助学、“三下乡”、志愿服务等公益活动、青年马克思主义者培养工程等校园文化活动以及科研科普活动等一系列课外实践活动。

(3) 学生必须进行网上选课并确认，由马克思主义学院指派教师到所在院系教学班级进行指导。学生须完整地参加实践教学课程的各个主要教学环节。

(4) 学生在参加实践教学活动过程中，应严格遵守国家法律法规，遵守学校规章制度，遵守实践教学所在单位的规章制度和要求，听从指导教师的安排。提高实践教学活动中的安全意识和自我保护能力，主动与指导教师取得联系并就实践教学活动中的疑难问题等进行交流沟通，虚心听取教师的指导。

(5) 参加实践教学过程中，应注意保留相关资料（如图片、调研计划、方案、原始记录、问卷调查表等）并与调研报告、读后感等一并提交给指导教师。每位学生必须提供足够的可资证明的材料并交指导教师予以认定后方可获得相应的学分。

(6) 学生应认真学习领会《思想政治理论课实践教学学生手册》的相关要求并认真填写相关内容。

2. 以第二课堂学生实践为运行展开

思想政治理论课实践教学的“第二课堂”是指突破传统的课堂教学形式，将以教师为主体、以学生为客体的灌输式的教学，变为以学生为主体的体验式和感悟式的教学，是以学生自主活动、自主学习、自主实践和自主探究为主体的课堂。同时也是突破教学时空限制，没有固定的教室和时间，让学生充分利用一切教育资源进行研究，培养学生独立探索，主动积极地构建自己的认知结构，着力提升学生的实践能力和创新精神的课堂。第二课堂是第一课堂的“实战运用”，是课堂运行的第二环节，也是思想政治理论课实践教学运行的展开。第二课堂在整个实践教学运行环节中居于核心地位，它的成败与否直接决定了整个实践教学的成败。

思想政治理论课社会实践教学的第二课堂，主体是学生，平台是课堂与社会相结合的实践教学基地，主要形式有社会调研、观读活动、暑期社会实践、科技学术活动、校园文化活动、青年志愿者活动和公益活动、勤工俭学、带薪实习等类型。以最普遍、最见效的社会调研实践教学为例。学生在教师推荐的调研选题范围内，结合自我的兴趣、体验和所学的理论知识，拟定社会调研主题，一般以5人以内的小组为单位开展社会调研，也可以个人为单位进行社会调研。学生通过不同的课题去探索实践，在选题、拟制调研方案和计划、开展实地调研和撰写调研报告等环节的实践过程中，亲自实践、操作和体验，增强社会实践能力，更好地学以致用。但要强调的是，不能把思想政治理论课实践教学简单地等同于社会实践，该课程需要坚持理论教学与实践教学相结合，引导学生在实践中有所思、有所得，并最终以书面的形式进行总结，上交指导教师。

3. 以远程课堂教师督导为运行保障

思想政治理论课实践教学的远程课堂不是一个独立的课堂，它同第二课堂一样，同属实践教学课堂运行的第二环节。“远程课堂”是第二课堂的辅助课堂，它以教师督导为主要方式，利用网络、电话等途径对学生教学实践进行动态督促、指导的虚拟课堂。实施远程课堂，开展教师督导，是为了实践教学第二课堂的安全有效运行，是必要的，也是重要的。一方面，虽然有了第一课堂的前期指导，但在第二课堂的具体操作中，以学生的自主学习（实践）为主，更多依赖于学生的主动与自觉，难免就会有学生因诸多主客观因素产生倦怠情绪，出现学习（实践）懈怠、敷衍，乃至抵触、弄虚作假等现象。另一方面，对于认真探究的同学而言，在实践学习中也会遇到或多或少的偶发事件、意外问题，或者实践操作中的困惑等。所以，教师对第二课堂实施监控、督促和指导是必要的，也是教师的本职工作。但在现有管理机制下，让教师“亲历亲为”地参加到学生各个小组的课外实践教学中去，还有极大难度。教师至多可以选择性地跟队予以指导。所以，对大学生课外实践教学实施远程课堂督导不仅必要也是可行的，具有客观的现实基础。

在远程课堂中，教师应重视发挥网络、电话等信息技术和通信设备的重要作用。其具体做法有：第一，保持电话的畅通，让教师与学生能够及时相互联系。第二，开通网上邮箱，建立班级 QQ 群或班级微信群，保持信息畅通，建立定时“师生每天 10 分钟集体网游制”，帮助教师及时掌握学生的学习动态，及时对学生进行进度上的提醒、任务上的督促。第三，建立“网络定期汇报制”并实施督导，如在培训课（第一课堂）结束后的两周内，要求所在班级学生负责人汇报实践教学选题方向和课题名称、分组和分工情况，以及调研计划和方法、时间和地点等；再如，在第二课堂实施的中期阶段，要汇报调研问卷的统计数据和访谈纪要的整理情况以及参加社会调研的感受体会等。第四，设立网上“疑难问题救助箱”，凡有疑难问题的同学可以在此留言，师与生、生与生在此可相互答疑，共同探讨。

4．以翻转课堂师生互动为运行模式

思想政治理论课实践教学的“翻转课堂”，顾名思义，就是学生充当教师角色，以学生主讲为主，师生共同参与，探求新知、共享成果的一种动态课堂。翻转课堂是思想政治理论课实践教学课堂实施的第三环节，也是让学生重回校内课堂，再次实现师生面对面学习研讨的重要途径。

在实践教学的具体操作中，翻转课堂常常被忽视，在不少学校甚至就不存在。这是实践教学中的一大误区。虽然经过前面两大环节，三种课堂，实践教学已得以推进和开展，学生在实践教学中已有所收获，但完整的实践教学特别是课外实践教学并未结束，一些学习问题和实践问题，尤其是思想认识上的困惑还很难及时解决。如果没有再一次面对面交流的机会，可能这些问题或困惑就无法得到有效解决。同时，对初次进行社会实践的大学生而言，每个人在实践学习中的感受体会颇多，既有成功的经验，更有失误的教训，尤其需要在讨论交流中更好地成长。另外，在具体实践学习中，即使是同一课题的小组成员之间，也会对实践活动有不同的体会、认识和评价，也需要通过翻转课堂帮助学生对人对事有一个更加全面清晰的认识。

实践教学的翻转课堂有两种基本形式。一是学生代表作主题发言，发言主题如“实践学习的课题汇报”“有效的实践学习的方式方法思考”“实践学习的经验分享”“实践学习的教训反思”等。二是分组进行研讨。师生互动是翻转课堂的一大特色。在翻转课堂中，当学生进行主题发言时，教师首先是一名倾听者，给予学生畅所欲言的空间，然后才做一名引导者，因势利导地将学生的实践探究与学科教学内容紧密联系并推向深入。在分组讨论时，教师更多的是作为一名参与者，参与学生平等自由的讨论。这是一种全新的课堂教学模式，是真正在师生互动中实现以学生为主体、主导的课堂。

5．以成就课堂成果展示为运行终点

思想政治理论课实践教学的“成就课堂”是实践教学课堂实施的最后一个环节，也是保证实践教学完整性必不可少的环节。“成就课堂”就是以树立榜样和先进典型的示范带头作用为手段，通过实践教学汇报会和汇报展为平台，教育、引导、激励师生，充分调动大家教学和学习的积极性、主动性和创造性，加强思想政治理论课实践教学其课程魅力的荣誉课堂。

赏识教育、激励教育是教育教学卓有成效开展的重要手段。开展行之有效的实践教学的成就课堂，能够起到典型示范的作用。因此，实践教学活动结束后，都应及时地进行总结和评比，奖励成效显著的教师和学生、个人和团体，以使更多的学生受益，更多的教师受到启发和鼓励，使思想政治理论课实践教学“真正成为每个大学生在学期间知识转化为能力并内化为素质的大舞台”。

成就课堂有三种主要形式。一是召开实践教学成果汇报会。在对思想政治理论课实践教学活动进行总结的基础上，以表彰先进为主要形式。表彰的对象有：（1）以实践教学班为单位，按照班级人数的一定比例，推选“优秀实践个人”和“优秀实践团体”；（2）在全校范围内，按照实践教学班级数的相应比例评选“优秀实践班级”；（3）按照学生网评（通常可占 60% 的比例）和校督导组评价（通常可占 40% 的比例）相结合的方式评选“优秀实践指导教师”。二是举行实践教学汇报展。以实践教学班为单位，按照班级成果数的一定比例，评选表彰优秀实践论文或调研报告。以展板的形式，结合图片、数据等向全校展出，供大家学习借鉴。三是汇编实践教学优秀论文或优秀调研报告集。论文集可作为档案保留以备教学评估之用，也可作为学生的科研成果凭据并给予物质和精神奖励，还可作为学生申领奖学金及评优的重要条件，从而将教学与科研更好地结合。对于一些优秀实践论文或调研报告可再组织教师进行指导完善，以期到达公开发表的水平。

在五个课堂中，第一课堂主要承担实践教学的理论指导和培训任务，第二课堂主要承担课外实践教学任务，远程课堂是第二课堂的保障，翻转课堂则是对第一课堂所学知识和第二课堂实践结果的反思、检验与运用，成就课堂则是对学生实践教学成绩的认定及实践教学优秀成果的推广。五个课堂，相辅相成，共同推进和保障实践教学的有效运行。

（三）思想政治理论课实践教学的课后反思

为了保证思想政治理论课实践教学课程的鲜活生命力和持续发展力，认真的课后反思是必需的。课后反思是指教师对实践教学的再认识、再思考，它是完善实践教学，提升教学效果的重要环节。通过课后反思，教师可以更清楚地认识和评价实践教学的得失，提出下一步改进措施，从而推动实践教学课程的建设和发展。

课后反思的类型有很多，按照不同标准有不同的分类。一是按照反思的不同方式，可以分为纵向反思和横向反思。纵向反思着重按照教学运行环节来进行动态反思。如课前准备反思、第一课堂授课反思、第二课堂学生实践反思、远程课堂的督导反思、翻转课堂的互动反思、成就课堂的成效反思等。而横向反思则需要跳出自我，借他山之石攻己之玉。就是说，通过学习比较（如同行观摩、评课、校际交流等），研究别人的教学长处，找出理念上的差异，解析手段、方法上的差距，从而提升自己。二是按照反思的主体不同，可分为个体反思和集体反思。个体反思主要对自我教学理念、教学态度、教学方法、教学手段、教学实施和教学效果等进行全方位反思，而不仅仅是“闭门思过”。集体反思是实践教学指导教师通过集中研讨、集中学习进行团体反思，是一种当下值得推广的课后反思方式。它以教师之间的合作与对话为重要特征，注重教师间成功的分享、合作学习和共同提高。集体反思一般是以教研活动的形式展开，通过观摩实践教学公开课、专题问题研讨、座谈交流会等，进行智慧的碰撞、思想的共享。同时，以旁人的眼光来审视自己的教学实践，也能使自己对问题有更明确的认识，并获得解决问题的可能途径。值得注意的是，除了同事之间的集体反思外，还应该"请进来、走出去"，请教育教研专家、学者来做实践教学方面的专题讲解，外出参观考察和学习，促使教师从更加广泛的领域获取营养，从而提高自身的实践教学指导能力乃至社会实践能力和科研能力。

三、高校思想政治理论课实践教学的探索与发展

党和国家历来十分重视高等教育中的实践教学建设。党的教育方针在不同时期对实践教学的表述方式虽有些许差异，但强调理论联系实际，坚持教育与生产劳动和社会实践相结合却是一以贯之的基本原则和要求。我国高校思想政治理论课实践教学经历了一个曲折发展过程。在此，仅就"文化大革命"结束、恢复高考后思想政治理论课实践教学的演变和发展情况做简要叙述。总体来看，思想政治理论课实践教学经历了从普遍要求大学生参加课外社会实践活动，到自觉将实践教学作为一个重要教学环节纳入思想政治理论课，再到属于思想政治理论课教育教学范畴但又设置为一门相对独立的实践教学课程的发展历程。

（一）高校思想政治理论课实践教学的拨乱反正和改革探索

"文化大革命"结束后，国家在思想政治、文化教育等领域进行了一系列的拨乱反正，高等教育中的许多错误做法得到逐步纠正，思想政治理论课及其实践教学也迎来了新的发展时期。

1. 思想政治理论课及其实践教学的拨乱反正

中央恢复邓小平领导工作后，邓小平主动提出自己主抓教育。1978 年 4 月，邓小平提出将教育和生产劳动相结合，作为我国教育事业繁荣和发展的方针，并要求在教育与生产劳动结合的内容、方法上不断有新发展。党的十一届三中全会后，党中央坚决批判和摒弃了"以阶级斗争为纲"的错误政治路线，也就根本否定了长期以来把政治运动作为实践教学的主要形式的错误做法。1977 年，教育部发出通知，要求全国各级教育部门和学校"把教育战线学习雷锋的运动，深入持久地进行下去"，中断了十余年的学雷锋活动又重新开展起来。

1981 年，中共中央宣传部、教育部等多个部门联合发出《关于开展文明礼貌活动的通知》，指出"大、中学校的'学雷锋、创三好'和'三堂、一馆、一舍'（课堂、食堂、会堂、图书馆、宿舍）文明新风活动……都是文明礼貌活动的重要内容"。随后，各地高校把四项基本原则教育与形势任务教育，道德品质教育和"学雷锋、创三好""五讲四美"活动相结合，探索了开展思想政治教育和实践育人的多种形式。1981 年，教育部召开的全国学校思想政治教育工作会议，强调必须把课堂教育、日常的思想政治工作与实际锻炼恰当地结合起来，各科教学都要贯彻思想教育，还要组织学生适当参加劳动军训、社会调

查等社会实践活动。实践教学逐步步入正轨。

2. 高校思想政治理论课及其实践教学的改革与探索

随着党和国家工作重心的转移，我国进入了中国特色社会主义建设的新时期，高校思想政治理论课和实践教学也在改革和创新中不断发展与完善。1983 年，共青团中央和全国学联发起在全国开展大学生“社会实践周”活动，得到许多高校的响应。如辽宁省各高校组织大学生走出校门，开展“把知识献给人民”的为人民服务活动，把突击性的活动发展成为向人民学习，为“四化”建设服务的长期活动，使社会实践活动经常化、制度化。1987 年，中共中央《关于改进和加强高等学校思想政治工作的决定》强调：青年学生只有在学习科学文化知识的同时，积极参加社会实践，更多地了解国情、了解社会主义建设和改革的实际、了解人民群众的思想感情，才能树立起为社会主义祖国而献身的信念，逐步锻炼成为有用的人才。自 1987 年起，假期社会实践活动在全国各高校普遍组织开展起来。1994 年，中共中央《关于进一步加强和改进学校德育工作的若干意见》明确指出，学校德育工作要加强实践环节，高中和高等学校要把社会实践纳入教育教学计划，组织学生参加社会调查、生产劳动、科技文化服务、军政训练、勤工俭学等活动。自 1996 年起，有了持续近 20 年的大中专学生文化、科技、卫生“三下乡”暑期社会实践活动，每年都有数以百万计的大中专学生参加。暑期“三下乡”活动面向基层，针对现实问题，内容丰富、形式多样，而且总结出了一套较完善的开展社会实践活动的基本程序和规范，成为这一时期大学生参加的极为重要且成果显著的社会实践教学形式。

不过，这一时期的实践教学主要表现为要求大学生普遍地参加社会实践活动，或者说，属于广义的德育意义上的实践教学，与“两课”（即现行思想政治理论课）教学的结合度还很低，思想政治理论课教师参与度也很低，其组织实施者主要是高校的团委、学工部、院系团总支等部门的“政工干部”。这一时期，广大思想政治理论课教师为使课堂教学生动活泼，增强思想政治理论课的感染力和实效性，也探索了许多新的教学办法，如课堂辩论、撰写科研论文等。但这些新的教学形式还没有被提升到实践教学的高度并纳入“实践教学”的范畴。

（二）高校思想政治理论课实践教学的纵深发展

2004 年，中共中央、国务院颁布了《关于进一步加强和改进大学生思想政治教育的意见》（中发〔2004〕16 号），随即中宣部、教育部颁布《关于进一步加强和改进高等学校思想政治理论课的意见》（教社政〔2005〕5 号），我国高校开启了新一轮的包括思想政治理论课在内的思想政治教育教学改革，形成了思想政治理论课的“05 方案”。“05 方案”实施十多年来，思想政治理论课及其实践教学改革都取得了丰硕成果。

1. 实践教学明确纳入思想政治理论课教学范畴

“05 方案”不仅确定了更加完善、更加符合实际的思想政治理论课课程体系，并且首次将实践教学明确纳入思想政治理论课教学范畴。“教社政〔2005〕5 号”文件规定，思想政治理论课所有课程都要加强实践教学环节，要围绕教学目标，制定大纲，规定学时，提供必要经费，这就肯定了实践教学在高校思想政治理论课中的正式地位。为此，广大思想政治理论课教师积极探索实践教学的新形式、新方法，如观看教学录像与讨论，组织课堂辩论、举办征文活动、开展主题演讲等。这些实践教学活动，对于活跃教学氛围，调动学生学习的积极性和主动性，加深学生对思想政治理论的理解和对中国特色社会主义的信念起到了积极作用。“教社政〔2005〕5号”文件还要求，要把实践教学与社会调查、志愿服务、公益活动、专业课实习等结合起来，引导大学生走出校门，到基层去，到工农群众中去，通过形式多样的实践教学活动，努力提高大学生思想政治素质和观察分析社会现象的能力。但在实际操作中，诸如社会调查、志愿服务、公益活动等实践教学形式，还主要是由高校的团委、学工部等政工部门组织实施。高校的马克思主义学院（思想政治理论课教研部）和专职教师的参与度仍然很低。因此，这一阶段的实践教学主要是作为思想政治理论课一个教学环节展开的，虽然比以前受到了更加明显的重视，但独立的课程属性并不突出。同时，这期间也出现过实践教学过场化、重复性和抄袭性等现象，并在学时分配、学分规定、考核方式等方面出现某些混乱，更谈不上专门针对实践教学的经费预算和保障。

2．思想政治理论课实践教学的最新发展

2008年9月，中宣部、教育部《关于进一步加强高等学校思想政治理论课教师队伍建设的意见》（教社科〔2008〕5号）再次明确提出完善实践教学制度。2009年之后，许多高校都开始探索在承袭各门思想政治理论课课堂实践教学环节的基础上，把原来分散在各门课程中的实践教学的学时学分重新集中起来，以便开展更加完整的综合实践教学活动，从而使实践教学由一个教学环节逐步演变为思想政治理论课课程体系中的一门正式课程。这种新的探索和改革，不仅使“把实践教学与社会调查、志愿服务、公益活动、专业课实习等结合起来，引导大学生走出校门，到基层去，到工农群众中去”的要求得以实现，马克思主义学院和思想政治理论课教师也成为开展实践教学的主力军。这一时期，实践教学保障机制建设如实践教学基地、经费投入也基本得到落实。2012年1月，教育部等部门联合下发《关于进一步加强高校实践育人工作的若干意见》（教思政〔2012〕1号），该文件表明，思想政治理论课实践教学已经成为我国高校实践育人体系中的一个重要组成部分。2018年2月，教育部下发的《新时代高校思想政治理论课教学工作基本要求》（教社科〔2018〕2号），该文件提出要从本科思想政治理论课现有学分中划出2个学分、从专科思想政治理论课现有学分中划出1个学分，开展本专科思想政治理论课实践教学。学生既可通过参加教师统一组织的实践教学获得相应学分，也可通过提交与思想政治理论课学习相关的实践成果申请获得相应学分。

由上可见，党和政府一直高度重视和关心高校思想政治理论课实践教学的建设与发展。但无论是思想政治理论课本身，还是其实践教学，都经历了一个曲折发展的过程。特别是高校思想政治理论课实践教学的发展表现为一个从纯政治性实践转向泛政治性实践、从宽泛性实践转向针对性实践、从非课程性实践转向课程性实践的漫长过程。对于高校思想政治理论课中的实践教学，进一步提高认识，不断探索创新，逐步改革调整，以更丰富、更灵活、更有效的方式推动教学，实现思想政治理论课的育人导向功能，这将成为我国高校当前乃至未来相当长一段时期的主要任务。

专题三
高校思想政治理论课实践教学模式创新研究

一、构建大庆精神融入高校思想政治理论课实践教学模式

（一）大庆精神的时代价值

1．大庆精神的凝聚向心价值

大庆精神的凝聚向心价值是大庆精神在社会凝聚中作用的意义表现。靠“两论”起家的大庆人，特别注意学习马克思主义哲学，在改造客观世界的过程中，自觉地改造自己的主观世界。大庆精神凝聚向心价值产生的过程，就是人们的共同理想、信念、价值追求、人格确认、审美情趣等不断模塑、规范、统一的过程，同时也是一种人们心理上归属感、亲和感不断得到满足、不断得到强化的过程，具有价值追求上的理性自觉、具有情感寄托上的诚实厚重、具有审美风格上的壮美崇高。铁人王进喜的“宁肯少活二十年，拼命也要拿下大油田”的豪言壮语，正是大庆精神价值立场的鲜明概括。

2．大庆精神的感召激励价值

大庆精神的感召激励价值是大庆精神对人的感动召唤、激发鼓励作用的意义表现。任何一种精神价值的存在都不同于物质价值的存在那样直观。大庆精神感召激励价值作为一种精神价值存在具有非直观性，但它的存在又是十分明确并可以感知。它的内容是十分全面丰富的，主要体现在以下四个方面。第一，召唤人、鼓舞人，给人以百折不回、勇往直前的必胜信念。第二，激励人、鞭策人，给人以火热旺盛、必夺斗争胜利的工作热情。第三，感染人、鼓动人，给人以蓬勃向上、永不倦怠的精神状态。第四，感动人、激发人，给人以藐视困难、勇于克服困难乐观豁达的精神。正是有了这样全面丰富的感召激励价值，才使得大庆精神是一个能够把人的活力、人的激情、人的信念、人的力量鼓动起来、振作起来的精神。

3．大庆精神的规范导向价值

大庆精神的规范导向价值主要是指大庆精神对人的信仰的确立、人格的形成、价值取向的确定等方面发挥规范引导作用的意义表现。一方面，是精神价值实现与物质财富创造的统一，大庆精神对人的规范导向与对生产的规范导向是同时实现的。另一方面，是精神价值实现与精神价值创造的统一。精神价值的实现包括精神价值转化为巨大的物质财富和

精神的哺育提升人的精神境界、完善人的人格两方面。大庆精神通过规范引导人，提升人的精神境界，培养人的优良的工作作风，严谨认真求实的工作态度，对理想对事业的不懈的火热激情等，体现精神价值在人的进步和完善中的实现，同时也正是这些实现了精神价值的人，在生产实践中又时时在更新精神的价值，创造出新的精神价值。

4．大庆精神的教育塑造价值

大庆精神的教育塑造价值主要是指大庆精神在人的价值观念、思想方法以及工作作风等方面发生教育塑造作用的意义表现。大庆精神对人的教育塑造是对人的行为形式、情感寄托、价值根基上的教育塑造。大庆精神对人的教育塑造，是人的内心状态的深刻变化，即人的理智、情感、意志都以“善”的价值为目标和指向，从而被塑造成一种深厚的、有着与社会责任和民族命运相通的旷达胸襟的精神品格。

（二）大庆精神融入高校思想政治理论课实践教学的构建和意义

1．大庆精神融入高校思想政治理论课实践教学的构建

（1）大庆精神融入高校思想政治理论课实践教学体系，实现思想政治理论课实践教学的育人功能。探索大庆精神融入高校思想政治理论课实践教学的有效途径；解决高等学校有效进行思想政治理论课实践教学的问题。

（2）以大庆精神为路径，结合人本化和本土化特点，创新以大庆精神为核心的大学生思想政治教育的现场体验式实践教学体系；课堂教学进行大庆精神理论渗透，实践教学进行大庆精神主题教育，连接思想政治理论课课内和课外。解决通过有效途径实现高校思想政治理论课课堂教学与实践教学相衔接的问题。

（3）进行大庆精神的典型人物案例教育，具体体现为社会主义建设时期老“铁人”王进喜、改革开放新时期“新铁人”王启民等大庆精神教育的典型人物，培养大学生独立健全人格的问题。将大庆精神植入大学生核心价值观（人生观、世界观和价值观），提高大学生的培养质量，本体系既具有理论研究又有实践操作，可为我国经济社会发展提供人力保障和智力支撑。

2．大庆精神融入高校思想政治理论课实践教学的意义

在社会主义初级阶段，坚持弘扬和发展大庆精神，不仅有深刻的理论意义，而且还有重要的现实意义。这是因为大庆精神不仅是中华民族勤劳勇敢、顽强不屈的民族精神的继承和体现，也是我们党革命战争年代的井冈山精神、长征精神、延安精神在社会主义石油工业战线上的继承和体现。

当前，国际国内形势正在发生深刻变化。和平、发展、合作是形势的主流，但国际上各种力量争夺战略要地、战略资源、战略主导权的矛盾错综复杂，政治、经济、安全、地缘、宗教、文化等因素相互交织在一起，影响世界和平与发展的不稳定、不确定因素也在增加。我们既面临着加快发展的难得机遇，也面临着西方发达国家在经济、科技、军事优势方面的压力，面临着激烈的国际文化竞争，特别是西方资本主义国家凭借着经济、科技、军事和人才优势，推行文化霸权主义和文化殖民主义，向广大发展中国家大肆进行文化渗透，对我国进行“西化”和“分化”，企图用西方文化控制我国年轻一代。文化的渗

透和争夺，尤其是维护中华民族的文化安全，已成为我们必须直面的突出问题，通过弘扬传统优秀民族精神来巩固整个民族尤其是青年一代的思想基础，成为中华民族生存、发展、复兴的必然选择。

从国内形势看，随着全面建成小康社会的顺利推进，中国社会各方面的变化日益呈现其广泛性和深刻性。未来 20 年间，既是黄金发展期，也是矛盾凸显期。一是随着改革的深入，我国的社会经济成分、就业方式、分配方式和利益关系进一步多样化，一些社会矛盾、利益冲突将不断显现出来。这些社会矛盾、利益冲突必将对包括青少年在内的广大人民群众的思想观念和行为方式产生深刻影响。二是互联网、信息技术的快速发展，致使信息、知识、思想、观念的传播手段和方式更加科技化，社会各种文化空前活跃，青年的价值观呈现多样化趋势。根据中国互联网络发展状况的有关统计报告显示，我国青少年上网的人数占网民总人数的 4/5 。我们在享受资讯发达社会带来便利的同时，也面临着如何防止境外不良文化的渗透，教育引导青少年健康成长的问题。三是青少年的精神文化需求快速增长，满足青少年文化需求的渠道更加多样化。

面对国际国内各种思想文化的相互激荡，必须在国民尤其是大学生思想政治教育教学中大力弘扬优秀民族精神，引导他们增强民族自信心和自豪感，自觉承担起发扬中华文化优良传统、促进中华文化不断创新的重任，创造出更加灿烂的先进文化，使中华民族永远屹立于世界先进民族之林。

（三）大庆精神融入高校思想政治理论课实践教学的基本内容

2009 年习近平在大庆油田开发建设 50 周年纪念大会上指出：“在大庆油田开发建设的艰苦环境和激情岁月里形成的以爱国、创业、求实、奉献为主要内涵的大庆精神、铁人精神，集中体现了我国工人阶级的崇高品质和精神风貌，永远是激励中国人民不畏艰难、勇往直前的宝贵精神财富”。

（1）强化大庆精神育人的功能，使大庆精神进课堂、进校园、进学生头脑，通过课堂实践教学进行理解性灌输。课堂实践教学是实践教学的重要组成部分，也是大学生系统接受马克思主义理论的主阵地，是以科学理论武装人的主渠道。课堂实践教学质量的高低，直接影响着思想政治理论课的育人效果。根据“学马列要精、要管用”原则和思想政治理论课实践教学的基本要求，我们详细研究了课程的具体教学细则，决定把大庆精神写进教学计划，让大庆精神进课堂、进头脑，根据大庆精神的内容构建“思想政治理论课”实践教学内容的基本框架，使大庆精神与思想政治理论课的课程相衔接，便于学生系统掌握大庆精神的基本内涵。

（2）结合人本化和本土化特点，构建以“大庆精神”为核心的现场体验式实践教学体系。它有三个特色：特色之一，“革命理想高于天”的理想信念专题实践教学内容；特色之二，艰苦奋斗精神教育专题实践教学内容；特色之三，立党为公、忠诚为民的奉献精神专题实践教学内容

（3）建立稳定的校内外教育基地，实现课内教育与课外教育相结合。

（4）课下以“大庆精神”为核心指导大学生社团，开设讲座，召开座谈会和讨论会，

深刻挖掘大庆精神所蕴含的文化资源。

（5）紧紧依托大庆精神提供的文化资源支持，促进大学生的人格转型。

（6）积极拓展校园文化建设的实践内涵，加强大学生人文素质教育。

总之，本教材通过上述主要研究内容，构建以大庆精神为核心高校思想政治理论课实践教学内容和体系，以期实现加强大庆精神等先进文化教育，使大庆精神进课堂、进大学生头脑，使大学生在清晰明确地接受大庆精神先进文化内涵的同时，自觉并强烈地认同大庆精神是党和人民宝贵的精神财富，是中华民族珍贵的政治资产，是中国先进文化的重要组成部分，认同大庆精神体现了马克思主义世界观和价值观，继承和发扬了我国人民的传统美德。在此基础上，形成继承、发展、创新和积极实践这一宝贵精神财富的积极性与自觉性。

（四）大庆精神融入高校思想理论课实践教学的实效性

以大庆精神为核心高校思想政治理论课实践教学全面贯彻大庆精神育人的理念，结合课堂教学和课后实践基地的社会实践，大庆精神实现了进教材进课堂进头脑，为东北石油大学培养面向企业面向基层的一线工程师应用型人才提供了强大的思想支撑。大庆精神育人的教育理念和办学特色极大地提高了大学生的综合素质和能力。

第一，大庆精神能够铸就高校优良的校风和学风。学校坚持用大庆精神办学育人，“爱国、创业、求实、奉献”的大庆精神已成为大学生的崇高理想和价值追求，形成大学生最鲜明的性格特征。这就是强烈的主人翁情结、执着的责任意识、忘我的奉献精神、严谨的优良作风、诚信的精神品质和一以贯之的人本思想，铸就了“艰苦创业，严谨治学”的校训、“严谨、朴实、勤奋、创新”的优良校风和“博学、笃行、务实、创新”的优良学风。

第二，以大庆精神为核心高校思想政治理论课实践教学内容及体系构建，运用大庆精神育人培养出大批优秀毕业生。学校多年来培养了大量的面向企业、面向基层的应用型技术人才，其中大庆精神育人功不可没。这些毕业生“严谨治学、扎根基层、无私奉献、报效祖国”，为国家的石油石化工业提供了强有力的智力支持和人力支持，获得了用人单位的好评，产生了广泛的社会影响。数以万计的毕业生扎根大庆，扎根石油，传承着大庆精神，实现着自己的人生价值。他们中的大多数已经成为石油科技和石油教育战线的骨干。

第三，以大庆精神为核心的高校思想政治理论教学的内容及体系构建，运用大庆精神育人的鲜明特色，得到了社会各界的广泛关注。学校用大庆精神育人取得了突出成绩，得到了国家、教育部、中国石油天然气集团公司、黑龙江省、大庆市、大庆油公司等领导的充分肯定。

第四，以大庆精神为核心的高校思想政治教育教学内容及体系构建，运用大庆精神育人，对于培养大学生的综合素质和提高大学生的实践创新能力具有实际价值和意义。大学生的综合素质和实践创新能力是多方面教育的综合产物。但对于应用型人才的培养，扎实的理论基础和技术训练是重要的，而其对高校思想政治理论课教育和大庆精神教育培养的内在精神品格有特殊的作用。

（五）大庆精神融入高校思想政治理论课实践教学的创新性

首先，大庆精神融入高校思想政治理论课实践教学具有创新性。通过大庆精神为核心高校思想政治理论课实践教学内容及体系构建，逐步形成并确立了体现时代要求的高校思想政治教育教学改革的思路：树立“育人为本、德育为先”的育人观，把大庆精神作为宝贵的精神财富和丰富的教育资源，贯穿于教育过程，并将大学生的思想政治教育工作融入大学生的日常生活之中。并与大庆石油石化企业合作共建教学实践基地，强化实践教学。更新教学内容与课程体系，改进教学方法与教学手段，优化人才培养模式，通过感染教育、养成教育、延伸教育和导向教育，培养大学生艰苦奋斗、严谨务实的优秀品质和甘于奉献的优良作风。在思想政治教育教学中贯彻大庆精神育人的教育理念，培养大学生“严谨务实、扎根基层、无私奉献、报效祖国”的精神品格，为中国的石油石化企业培养合格的应用型技术人才。

其次，大庆精神融入高校思想政治理论课实践教学体系提出的人才培养方案具有创新性。在高校思想政治教育教学工作中用大庆精神育人。将大庆精神育人纳入人才培养方案，贯穿于教育教学活动的全过程，培养高素质创新型人才。

充分发挥校园文化的教育功能，努力营造浓郁的校园文化氛围。发挥高校多学科的学科优势，邀请院士、知名学者、著名作家、艺术家、科学家等社会知名人士来校举行专题报告和讲座，内容要涉及学术研究、思想政治教育、道德伦理、民俗风情、科技发展、中外思想等诸多领域，营造良好的科学氛围和文化氛围。另一方面，充分挖掘第二课堂在思想政治理论课实践教学工作的潜在功能，积极开展丰富多彩的大学生校园文化活动，“挑战杯”大学生和大学生科技作品竞赛、大庆精神创新与发展、“激扬青春”辩论赛等各类大学生竞赛活动和科技创新活动不断开展；以“人文精神与现代文明对话”为主题，以人文讲座为核心，辅之以“读书沙龙”“学术大讲堂”等六大板块相结合所形成的独具特色的“高校人文工程”；“五四文化艺术节”、“大庆城市文化艺术节”、“铁人精神”、“文苑华章”、书画摄影展等艺术活动层出不穷，这些活动极大拓宽了大学生的知识面，丰富了大学生的业余生活，从不同角度启迪了大学生的审美情趣，激发了他们不断完善自我、不断提高自身的综合素质。

积极建立校内外思想政治理论课实践教学实习基地，提高大学生的综合素质。铁人王进喜纪念馆、油田历史陈列馆、1205 钻井队、大庆石油馆等已成为思想政治理论课实践教学实习基地。实践教学过程中经常组织大学生参观学习，进行以传统文化、爱国主义、科学精神为主要内容的思想政治教育。同时，我们充分利用校内历史陈列馆、地矿岩石展览馆、图书馆古籍珍藏室、铁人王进喜纪念碑、石油之光雕像等人文历史景观，对大学生进行以人文精神和科学精神为主题的教育，帮助他们树立爱国、爱校、勤奋、向上的意识和精神。东北石油大学思想政治理论课一贯重视大学生社会实践活动的深入开展，充分利用假期组织大学生深入农村、社区、工厂等基层进行社会调查与实践，加强了大学生的国情教育和实践能力训练。

积极探索制度创新。探索和建立科学合理的制度，是开展大学生教育教学用大庆精神育人的重要保证。要大胆进行大学生教育教学制度的改革与创新，将大学生教育教学用大庆精神育人纳入人才培养方案中，贯穿到人才培养的整个过程之中。实现了大庆精神育人进教学大纲，进课堂教学内容，进大学生日常生活，进各个实践教学环节。

二、构建高校思想政治理论课网络实践教学模式

（一）网络实践教学模式概述

随着互联网技术的普及，人类的生活实践方式正在悄然变化。高校思想政治教育领域在经历了最初的冲击和震荡之后，对大学生网络生活的认知已经趋于理性和成熟。中央相关文件也适时提出重视发挥多媒体和网络等信息技术在思想政治教育中的重要作用，要求“开发网络教育资源，形成网上网下教学互动、校内校外资源共享”。一方面，各高校校园网建设日臻成熟，成为教学科研、学生管理等工作不可或缺的组成部分；另一方面，网上思想政治教育与网下思想政治教育相互贯通、良性互动的教育格局正在形成。一种新的实践教学形式——网络实践教学也正悄然兴起。

所谓网络实践教学，是基于互联网技术的支持，以教师为主导，以学生为主体，通过数字化技术，把教学内容和实践活动制作成动画、网页、视频等形式，让教育主体有身临其境的感觉，从而激发学习探究的兴趣和参与学习过程的愿望的一种教学模式。把网络实践教学的一般特征和技术运用于思想政治理论课，形成思想政治理论课网络实践教学。

网络实践教学的主要特征如下。第一，实践活动展开的空间是网络世界、虚拟空间，而不是传统的物理空间、现实空间。第二，实践活动的展开和完成具有高度的技术依赖性。除了要具备网络、电脑等基础条件外，实践主体必须拥有一定的网络运用知识、较为熟练的网络运用能力。而这些方面都是以网络技术、计算机技术、虚拟技术的新成就为支撑的。第三，实践成果以虚拟的、多媒体的形式呈现，不再是单一的纸质形式。网络虚拟作品往往是思想性、即时性、艺术性的有机融合。

大学生是我国互联网应用人群中最为活跃的群体。大学生借助网络技术构造的虚拟世界浏览新闻、检索信息、查阅文献，网络已成为其研究、学习的好帮手。大学生也通过制作个人主页，开设博客、微博、微信，参与网络论坛讨论来表达心声、发布观点、交流思想。他们通过网络模拟经济、法律实践等，成为虚拟社会实践的主力军。大学生在网络构造的虚拟世界里畅游，被别人改变也改变着别人，这些都为开展思想政治理论课网络实践教学提供了广阔的空间。网络实践教学与现实的课内实践教学和课外实践教学共同构成立体多维的思想政治理论课实践教学体系。

（二）网络调查实践教学

网络调查也称在线调查，是依托互联网进行的问卷调查方式。与传统社会调查方式相比，具有快速、方便、费用低、不受时间和地理区域限制等优势。另外，由于不需要和用户进行面对面的交流，也避免了当面访谈可能造成的主持人倾向误导，或者因被访问者的某些顾忌而不能表达真实意思。但网上调查也有一定的缺陷，如样本数量不足或质量不高、个人信息保护等。网上调查还受到调查事项或调查对象的限制。如关于“三农”问题

某些事项的调查，因村民特别是中老年村民上网的比例极低，能在线回答问卷的村民人数较少。所以仅仅用网络手段就难以取得好的调查效果。

1. 网络调查实践教学的步骤

（1）选择信息技术平台。把网络调查作为一种思想政治理论课网络实践教学方式，首先要引导学生选择优良的信息技术平台，对于信息技术类专业的学生，也可以引导他们进行网上调查软件程序的自主开发。目前，我国的网络调查平台非常多，主要分为自助免费式、定制收费式或二者兼有三种类型。较为著名的有“乐调查”（http: //www. lediaocha. com/）、“我要调查网”（http: //www. 51diaocha. com/）、“问卷星”（http: //www. sojump.com/）等。

（2）调查问卷制作。制作电子文档或网络版的问卷调查表，与编制纸质版的问卷调查表一致。

（3）创建在线问卷调查网页。进入网络调查平台，创建自己的问卷调查网页。根据提示，依次填写问卷的标题，如“关于大学生使用盗版软件情况的调查”；问卷小提示，如“本问卷是匿名的，我们将妥善保护你的个人信息，调查结果仅作科学研究使用”；调查选项，将你事先编制好的问卷题目和选项逐一输入等。问卷设置完成，点击“确定”后会自动生成问卷网址。可以把网址发到你所要邀请的被调查者的邮箱，或链接到微信、QQ、网站或其他地方。受访对象点开链接就可以应答问卷。

（4）样本分析。受访对象填完问卷后，后台会自动把结果记录下来，再下载调查结果，就可做进一步分析了。

（5）撰写调研报告。网络调研报告与书面社会调查报告的撰写要求书基本一致。

2. 网络调查实践教学的注意事项

首先，确保足够的样本数量。样本数量难以保证是在线调查最大的局限。如果没有足够数量的样本，调查结果就不能反映总体的实际状况，也就没有实际价值。可以设定一个样本数量的最低值，当达到这一最低值时，调查才会结束。

其次，提高样本的质量。由于网上调查的对象仅限于上网用户，从网民中随机抽样取得的调查结果可能与总体之间有误差。另外，用户地理分布的差别和不同网站拥有特定的用户群体也是影响调查结果的不可忽视因素。问卷发布渠道的多样化能较好地克服这一不足。

再次，要避免调查信息的失真。被调查者提供信息的真实性直接影响到在线调查结果的准确性。所以，网上被调查者的某些信息（尤其是个人信息）的真实性和准确度往往要大打折扣。为了避免信息失真，必须做好个人信息保护工作，以获得被调查人的信赖，且只获取与调查主题相关的个人信息。

最后，具备较娴熟的信息处理技术。包括不合格问卷的甄别筛查、数据的统计整理、信息之间关联性分析等。最好是由专人完成信息收集与处理的工作，建立信息数据库，撰写调查报告。

此外，在开展网上调查虚拟实践教学时，还要注意网上调查与实地社会调查的有机结合，力求优势互补。

（三）网络教学

2020年年初以来，新冠肺炎疫情横扫全球。疫情防控期间，为最大程度地减少对教学活动的影响，网络教学成为高校教学的重要方法和手段。后疫情时代，网络教学也将成为不可或缺的教学手段，是一种方便师生进行网上交流学习、互动的教学平台。教师可通过登录网络学堂，利用网络上传教学课件、教学视频、拓展资料、布置作业、解答疑惑等。学生也可以通过登录网络学堂，在网上浏览课件、上交作业、参与课程讨论等。

因此，学校可以在校园网中设置专门的思想政治理论课学习园地，提供丰富的学习资源和开放式自主学习时间，让学生通过网络课堂来提升自我的思想理论修养和自学能力。

1. 创建网络学堂的基本步骤

（1）创建网络教学平台。网络教学平台是网络学堂的载体，通常由四个系统组成：网上教学支持系统、网上教务管理系统、网上课程开发工具和网上教学资源管理系统。创建网络教学平台的方式主要有五种，即直接从公司购买产品、使用开源软件搭建、公司和学校合作开发、自主开发和租借购买公司产品服务，其中最常用的是第一种。不管哪种方式创建的平台，应该至少满足以下要求。第一，基本功能齐备。应满足网上备课、网上教学、网络讨论、学生管理、教学资源管理、系统管理等基本需要。第二，开放性。平台的开放性有三层含义：一是对平台的使用者开放，每个使用者（包括老师和学生）既可以参加老师和其他同学发起的教学活动，更可以策划并发起特定的实践活动，如辩论、评论等，还可以上传自己的作品、评论别人的作品等，真正实现无障碍沟通和交流；二是对外部网络资源的开放，可以实现对外部网络资源的远程访问，最大限度地利用和整合思想政治教育网络资源；三是平台本身的技术路线应该是开放的，要为以后的改进留有余地，可以不断吸收师生的意见加以完善。第三，界面友好。使用者不需要专业技能，仅需简单培训或借助平台的帮助页面就能掌握使用方法。

（2）网络教学平台的维护和管理。马克思主义学院应有专人负责管理和维护网络学堂。要适时上传各种教学资源，如思想政治理论课的优秀教学课件、教学视频、拓展资料、阅读书目、实践教学主题、实践教学相关文件和表格、习题试题等，并注意更新维护。老师要根据教学需要进行网上备课、网上教学、发起主题活动、批改作业、成绩登载等。

（3）学生登录平台获取资源、自主学习。学生进入平台，自主选取感兴趣的资源进行学习，完成相应的作业并成功提交，以获得相应学分。作业的形式宜多样化、个性化，可以是完成一份读书报告、一篇观后感、一页学习心得，也可以是完成指定的习题，回答问题，或者制作小报、PPT、网页等。学生还可以发起活动、参与讨论和评价作品。

（4）师生进入BBS（即网络论坛）参与课程讨论。目前不少高校在自己的校园网都有开通BBS，成为该校师生互动交流学习的重要平台。但这些论坛发布的信息五花八门，真假难辨，不宜作为思想政治理论课实践教学的交流平台。思想政治理论课实践教学要取得更好的效果，应该有专门的课程BBS。任课教师应要求定期登录网络教学平台，通过

BBS 开展了解学生思想动态、“传道解惑”、思想引导等教学活动。还可邀请和选派校内外思想政治理论课教学名师担任 BBS 特约嘉宾或主持人，提高学生的参与积极性。

2. 创建网络学堂的注意事项

网络教学平台的创建需要教学主管部门和学校从全局和长远角度进行统筹规划，并在资金和技术服务等方面给予大力支持。思想政治理论课教师应积极配合思想政治理论课网络教学平台建设，提供诸如思想政治理论课及其实践教学的课件、视频资料、优秀教案、典型案例、社会调查活动主题等。

校方应配置专业的信息技术人员与马克思主义学院密切配合，负责教学资源的上传、调试、维护、更新等工作。学生学习情况的准确及时反馈，也依赖于信息技术的不断成熟完善。总之，网络学堂的正常运转非常关键，并需要多方配合。

课程 BBS 的管理同样非常重要，要注意保持网上论坛的专题性，即围绕思想政治理论课的一些重要理论和实践课题，创建专题性的讨论区，确保讨论主题鲜明。同时，要增强网上论坛主题的开放性。这有利于师生从不同的视角发表各自的意见和看法，实现网上论坛功能最大化。最后，师生要敢于利用网上论坛平台弘扬主旋律，发挥网上论坛的舆论导向功能，以正确的舆论引导人。

（四）VR 虚拟仿真实践教学

为了发挥大庆精神的育人作用，让思政课教学“活起来”，增强时代感和吸引力，推动思政课同新媒体技术的融合，马克思主义学院力争通过 VR 设备模拟大庆石油大会战的地理环境、气候条件、油田开发场景等，让学生身临其境地体验大庆石油会战中以王进喜为代表的铁人和新时代铁人在艰苦的环境中所展现出来的勇往直前的献身精神和不畏艰苦优秀品德。

通过虚拟现实技术，学生以角色扮演的方式主动选择铁人、新时代铁人、工人、石油会战总指挥等角色，以不同的视角与模拟角色对话，并选择不同的石油会战路径，身临其境地体验人拉肩扛、制止井喷、端水打井等，亲身感受石油大会战的艰辛，从而理解坚定信念的重要意义。学生可以在有虚拟现实眼镜的情况下，亲身体验跳入泥浆池搅拌泥浆，体验石油大会战时的辛酸。这些场景的重现及互动，能够更深刻地帮助学生理解大庆精神的重要意义。互动体验完成后，学生可以通过网站或手机 APP 提交体验感受，与教师和同学进行课程问题交流与问答，通过进行个性化综合素养分析及评估，以实现素养的仿真评估，进而有效地推动新媒体、新技术与思想政治理论课的有机融合。

VR 虚拟仿真实践教学的目的是使学生在虚拟的环境中充分利用人的一切感知功能，深刻体验大庆石油大会战的过程。这给学生带来更加真实、身临其境的体验，实现“虚拟与现实的互补”，使书本上的文字变得鲜活起来，让思想政治理论课成为学生终生难忘的课程。

（五）思想政治理论课教学游戏

思想政治理论课教育教学游戏，是专门针对大学生开发的教育教学类电子游戏，旨在通过游戏让大学生加深对社会主义核心价值体系的认识，并通过实际运用内化为他们的思想观念。它的教育性隐含在各关卡任务的挑战过程中，而且反馈（奖励加分、惩罚扣分）及时有效。这种寓教于乐的方式，可以增进学习兴趣，使得学习成为一种自觉自愿的行为。让学生在游戏中体会中国悠久灿烂的历史文化，思考历史人物的思维过程，在轻松娱乐中学习历史知识，增强民族身份认同和爱国主义情感。继红色旅游、红色网站兴起之后，红色背景的网络游戏也纷纷出现，市场上比较有代表性的红色游戏有《决战朝鲜》《抗日：地雷战》等游戏，让学生在虚拟的世界中感受抗日的艰辛，在“奋勇杀敌”中接受爱国主义教育。

不过，网络游戏常常与暴力、杀戮相伴，加上媒体不时爆出因大学生沉迷网络游戏不能自拔被劝退学的极端案例。因此，网络游戏是否适合进入思想政治理论课实践教学还存有争议，但可在思想政治理论课实践教学中引入相关游戏软件做一些尝试。

需要指出的是，思想政治理论课网络实践教学与高校网络思想政治教育是有区别的。高校网络思想政治教育一般是指网络环境下的高校思想政治教育活动，可以细分为校园网建设、思想政治教育专题网站或思想政治理论课程网络化、师生网络互动等形式。思想政治理论课实践教学与高校网络思想政治教育的区别如下。第一，定位不同，侧重不同。虚拟实践教学是内在于思想政治理论课程教学的有机部分，与理论教学及其他形式的实践教学共同构成思想政治教育的主渠道。网络思想政治教育则是课程教学之外的教育教学形式，通过校园网络文化建设、网络社区、网络化的日常管理和交流互动，春风化雨式地达到教育目的。第二，实施主体有别。思想政治理论课程的任课教师是网络实践教学的组织策划者，同时也是教学规范的制定者、教学流程的监督者。而网络思想政治教育是多元主体，既有宣传部、学生处、共青团等职能部门，也包括辅导员、其他专业教师等，人员构成多样化。第三，主要流程和结果评价不同。作为一种教学活动，网络实践必须遵循教学规律特别是实践教学基本规律，注重教学计划制订、实践流程控制，注重发挥学生的主体性，合理评价实践结果并计入课程成绩。网络思想政治教育要取得成效，思想政治教育工作者就必须遵循网络传播的规律，掌握最新的网络技术，注重教育形式的新颖多样和教育内容的动态更新。

实践篇

专题四 马克思主义是指引人民创造美好生活的行动指南

知识点睛

马克思主义是由马克思和恩格斯创立并为后继者所不断发展的科学理论体系，是关于自然、社会和人类思维发展一般规律的学说，是关于社会主义必然代替资本主义、最终实现共产主义的学说，是关于无产阶级解放、全人类解放和每个人自由而全面发展的学说，是指引人民创造美好生活的行动指南。马克思主义是一个博大精深的理论体系。马克思主义哲学、马克思主义政治经济学和科学社会主义是其三个基本组成部分，它们有机统一并共同构成了马克思主义理论的主体内容。

马克思主义基本原理是对马克思主义立场、观点、方法的集中概括，是马克思主义在其形成、发展和运用过程中经过实践反复检验而确立起来的具有普遍真理性的理论。它体现马克思主义的根本性质和整体特征，体现马克思主义科学性和革命性的统一。

马克思主义的基本立场，是马克思主义观察、分析和解决问题的根本立足点和出发点。马克思主义以无产阶级的解放和全人类的解放为己任，以人的自由全面发展为美好目标，以人民为中心，一切为了人民，一切依靠人民。

马克思主义的基本观点，是关于自然、社会和人类思维发展一般规律的科学认识，是对人类思想成果和社会实践经验的科学总结。这些基本观点主要包括：关于世界统一于物质、物质决定意识的观点，关于事物矛盾运动规律的观点，关于实践和认识辩证关系的观点，关于社会存在决定社会意识的观点，关于人类社会发展规律的观点，关于阶级和阶级斗争的观点，关于人民群众创造历史的观点，关于人的全面发展和社会全面进步的观点，关于商品经济和社会化大生产一般规律的观点，关于劳动价值论、剩余价值论和资本主义生产方式本质的观点，关于垄断资本主义的观点，关于资本主义政治制度和意识形态本质的观点，关于社会主义必然代替资本主义的观点，关于社会主义革命和无产阶级专政的观点，关于无产阶级政党建设的观点，关于社会主义社会本质特征和建设规律的观点，关于共产主义社会基本特征和共产主义远大理想的观点，等等。

马克思主义的基本方法，是建立在辩证唯物主义和历史唯物主义世界观和方法论基础上，指导我们正确认识世界和改造世界的思想方法和工作方法，主要包括实事求是的方法、辩证分析的方法、社会基本矛盾和主要矛盾分析的方法、历史分析的方法、阶级分析的方法、群众路线的方法等。

马克思主义给予我们观察当代世界的宏大视野。我们不仅生活在当代中国，也生活在当代世界。我们需要立足中国、放眼世界，用更加宏大开阔的视野来观察社会。马克思主义是科学的世界观和方法论，它能够站在科学和时代的制高点上观察事物和现象。马克思主义掌握了人类社会发展的规律，具有唯物辩证的科学方法，善于透过现象看本质，能够从扑朔迷离的复杂现象中把握住问题的实质，从众多支流中找到主流，从局部的变幻中把握住总体和大局。

马克思主义是指引当代中国发展的精神旗帜。近代以来，由于封建统治者的腐败无能和西方列强的欺凌，中华民族陷入灾难深重的境地。无数仁人志士为了挽救民族危亡、实现民族复兴而前仆后继，但都未能改变中国人民的悲惨命运。马克思主义传入中国，使中华民族在精神上从被动转入主动。我国现代化建设取得的举世瞩目的伟大成就，是马克思主义的现实指导作用和当代价值最直接、最可靠的证明。在当代中国，马克思主义仍然是指引我们发展的旗帜。不论前进的道路上遇到怎样的困难和挑战，只要我们高举马克思主义的旗帜，高举中国特色社会主义的旗帜，就不会迷失方向，就不会失去信仰。在马克思主义的指导下，中国共产党领导全国各族人民持续走向繁荣富强，我国综合国力和人民生活水平大幅提升。没有马克思主义的思想武器，就不会有我国改革开放和现代化建设的成功。今天，马克思主义已深深扎根于中国，它指导实践的威力已经得到了充分的证明，并将继续指引我们走向更加光明的未来。人类的未来仍然需要马克思主义的启迪和指引。当今世界科技发展日新月异，人类文明加速进步，但同时社会面临着贫困、生态恶化、恐怖主义等尖锐复杂的问题。人类社会怎样面对和处理这些问题，还是需要到马克思主义中寻找智慧。马克思主义致力探寻人类社会的奥秘，揭示人类历史的规律，指明人类前进的方向，所展现的真理魅力和真理光芒，对于人类走向未来具有不可缺少的启示和引领价值。

人类思想史上，就科学性和影响力而言，没有一种思想理论能达到马克思主义的高度，也没有一种学说能像马克思主义那样对世界产生如此广泛而深远的影响。这充分体现了马克思主义的真理威力，表明了马克思主义对人们认识世界、改造世界和创造美好生活具有不可替代的作用。在马克思主义指引下，中国共产党带领中国人民走上民族复兴之路。

实践范例一　经典著作选读——《共产党宣言》

【实践教学目标】

《共产党宣言》的发表，标志着马克思主义的公开问世。《共产党宣言》第一次阐述了科学社会主义理论，指出共产主义运动已成为不可抗拒的历史潮流，运用辩证唯物主义和历史唯物主义分析生产力与生产关系、经济基础与上层建筑的矛盾，分析阶级和阶级斗争，特别是资本主义社会阶级斗争的产生、发展过程，论证资本主义必然灭亡和社会主义必然胜利的客观规律，作为资本主义掘墓人的无产阶级肩负着世界历史使命。学生通过对经典著作的阅读，加深对马克思主义的理解，把握著作在当代的理论意义和实践价值，增强学习和运用马克思主义的自觉性。

【实践教学方案】

（1）实践学时：2 学时。

（2）实践地点：多媒体教室。

（3）实践流程：

① 教师在课前布置任务，让学生自行阅读《共产党宣言》；

② 以小组为单位，利用课堂时间教师组织学生进行交流讨论，谈谈阅读经典著作的体会，探讨其当代价值；

③ 讨论结束后，学生根据自己的心得体会，提交读后感。

【实践教学评价】

（1）实践结果：经典著作选读——《共产党宣言》读后感。

（2）实践评价：教师针对学生的阅读情况、课堂交流以及读后感的质量，对学生的实践进行评价，评价标准如下：

分数	阅读情况	课堂研讨	读后感写作
10	课前能够认真阅读《共产党宣言》，对经典著作有较为深入的学习和理解	课堂上积极参与讨论	读后感内容丰富，有自己的见解
8	课前能够主动阅读《共产党宣言》，对经典著作有一定的理解	课堂上能够参与讨论	读后感内容丰富，有自己的见解
5	课前能够阅读《共产党宣言》	课堂上较少参与讨论	读后感内容空洞，无自己见解
2	课前没有阅读《共产党宣言》	课堂上没有参与讨论	读后感内容空洞，无自己见解

【参考资料】

共产党宣言（节选）

视频 4-1
共产党宣言

一个幽灵，共产主义的幽灵，在欧洲游荡。为了对这个幽灵进行神圣的围剿，旧欧洲的一切势力，教皇和沙皇、梅特涅和基佐、法国的激进派和德国的警察，都联合起来了。

有哪一个反对党不被它的当政的敌人骂为共产党呢？又有哪一

个反对党不拿共产主义这个罪名去回敬更进步的反对党人和自己的反动敌人呢?

从这一事实中可以得出两个结论:

共产主义已经被欧洲的一切势力公认为一种势力;

现在是共产党人向全世界公开说明自己的观点、自己的目的、自己的意图并且拿党自己的宣言来反驳关于共产主义幽灵的神话的时候了。

为了这个目的,各国共产党人集会于伦敦,拟定了如下的宣言,用英文、法文、德文、意大利文、弗拉芒文和丹麦文公布于世。

资产者和无产者

至今一切社会的历史都是阶级斗争的历史。

自由民和奴隶、贵族和平民、领主和农奴、行会师傅和帮工,一句话,压迫者和被压迫者,始终处于相互对立的地位,进行不断的、有时隐蔽有时公开的斗争,而每一次斗争的结局都是整个社会受到革命改造或者斗争的各阶级同归于尽。

在过去的各个历史时代,我们几乎到处都可以看到社会完全划分为各个不同的等级,看到社会地位分成多种多样的层次。在古罗马,有贵族、骑士、平民、奴隶,在中世纪,有封建主、臣仆、行会师傅、帮工、农奴,而且几乎在每一个阶级内部又有一些特殊的阶层。

从封建社会的灭亡中产生出来的现代资产阶级社会并没有消灭阶级对立。它只是用新的阶级、新的压迫条件、新的斗争形式代替了旧的。

但是,我们的时代,资产阶级时代,却有一个特点:它使阶级对立简单化了。整个社会日益分裂为两大敌对的阵营,分裂为两大相互直接对立的阶级:资产阶级和无产阶级。

从中世纪的农奴中产生了初期城市的城关市民;从这个市民等级中发展出最初的资产阶级分子。

美洲的发现、绕过非洲的航行,给新兴的资产阶级开辟了新天地。东印度和中国的市场、美洲的殖民化、对殖民地的贸易、交换手段和一般商品的增加,使商业、航海业和工业空前高涨,因而使正在崩溃的封建社会内部的革命因素迅速发展。

以前那种封建的或行会的工业经营方式已经不能满足随着新市场的出现而增加的需求了。工场手工业代替了这种经营方式。行会师傅被工业的中间等级排挤掉了;各种行业组织之间的分工随着各个作坊内部的分工的出现而消失了。

但是,市场总是在扩大,需求总是在增加。甚至工场手工业也不再能满足需要了。于是,蒸汽和机器引起了工业生产的革命。现代大工业代替了工场手工业;工业中的百万富翁,一支一支产业大军的首领,现代资产者,代替了工业的中间等级。

大工业建立了由美洲的发现所准备好的世界市场。世界市场使商业、航海业和陆路交通得到了巨大的发展。这种发展又反过来促进了工业的扩展。同时,随着工业、商业、航海业和铁路的扩展,资产阶级也在同一程度上得到发展,增加自己的资本,把中世纪遗留下来的一切阶级排挤到后面去。

由此可见,现代资产阶级本身是一个长期发展过程的产物,是生产方式和交换方式的一系列变革的产物。

资产阶级的这种发展的每一个阶段，都伴随着相应的政治上的进展。它在封建主统治下是被压迫的等级，在公社里是武装的和自治的团体，在一些地方组成独立的城市共和国，在另一些地方组成君主国中的纳税的第三等级；后来，在工场手工业时期，它是等级君主国或专制君主国中同贵族抗衡的势力，而且是大君主国的主要基础；最后，从大工业和世界市场建立的时候起，它在现代的代议制国家里夺得了独占的政治统治。现代的国家政权不过是管理整个资产阶级的共同事务的委员会罢了。

……

资产阶级用来推翻封建制度的武器，现在却对准资产阶级自己了。但是，资产阶级不仅锻造了置自身于死地的武器；它还产生了将要运用这种武器的人——现代的工人，即无产者。

随着资产阶级即资本的发展，无产阶级即现代工人阶级也在同一程度上得到发展；现代的工人只有当他们找到工作的时候才能生存，而且只有当他们的劳动增殖资本的时候才能找到工作。这些不得不把自己零星出卖的工人，像其他任何货物一样，也是一种商品，所以他们同样地受到竞争的一切变化、市场的一切波动的影响。

由于推广机器和分工，无产者的劳动已经失去了任何独立的性质，因而对工人也失去了任何吸引力。工人变成了机器的单纯的附属品，要求他做的只是极其简单、极其单调和极容易学会的操作。因此，花在工人身上的费用，几乎只限于维持工人生活和延续工人后代所必需的生活资料。但是，商品的价格，从而劳动的价格，是同它的生产费用相等的。因此，劳动越使人感到厌恶，工资也就越少。不仅如此，机器越推广，分工越细致，劳动量出就越增加，这或者是由于工作时间的延长，或者是由于在一定时间内所要求的劳动的增加，机器运转的加速，等等。

现代工业已经把家长式的师傅的小作坊变成了工业资本家的大工厂。挤在工厂里的工人群众就像士兵一样被组织起来。他们是产业军的普通士兵，受着各级军士和军官的层层监视。他们不仅仅是资产阶级的、资产阶级国家的奴隶，他们每日每时都受机器、受监工、首先是受各个经营工厂的资产者本人的奴役。这种专制制度越是公开地把营利宣布为自己的最终目的，它就越是可鄙、可恨和可恶。

手的操作所要求的技巧和气力越少，换句话说，现代工业越发达，男工也就越受到女工和童工的排挤。对工人阶级来说，性别和年龄的差别再没有什么社会意义了。他们都只是劳动工具，不过因为年龄和性别的不同而需要不同的费用罢了。

……

在无产阶级的生活条件中，旧社会的生活条件已经被消灭了。无产者是没有财产的；他们和妻子儿女的关系同资产阶级的家庭关系再没有任何共同之处了；现代的工业劳动，现代的资本压迫，无论在英国或法国，无论在美国或德国，都是一样的，都使无产者失去了任何民族性。法律、道德、宗教在他们看来全都是资产阶级偏见，隐藏在这些偏见后面的全都是资产阶级利益。

过去一切阶级在争得统治之后，总是使整个社会服从于它们发财致富的条件，企图以此来巩固它们已获得的生活地位。无产者只有废除自己的现存的占有方式，从而废除全部现存的占有方式，才能取得社会生产力。无产者没有什么自己的东西必须加以保护，他们必须摧毁至今保护和保障私有财产的一切。

过去的一切运动都是少数人的或者为少数人谋利益的运动。无产阶级的运动是绝大多数人的、为绝大多数人谋利益的独立的运动。无产阶级，现今社会的最下层，如果不炸毁构成官方社会的整个上层，就不能抬起头来，挺起胸来。

如果不就内容而就形式来说，无产阶级反对资产阶级的斗争首先是一国范围内的斗争。每一个国家的无产阶级当然首先应该打倒本国的资产阶级。

在叙述无产阶级发展的最一般的阶段的时候，我们循序探讨了现存社会内部或多或少隐蔽着的国内战争，直到这个战争爆发为公开的革命，无产阶级用暴力推翻资产阶级而建立自己的统治。

我们已经看到，至今的一切社会都是建立在压迫阶级和被压迫阶级的对立之上的。但是，为了有可能压迫一个阶级，就必须保证这个阶级至少有能够勉强维持它的奴隶般的生存的条件。农奴曾经在农奴制度下挣扎到公社成员的地位，小资产者曾经在封建专制制度的束缚下挣扎到资产者的地位。现代的工人却相反，他们并不是随着工业的进步而上升，而是越来越降到本阶级的生存条件以下。工人变成赤贫者，贫困比人口和财富增长得还要快。

由此可以明显地看出，资产阶级再不能做社会的统治阶级了，再不能把自己阶级的生存条件当作支配一切的规律强加于社会了。资产阶级不能统治下去了，因为它甚至不能保证自己的奴隶维持奴隶的生活，因为它不得不让自己的奴隶落到不能养活它反而要它来养活的地步。社会再不能在它统治下生存下去了，就是说，它的生存不再同社会相容了。

资产阶级生存和统治的根本条件，是财富在私人手里的积累，是资本的形成和增殖；资本的条件是雇佣劳动。雇佣劳动完全是建立在工人的自相竞争之上的。资产阶级无意中造成而又无力抵抗的工业进步，使工人通过结社而达到的革命联合代替了他们由于竞争而造成的分散状态。于是，随着大工业的发展，资产阶级赖以生产和占有产品的基础本身也就从它的脚下被挖掉了。它首先生产的是它自身的掘墓人。资产阶级的灭亡和无产阶级的胜利是同样不可避免的。

……

总之，共产党人到处都支持一切反对现存的社会制度和政治制度的革命运动。

在所有这些运动中，他们都强调所有制问题是运动的基本问题，不管这个问题的发展程度怎样。

最后，共产党人到处都努力争取全世界民主政党之间的团结和协调。

共产党人不屑于隐瞒自己的观点和意图。他们公开宣布：他们的目的只有用暴力推翻全部现存的社会制度才能达到。让统治阶级在共产主义革命面前发抖吧。无产者在这个革命中失去的只是锁链。他们获得的将是整个世界。

全世界无产者，联合起来！

马克思和恩格斯的部分经典著作

马克思《黑格尔法哲学批判》；恩格斯《英国工人阶级状况》；马克思《1844年经济学哲学手稿》；马克思《关于费尔巴哈的提纲》；恩格斯《共产主义原理》；马克思和恩格斯《共产党宣言》；马克思《资本论》；马克思《哥达纲领批判》；恩格斯《反杜林论》；恩格斯《家庭、私有制和国家的起源》；恩格斯《费尔巴哈论》。

实践范例二　观看电影《青年马克思》

【实践教学目标】

通过观看电影《青年马克思》，让学生进一步了解马克思以及马克思为了追求人类最终的解放而付出的努力，深刻理解马克思主义的时代价值，自觉学习和运用马克思主义理论，为实现自己的理想而努力学习。

视频 4-2
青年马克思

【实践教学方案】

（1）实践学时：2学时。

（2）实践地点：多媒体教室。

（3）实践流程：

① 在观看电影之前，教师布置任务，让学生了解马克思的生平；

② 以教学班为单位，利用多媒体教室，在课堂上组织学生收看电影《青年马克思》；

③ 观看结束后，教师组织学生进行讨论，让学生谈谈观看后的体会；

④ 学生上交观后感。

【实践教学评价】

（1）实践结果：电影《青年马克思》观后感。

（2）实践评价：教师针对学生课堂讨论情况，以及观后感的质量对学生的实践活动做出评价，评价标准如下：

分数	课堂研讨	观后感写作
10	课堂上积极参与讨论	观后感内容丰富，有自己的见解
8	课堂上能够参与讨论	观后感内容丰富，有自己的见解
5	课堂上较少参与讨论	观后感内容空洞，无自己见解
2	课堂上没有参与讨论	观后感内容空洞，无自己见解

【参考资料】

在马克思墓前的讲话

恩格斯（1883年）

3 月 14 日下午两点三刻，当代最伟大的思想家停止思想了。让他一个人留在房里还不到两分钟，当我们进去的时候，便发现他在安乐椅上安静地睡着了——但已经永远地睡着了。

这个人的逝世，对于欧美战斗的无产阶级，对于历史科学，都是不可估量的损失。这位巨人逝世以后所形成的空白，不久就会使人感觉到。

正像达尔文发现有机界的发展规律一样，马克思发现了人类历史的发展规律，即历来为繁芜丛杂的意识形态所掩盖着的一个简单事实：人们首先必须吃、喝、住、穿，然后才能从事政治、科学、艺术、宗教等等；所以，直接的物质的生活资料的生产，从而一个民族或一个时代的一定的经济发展阶段，便构成基础，人们的国家设施、法的观点、艺术以至宗教观念，就是从这个基础上发展起来的，因而，也必须由这个基础来解释，而不是像过去那样做得相反。

不仅如此，马克思还发现了现代资本主义生产方式和它所产生的资产阶级社会的特殊的运动规律。由于剩余价值的发现，这里就豁然开朗了，而先前无论资产阶级经济学家或者社会主义批评家所做的一切研究都只是在黑暗中摸索。

一生中能有这样两个发现，该是很够了。即使只能作出一个这样的发现，也已经是幸福的了。但是马克思在他所研究的每一个领域，甚至在数学领域，都有独到的发现，这样的领域是很多的，而且其中任何一个领域他都不是浅尝辄止。

他作为科学家就是这样。但是这在他身上远不是主要的。在马克思看来，科学是一种在历史上起推动作用的、革命的力量。任何一门理论科学中的每一个新发现——它的实际应用也许还根本无法预见——都使马克思感到衷心喜悦，而当他看到那种对工业、对一般历史发展立即产生革命性影响的发现的时候，他的喜悦就非同寻常了。例如，他曾经密切注视电学方面各种发现的进展情况，不久以前，他还密切注视马塞尔·德普勒的发现。

因为马克思首先是一个革命家。他毕生的真正使命，就是以这种或那种方式参加推翻资本主义社会及其所建立的国家设施的事业，参加现代无产阶级的解放事业，正是他第一次使现代无产阶级意识到自身的地位和需要，意识到自身解放的条件。斗争是他的生命要素。很少有人像他那样满腔热情、坚韧不拔和卓有成效地进行斗争。最早的《莱茵报》（1842 年），巴黎的《前进报》（1844 年），《德意志—布鲁塞尔报》（1847 年），《新莱茵报》（1848—1849 年），《纽约每日论坛报》（1852—1861 年），以及许多富有战斗性的小册子，在巴黎、布鲁塞尔和伦敦各组织中的工作，最后，作为全部活动的顶峰，创立伟大的国际工人协会，做为这一切工作的完成——老实说，协会的这位创始人即使没有别的什么建树，单凭这一成果也可以自豪。

正因为这样，所以马克思是当代最遭忌恨和最受诬蔑的人。各国政府——无论专制政府或共和政府，都驱逐他；资产者——无论保守派或极端民主派，都竞相诽谤他，诅咒他。他对这一切毫不在意，把它们当作蛛丝一样轻轻拂去，只是在万不得已时才给以回敬。现在他逝世了，在整个欧洲和美洲，从西伯利亚矿井到加利福尼亚，千百万革命战友无不对他表示尊敬、爱戴和悼念，而我敢大胆地说：他可能有过许多敌人，但未必有一个私敌。

他的英名和事业将永垂不朽！

资料2

习近平在纪念马克思诞辰200周年大会上的讲话（节选）

同志们：

今天，我们怀着十分崇敬的心情，在这里隆重集会，纪念马克思诞辰200周年，缅怀马克思的伟大人格和历史功绩，重温马克思的崇高精神和光辉思想。

马克思是全世界无产阶级和劳动人民的革命导师，是马克思主义的主要创始人，是马克思主义政党的缔造者和国际共产主义的开创者，是近代以来最伟大的思想家。两个世纪过去了，人类社会发生了巨大而深刻的变化，但马克思的名字依然在世界各地受到人们的尊敬，马克思的学说依然闪烁着耀眼的真理光芒！

1818年5月5日，马克思诞生在德国特里尔城的一个律师家庭。早在中学时代，他就树立了为人类幸福而工作的志向。大学时代，马克思广泛钻研哲学、历史学、法学等知识，探寻人类社会发展的奥秘。在《莱茵报》工作期间，马克思犀利抨击普鲁士政府的专制统治，维护人民权利。1843年移居巴黎后，马克思积极参与工人运动，在革命实践和理论探索的结合中完成了从唯心主义到唯物主义、从革命民主主义到共产主义的转变。1845年，马克思、恩格斯合作撰写了《德意志意识形态》，第一次比较系统地阐述了历史唯物主义基本原理。1848年，马克思、恩格斯合作撰写了《共产党宣言》，一经问世就震动了世界。恩格斯说，《共产党宣言》是“全部社会主义文献中传播最广和最具有国际性的著作，是从西伯利亚到加利福尼亚的千百万工人公认的共同纲领”。

1848年，席卷欧洲的资产阶级民主革命爆发，马克思积极投入并指导这场革命斗争。革命失败后，马克思深刻总结革命教训，力求通过系统研究政治经济学，揭示资本主义的本质和规律。1867年问世的《资本论》是马克思主义最厚重、最丰富的著作，被誉为“工人阶级的圣经”。晚年，马克思依然密切关注世界发展新趋势和工人运动新情况，努力从更宏大的视野思考人类社会发展问题。

——马克思的一生，是胸怀崇高理想、为人类解放不懈奋斗的一生。1835年，17岁的马克思在他的高中毕业作文《青年在选择职业时的考虑》中这样写道："如果我们选择了最能为人类而工作的职业，那么，重担就不能把我们压倒，因为这是为大家作出的牺牲；那时我们所享受的就不是可怜的、有限的、自私的乐趣，我们的幸福将属于千百万人，我们的事业将悄然无声地存在下去，但是它会永远发挥作用，而面对我们的骨灰，高尚的人们将洒下热泪。"马克思一生饱尝颠沛流离的艰辛、贫病交加的煎熬，但他初心不改、矢志不渝，为人类解放的崇高理想而不懈奋斗，成就了伟大人生。

——马克思的一生，是不畏艰难险阻、为追求真理而勇攀思想高峰的一生。马克思曾经写道："在科学上没有平坦的大道，只有不畏劳苦沿着陡峭山路攀登的人，才有希望达到光辉的顶点。"马克思为创立科学理论体系，付出了常人难以想象的艰辛，最终达到了光辉的顶点。他博览群书、广泛涉猎，不仅深入了解和研究哲学社会科学各个学科知识，而且深入了解和研究各种自然科学知识，努力从人类创造的一切文明成果中汲取养料。马克思毕生忘我工作，经常每天工作16个小时。马克思在给友人的信中谈到，为了《资本论》的写作，"我一直在坟墓的边缘徘徊。因此，我不得不利用我还能工作的每时每刻来完成我的著作"。即使在多病的晚年，马克思仍然不断迈向新的科学领域和目标，写下了数量庞大的历史学、人类学、数学等学科笔记。正如恩格斯所说："马克思在他所研究的每一个领域，甚至在数学领域，都有独到的发现，这样的领域是很多的，而且其中任何一个领域他都不是浅尝辄止。"

——马克思的一生，是为推翻旧世界、建立新世界而不息战斗的一生。恩格斯说，"马克思首先是一个革命家"，"斗争是他的生命要素。很少有人像他那样满腔热情、坚韧不拔和卓有成效地进行斗争"。马克思毕生的使命就是为人民解放而奋斗。为了改变人民受剥削、受压迫的命运，马克思义无反顾投身轰轰烈烈的工人运动，始终站在革命斗争最前沿。他领导创建了世界上第一个无产阶级政党——共产主义者同盟，领导了世界上第一个国际工人组织——国际工人协会，热情支持世界上第一次工人阶级夺取政权的革命——巴黎公社革命，满腔热情、百折不挠推动各国工人运动发展。

马克思是顶天立地的伟人，也是有血有肉的常人。他热爱生活，真诚朴实，重情重义。马克思、恩格斯的革命友谊长达40年。正如列宁所说："古老传说中有各种非常动人的友谊故事"，但马克思、恩格斯的友谊"超过了古人关于人类友谊的一切最动人的传说"。马克思无私资助革命事业，即使在自己生活极度困难的情况下仍然尽最大努力帮助革命战友。马克思和妻子燕妮患难与共，谱写了理想和爱情的命运交响曲。

同志们！

马克思给我们留下的最有价值、最具影响力的精神财富，就是以他名字命名的科学理论——马克思主义。这一理论犹如壮丽的日出，照亮了人类探索历史规律和寻求自身解放的道路。

马克思有一句名言："批判的武器当然不能代替武器的批判，物质力量只能用物质力量来摧毁；但是理论一经掌握群众，也会变成物质力量。"马克思主义主要由哲学、政治经济学、科学社会主义三大组成部分构成。这三大组成部分分别来源于德国古典哲学、英国古典政治经济学、法国空想社会主义，然而，最终升华为马克思主义的根本原因，是马克思对所处的时代和世界的深入考察，是马克思对人类社会发展规律的深刻把握。马克思说："共产党人的理论原理，决不是以这个或那个世界改革家所发明或发现的思想、原则为根据的。""这些原理不过是现存的阶级斗争、我们眼前的历史运动的真实关系的一般表述。"

只有在整个人类发展的历史长河中，才能透视出历史运动的本质和时代发展的方向。马克思的科学研究，就像列宁所说的那样，"凡是人类社会所创造的一切，他都有批判地重新加以探讨，任何一点也没有忽略过去。凡是人类思想所建树的一切，他都放在工人运动中检验过，重新加以探讨，加以批判，从而得出了那些被资产阶级狭隘性所限制或被资产阶级偏见束缚住的人所不能得出的结论。"马克思的思想理论源于那个时代又超越了那个时代，既是那个时代精神的精华又是整个人类精神的精华。

——马克思主义是科学的理论，创造性地揭示了人类社会发展规律。在马克思提出科学社会主义之前，空想社会主义者早已存在，他们怀着悲天悯人的情感，对理想社会有很多美好的设想，但由于没有揭示社会发展规律，没有找到实现理想的有效途径，因而也就难以真正对社会发展发生作用。马克思创建了唯物史观和剩余价值学说，揭示了人类社会发展的一般规律，揭示了资本主义运行的特殊规律，为人类指明了从必然王国向自由王国飞跃的途径，为人民指明了实现自由和解放的道路。

——马克思主义是人民的理论，第一次创立了人民实现自身解放的思想体系。马克思主义博大精深，归根到底就是一句话，为人类求解放。在马克思之前，社会上占统治地位的理论都是为统治阶级服务的。马克思主义第一次站在人民的立场探求人类自由解放的道路，以科学的理论为最终建立一个没有压迫、没有剥削、人人平等、人人自由的理想社会指明了方向。马克思主义之所以具有跨越国度、跨越时代的影响力，就是因为它植根人民之中，指明了依靠人民推动历史前进的人间正道。

——马克思主义是实践的理论，指引着人民改造世界的行动。马克思说，"全部社会生活在本质上是实践的"，"哲学家们只是用不同的方式解释世界，问题在于改变世界"。实践的观点、生活的观点是马克思主义认识论的基本观点，实践性是马克思主义理论区别于其他理论的显著特征。马克思主义不是书斋里的学问，而是为了改变人民历史命运而创立的，是在人民求解放的实践中形成的，也是在人民求解放的实践中丰富和发展的，为人民认识世界、改造世界提供了强大精神力量。

——马克思主义是不断发展的开放的理论，始终站在时代前沿。马克思一再告诫人们，马克思主义理论不是教条，而是行动指南，必须随着实践的变化而发展。一部马克思主义发展史就是马克思、恩格斯以及他们的后继者们不断根据时代、实践、认识发展而发展的历史，是不断吸收人类历史上一切优秀思想文化成果丰富自己的历史。因此，马克思主义能够永葆其美妙之青春，不断探索时代发展提出的新课题、回应人类社会面临的新挑战。

……

同志们！

今天，我们纪念马克思，是为了向人类历史上最伟大的思想家致敬，也是为了宣示我们对马克思主义科学真理的坚定信念。

恩格斯说："只要进一步发挥我们的唯物主义论点，并且把它应用于现时代，一个强大的、一切时代中最强大的革命远景就会立即展现在我们面前。"前进道路上，我们要继续高扬马克思主义伟大旗帜，让马克思、恩格斯设想的人类社会美好前景不断在中国大地上生动展现出来！

（新华社北京2018年5月4日电）《人民日报》

专题五
马克思主义是科学的世界观和方法论

知识点睛

马克思主义的科学世界观揭示了世界的本质及发展规律，为我们提供了认识世界和改造世界的科学方法论，为我们确立科学的人生观和价值观奠定了坚实的基础。人活在世界上，需要对世界有一个总体的看法和把握，这就是人的世界观问题。而哲学是系统化、理论化的世界观，是对自然知识、社会知识和思维知识的概括与总结，它提供了对于世界以及人与世界关系的全面而深刻的思考。因此，要学会哲学思考，帮助自己树立起科学的世界观。

世界是物质的世界，对物质的正确理解是我们认识和把握世界本质和规律的前提。一切唯物主义哲学都是从这一前提出发，把物质范畴作为自己的理论基石。

马克思批判了旧唯物主义对物质世界的直观、消极的理解，强调要从能动的实践出发去把握客观世界的意义。马克思主义的物质范畴从客观存在着的物质世界中抽象出了万事万物的共同特性——客观实在性。所谓物质，就是不依赖于人类的意识而存在，并能为人类的意识所反映的客观存在。

实践是人类生存和发展的最基本的活动，是人类社会生活的本质，是人的认识产生和发展的基础，也是真理与价值统一的基础。马克思主义实践观深刻揭示了实践在自然演化与社会发展中的作用，揭示了实践的本质、结构和表现形式，为科学把握认识的本质和规律奠定了基础。辩证唯物主义认为，在实践和认识之间，实践是认识的基础，实践在认识活动中起着决定性的作用。“实践的观点是辩证唯物论的认识论之第一的和基本的观点。”实践在认识活动中的决定作用表现在以下四个方面：

第一，实践是认识的来源。认识的内容是在实践活动的基础上产生和发展的。人们只有通过实践实际地改造和变革对象，才能准确把握对象的属性、本质和规律，形成正确的认识，并以这种认识指导人的实践活动。离开实践的认识是不可能产生的。一切真知都是从直接经验发源的。实践是认识的源头活水。要想成就一番事业，不仅要努力学习，而且要潜心实践。

第二，实践是认识发展的动力。实践的需要推动认识的产生和发展，推动人类的科学发现和技术发明，推动人类的思想进步和理论创新。实践的需要是推动认识在深度和广度上不断发展之根本。此外，实践是认识发展的动力，还表现为实践为认识的发展提供了手段和条件，如经验资料、实验仪器和工具等。更为重要的一点是，实践改造了人的主观世界，锻炼和提高了人的认识能力。人们正是在实践的推动下，不断打破认识上的旧框框，突破头脑中的旧思想，引起认识上的新飞跃，从而不断有所发现、有所前进。

第三，实践是认识的目的。人们通过实践获得认识，不是“猎奇”或“雅兴”，不是为认识而认识，其最终目的是为实践服务，指导实践，以满足人们生活和生产的需要。自然科学的不断创新，目的是推动技术的更大发展，创造更丰富的物质财富，给人类带来更多的福祉。人文社会科学的不断创新，目的是认识社会，认识人类自身，改造社会，建设精神文明，创造精神财富，促进人的自由而全面的发展。

第四，实践是检验认识真理性的唯一标准。真理不是自封的。“判定认识或理论之是否真理，不是依主观上觉得如何而定，而是依客观上社会实践的结果如何而定。真理的标准只能是社会的实践。”也就是说，认识是否具有真理性，既不能从认识本身得到证实，也不能从认识对象中得到回答，只有在实践中才能得到验证。

实践范例一　课堂讨论——实践是检验真理的唯一标准

【实践教学目标】

实践是人类生存和发展最基本的活动，是人类社会生活的本质，是人的认识产生和发展的基础，通过学习讨论让学生理解实践是检验真理的唯一标准，促使学生在学习及工作中将理论与实践相结合，提升自身的能力。

【实践教学方案】

（1）实践学时：2 学时。

（2）实践地点：多媒体教室。

（3）实践流程：

① 教师在课前布置任务，学生利用图书馆、网络等自行查阅资料，搜集实践是检验真理的唯一标准的经典案例，要求内容丰富，PPT 制作精美，发言学生准备充分，语言流畅并且有自己的见解；

② 以小组为单位，利用多媒体设备，学生以 PPT 的形式在课堂上展示本小组的学习和讨论内容；

③ 以教学班为单位，教师组织学生对本课内容进行总结。

视频 5-1
实践是检验真理的唯一标准

【实践教学评价】

（1）实践结果：PPT 形式汇报学习成果。

（2）实践评价：教师根据学生汇报的内容、PPT 制作等情况进行评价，评价标准如下：

得分	PPT内容	PPT制作	汇报情况
10	PPT 内容丰富，理论实践相结合，贴近实际	PPT制作精美	发言人准备充分，语言流畅，并有本小组自己的见解
7	PPT 内容比较丰富，理论实践相结合，贴近实际	PPT制作精美	发言人准备充分，语言流畅，没有本小组自己的见解
4	PPT 内容不够丰富，没有把理论和实践相结合	PPT制作一般	发言人准备不够充分，没有本小组自己的见解

【参考资料】

亚里士多德与伽利略的自由落体定律

1590 年，伽利略在比萨斜塔上做了“两个铁球同时落地”的实验，得出了重量不同的两个铁球同时下落的结论，从此推翻了亚里士多德“物体下落速度和重量成比例”的学说，纠正了这个持续了 1900 多年之久的错误结论。关于自由落体实验，伽利略做了大量的实验，他站在斜塔上面让不同材料构成的物体从塔顶上落下来，并测定下落时间有多少差别。结果发现，各种物体都是同时落地，而不分先后。也就是说，下落运动与物体的具体特征并无关系。无论木制球或铁制球，如果同时从塔上开始下落，它们将同时到达地面。伽利略通过反复的实验，认为如果不计空气阻力，轻重物体的自由下落速度是相同的，即重力加速度的大小都是相同的。

资料2

实践论（节选）

马克思以前的唯物论，离开人的社会性，离开人的历史发展，去观察认识问题，因此不能了解认识对社会实践的依赖关系，即认识对生产和阶级斗争的依赖关系。

首先，马克思主义者认为人类的生产活动是最基本的实践活动，是决定其他一切活动的东西。人的认识，主要地依赖于物质的生产活动，逐渐地了解自然的现象、自然的性质、自然的规律性、人和自然的关系；而且经过生产活动，也在各种不同程度上逐渐地认识了人和人的一定的相互关系。一切这些知识，离开生产活动是不能得到的。在没有阶级的社会中，每个人以社会一员的资格，同其他社会成员协力，结成一定的生产关系，从事生产活动，以解决人类物质生活问题。在各种阶级的社会中，各阶级的社会成员，则又以各种不同的方式，结成一定的生产关系，从事生产活动，以解决人类物质生活问题。这是人的认识发展的基本来源。

人的社会实践，不限于生产活动一种形式，还有多种其他的形式，阶级斗争，政治生活，科学和艺术的活动，总之社会实际生活的一切领域都是社会的人所参加的。因此，人的认识，在物质生活以外，还从政治生活文化生活中（与物质生活密切联系），在各种不同程度上，知道人和人的各种关系。其中，尤以各种形式的阶级斗争，给予人的认识发展以深刻的影响。在阶级社会中，每一个人都在一定的阶级地位中生活，各种思想无不打上阶级的烙印。

马克思主义者认为人类社会的生产活动，是一步又一步地由低级向高级发展，因此，人们的认识，不论对于自然界方面，对于社会方面，也都是一步又一步地由低级向高级发展，即由浅入深，由片面到更多的方面。在很长的历史时期内，大家对于社会的历史只能限于片面的了解，这一方面是由于剥削阶级的偏见经常歪曲社会的历史，另一方面，则由于生产规模的狭小，限制了人们的眼界。人们能够对于社会历史的发展作全面的历史的了解，把对于社会的认识变成了科学，这只是到了伴随巨大生产力——大工业而出现近代无产阶级的时候，这就是马克思主义的科学。

马克思主义者认为，只有人们的社会实践，才是人们对于外界认识的真理性的标准。实际的情形是这样的，只有在社会实践过程中（物质生产过程中，阶级斗争过程中，科学实验过程中），人们达到了思想中所预想的结果时，人们的认识才被证实了。人们要想得到工作的胜利即得到预想的结果，一定要使自己的思想合于客观外界的规律性，如果不合，就会在实践中失败。人们经过失败之后，也就从失败取得教训，改正自己的思想使之适合于外界的规律性，人们就能变失败为胜利，所谓“失败者成功之母”，“吃一堑长一智”，就是这个道理。辩证唯物论的认识论把实践提到第一的地位，认为人的认识一点也不能离开实践，排斥一切否认实践重要性、使认识离开实践的错误理论。列宁这样说过：“实践高于（理论的）认识，因为它不但有普遍性的品格，而且还有直接现实性的品格。”马克思主义的哲学辩证唯物论有两个最显著的特点：一个是它的阶级性，公然申明辩证唯物论是为无产阶级服务的；再一个是它的实践性，强调理论对于实践的依赖关系，理论的基础是实践，又转过来为实践服务。判定认识或理论之是否真理，不是依主观上觉得如何而定，而是依客观上社会实践的结果如何而定。真理的标准只能是社会的实践。实践的观点是辩证唯物论的认识论之第一的和基本的观点。

然而人的认识究竟怎样从实践发生，而又服务于实践呢？这只要看一看认识的发展过程就会明了的。

原来人在实践过程中，开始只是看到过程中各个事物的现象方面，看到各个事物的片面，看到各个事物之间的外部联系。例如有些外面的人们到延安来考察，头一二天，他们看到了延安的地形、街道、屋宇，接触了许多的人，参加了宴会、晚会和群众大会，听到了各种说话，看到了各种文件，这些就是事物的现象，事物的各个片面以及这些事物的外部联系。这叫做认识的感性阶段，就是感觉和印象的阶段。也就是延安这些各别的事物作用于考察团先生们的感官，引起了他们的感觉，在他们的脑子中生起了许多的印象，以及这些印象间的大概的外部的联系，这是认识的第一个阶段。在这个阶段中，人们还不能造成深刻的概念，作出合乎论理（即合乎逻辑）的结论。

社会实践的继续，使人们在实践中引起感觉和印象的东西反复了多次，于是在人们的脑子里生起了一个认识过程的突变（即飞跃），产生了概念。概念这种东西已经不是事物的现象，不是事物的各个片面，不是它们的外部联系，而是抓住了事物的本质，事物的全体，事物的内部联系了，概念同感觉，不但是数量上的差别，而且有了性质上的差别。循此继进，使用判断和推理的方法，就可产生合乎论理的结论来。《三国演义》上所谓“眉头一皱计上心来”，我们普通说话所谓“让我想一想”，就是人在脑子中运用概念以作判断和推理的工夫。这是认识的第二个阶段。外来的考察团先生们在他们集合了各种资料，加上他们“想了一想”之后，他们就能作出“共产党的抗日民族统一战线的政策是彻底的、诚恳的和真实的”这样一个判断了。在他们作出这个判断之后，如果他们对于团结救国也是真实的话，那么他们就能够进一步作出这样的结论：“抗日民族统一战线是能够成功的。”这个概念、判断和推理的阶段，在人们对于一个事物的整个认识过程中是更重要的阶段，也就是理性认识的阶段。认识的真正任务在于经过感觉而到达于思维，到达于逐步了解客观事物的内部矛盾，了解它的规律性，了解这一过程和那一过程的内部联系，即到达于论理的认识。重复地说，论理的认识所以和感性的认识不同，是因为感性的认识是属于事物之片面的、现象的、外部联系的东西，论理的认识则推进了一大步，到达了事物的全体的、本质的、内部联系的东西，到达了暴露周围世界的内在的矛盾，因而能在周围世界的总体上，在周围世界一切方面的内部联系上去把握周围世界的发展。

这种基于实践的由浅入深的辩证唯物论的关于认识发展过程的理论，在马克思主义以前，是没有一个人这样解决过的。马克思主义的唯物论，第一次正确地解决了这个问题，唯物地而且辩证地指出了认识的深化的运动，指出了社会的人在他们的生产和阶级斗争的复杂的、经常反复的实践中，由感性认识到论理认识的推移的运动。列宁说过：“物质的抽象，自然规律的抽象，价值的抽象以及其他等等，一句话，一切科学的（正确的、郑重的、非瞎说的）抽象，都更深刻、更正确、更完全地反映着自然。”马克思列宁主义认为：认识过程中两个阶段的特性，在低级阶段，认识表现为感性的，在高级阶段，认识表现为论理的，但任何阶段，都是统一的认识过程的阶段。感性和理性二者的性质不同，但又不是互相分离的，它们在实践的基础上统一起来了。我们的实践证明：感觉到了的东西，我们不能立刻理解它，只有理解了的东西才更深刻地感觉它。感觉只解决现象问题，理论才解决本质问题。这些问题的解决，一点也不能离开实践。无论何人要认识什么事物，除了同那个事物接触，即生活于（实践于）那个事物的环境中，是没有法子解决的。不能在封建社会就预先认识资本主义社会的规律，因为资本主义还未出现，还无这种实践。马克思主义只能是资本主义的产物。马克思不能在自由资本主义时代就预先具体地认识帝国主义时代的某些特异的规律，因为帝国主义这个资本主义最后阶段还未到来，还无这种实践，只有列宁和斯大林才能担当此项任务。马克思、恩格斯、列宁、斯大林之所以能够作出他们的理论，除了他们的天才条件之外，主要地是他们亲自参加了当时的阶级斗争和科学实验的实践，没有这后一个条件，任何天才也是不能成功的。“秀才不出门，全知天下事”，在技术不发达的古代只能是一句空话，在技术发达的现代虽然可以实现这些话，然而真正亲知的是天下实践着的人，那些人在他们的实践中间取得了“知”，经过文字和技术的传达而到达于“秀才”之手，秀才乃能间接地“知天下事”。如果要直接地认识某种或某些事物，便只有亲身参加于变革现实、变革某种或某些事物的实践的斗争中，才能触到那种或那些事物的现象，也只有在亲身参加变革现实的实践的斗争中，才能暴露那种或那些事物的本质而理解它们。这是任何人实际上走着的认识路程，不是有些人故意歪曲地说些反对的话罢了。世上最可笑的是那些“知识里手”，有了道听途说的一知半解，便自封为“天下第一”，适足见其不自量而已。知识的问题是一个科学的问题，来不得半点的虚伪和骄傲，决定地需要的倒是其反面——诚实和谦逊的态度。你要有知识，你就得参加变革现实的实践。你要知道梨子的滋味，你就得变革梨子，亲口吃一吃。你要知道原子的组成同性质，你就得实行物理学和化学的实验，变革原子的情况。你要知道革命的理论和方法，你就得参加革命。一切真知都是从直接经验发源的。但人不能事事直接经验，事实上多数的知识都是间接经验的东西，这就是一切古代的和外域的知识。这些知识在古人在外人是直接经验的东西，如果在古人外人直接经验时是符合于列宁所说的条件：“科学的抽象”，是科学地反映了客观的事物，那么这些知识是可靠的，否则就是不可靠的。所以，一个人的知识，不外直接经验的和间接经验的两部分。而且在我为间接经验者，在人则仍为直接经验。因此，就知识的总体说来，无论何种知识都是不能离开直接经验的。任何知识的来源，在于人的肉体感官对客观外界的感觉，否认了这个感觉，否认了直接经验，否认亲自参加变革现实的实践，他就不是唯物论者。“知识里手”之所以可笑，原因就是在这个地方。

……

中国人民对于帝国主义的认识也是这样。第一阶段是表面的感性的认识阶段，表现在太平天国运动和义和团运动等笼统的排外主义的斗争上。第二阶段才进到理性的认识阶段，看出了帝国主义内部和外部的各种矛盾，并看出了帝国主义联合中国买办阶级和封建阶级以压榨中国人民大众的实质，这种认识是从一九一九年五四运动前后才开始的。

我们再来看战争。战争的领导者，如果他们是一些没有战争经验的人，对于一个具体的战争（例如我们过去十年的土地革命战争）的深刻的指导规律，在开始阶段是不了解的。他们在开始阶段只是身历了许多作战的经验，而且败战是打得很多的。然而由于这些经验（胜仗，特别是败仗的经验），使他们能够理解贯穿整个战争的内部的东西，即那个具体战争的规律性，懂得了战略和战术，因而能够有把握地去指导战争。此时，如果改换一个无经验的人去指导，又会要在吃了一些败仗之后（有了经验之后）才能理会战争的正确的规律。

常常听到一些同志在不能勇敢接受工作任务时说出的一句话：没有把握。为什么没有把握呢？因为他对于这项工作的内容和环境没有规律性的了解，或者他从来就没有接触过这类工作，或者接触得不多，因而无从谈到这类工作的规律性。及至把工作的情况和环境给以详细分析之后，他就觉得比较地有了把握，愿意去做这项工作。如果这个人在这项工作中经过了一个时期，他就有了这项工作的经验了，而他又是一个肯虚心体察情况的人，不是一个主观地、片面地、表面地看问题的人，他就能够自己做出应该怎样进行工作的结论，他的工作勇气也就可以大大提高了。只有那些主观地、片面地和表面地看问题的人，跑到一个地方，不问环境的情况，不看事情的全体（事情的历史和全部现状），也不触到事情的本质（事情的性质及此一事情和其他事情的内部联系），就自以为是地发号施令起来，这样的人是没有不跌交子的。

……

——《毛泽东选集》第一卷 1991年6月版

实践范例二　课堂讨论——人与自然和谐共生

【实践教学目标】

人类社会与自然界相互依存，所以人与自然应该和谐共生。通过讨论交流使学生认识到人与自然和谐相处的重要性，人类改造世界的同时必须要遵循自然规律，转变高污染高消耗的实践活动方式。让学生树立环保意识，爱护环境从自身做起。

【实践教学方案】

（1）实践学时：2 学时。

（2）实践地点：多媒体教室。

（3）实践流程：

① 教师提前布置任务，让学生思考如何去保护环境，谈谈自己的想法和策略；

② 教师在课堂上组织学生进行讨论，随机让学生进行发言，谈谈如何从国家层面以及自身层面来维护我们的家园；

③ 讨论结束后，教师进行总结，倡导学生树立环境意识，爱护环境从自我做起。

【实践教学评价】

（1）实践结果：学生提交环境保护策略。

（2）实践评价：教师针对学生的课堂发言情况以及上交的环境保护策略进行评分，分为 10 分、8 分、5 分、3 分四个等级。

【参考资料】

寂寞的春天（节选）

一　明天的寓言

从前，在美国中部有一个城镇，这里的一切生物看来与周围环境相处得很和谐。这个城镇坐落在像棋盘般整齐排列的欣欣向荣的农场中央，庄稼地遍布，小山下果园成林。春天，繁花像白色的云朵点缀在绿色的原野上；秋天，通过松林的屏风，橡树、枫树和白桦闪射出火焰般的彩色光辉，狐狸在小山上吠鸣，鹿群静静穿过笼罩着秋天晨雾的原野。

沿着小路生长的月桂树、荚蒾和赤杨树，以及巨大的羊齿植物和野花，在一年的大部分时间里都使旅行者目悦神怡。即使在冬天，道路两旁也是美丽的地方，那儿有无数小鸟飞来，在雪层上露出的浆果和干草的穗头上啄食。郊外事实上正以其鸟类的丰富多彩而驰名，当迁徙的候鸟在整个春天和秋天蜂拥而至的时候，人们长途跋涉来这里观鸟。也有些人来小溪边捕鱼，这些洁净又清凉的小溪从山中流出，形成了绿荫掩映的生活着鳟鱼的池塘。野外一直是这个样子，直到许多年前的一天，第一批居民来到这儿建房、挖井和筑仓，情况才发生了变化。

从那时起，一个奇怪的阴影遮盖了这个地区，一切开始变化。一些不祥的预兆降临到村落里；神秘莫测的疾病袭击了成群的小鸡，牛羊病倒和死去。到处是死亡的阴影，农夫述说着他们家人的疾病，城里的医生也越来越为他们病人中出现的新的疾病感到困惑。不仅在成人中，而且在孩子中也出现了一些突然的、不可解释的死亡现象，这些孩子在玩耍时突然倒下，并在几小时内死去。

一种奇怪的寂静笼罩了这个地方。比如，鸟儿都去了哪儿了呢？许多人谈论着鸟儿，感到迷惑和不安。园后鸟儿寻食的地方冷落了。在一些地方仅能见到的几只鸟儿也气息奄奄，战栗得很厉害，飞不起来。这是一个没有声音的春天。这儿的清晨曾经荡漾着乌鸦、鸫鸟、鸽子、樫鸟、鹪鹩的合唱，以及其他鸟鸣的音浪；而现在一切声音都没有了，只有一片寂静覆盖着田野、树林和沼泽。

农场里的母鸡在孵窝，却没有小鸡破壳而出。农夫抱怨他们无法再养猪了——新生的猪仔很小，小猪病后也只能活几天。苹果树开花了，但花丛中没有蜜蜂嗡嗡飞来，所以苹果花没有得到授粉，也不会有果实。

曾经一度是多么吸引人的小路两旁，现在却仿佛是火灾浩劫后残余的焦枯的植物。被生命抛弃了的地方只有一片寂静，甚至小镇也失去了生命；钓鱼的人不再来访，因为所有的鱼已经死亡。

在屋檐下的雨水管中，在房顶的瓦片之间，一种白色的粉粒还露出稍许斑痕。在几星期之前，这些白色粉粒像雪花一样，降落到屋顶、草坪、田地和小河上。

不是魔法，也不是敌人的活动使这个受损害的世界的生命无法复生，而是人们自己使自己受害。

上述的这个城市是虚设的，但在美国和世界其他地方都可以很容易找到上千个这种城镇的翻版。我知道并没有一个村庄经受过如我所描述的全部灾难；但其中每一种灾难实际上已经在某些地方发生，并且确实有许多村庄已经蒙受了大量的不幸。一个狰狞的幽灵几乎在不知不觉中向我们袭来，这个想象中的悲剧可能会很容易地变成一个我们大家都将知道的活生生的现实。

是什么东西使得美国无数城镇的春天之声沉寂下来了呢？这本书想尝试着给予解答。

……

八 再也没有鸟儿歌唱

如今在美国，越来越多的地方已没有鸟儿飞来报春；清晨早起，原来到处可以听到鸟儿的美妙歌声，而现在却只有异常的寂静。鸟儿的歌声突然沉寂了，鸟儿给予我们这个世界的色彩、美丽和乐趣也在消失，这些变化来得如此迅速而悄然，以至在那些尚未受到影响的地区的人们还未注意到这些变化。

……

在联邦政府开始执行扑灭火蚁的庞大喷药计划之后的一年里，一位亚拉巴马州的妇女写道："我们这个地方大半个世纪以来一直是鸟儿的真正圣地。去年七月，我们都注意到这儿的鸟儿比以前多了。然而，突然地，在八月的第二个星期里，所有鸟儿都不见了。我习惯于每天早早起来喂养我心爱的已有一个小马驹的母马，但是听不到一点儿鸟儿的声息。这种情景是凄凉和令人不安的。人们对我们美好的世界做了些什么？最后，一直到五个月以后，才有一种蓝色的樫鸟和鹪鹩出现了。"

在这位妇女所提到的那个秋天里，我们又收到了一些其他同样令人沮丧的报告，这些报告来自密西西比州、路易斯安那州及亚拉巴马州边远南部。由国家奥杜邦学会和美国渔业及野生生物管理局出版的季刊《野外纪事》记录说，在这个国家出现了一些"没有任何鸟类的可怕的空白点"，这种现象是触目惊心的。《野外纪事》是由一些有经验的观鸟者所写的报告编撰而成的，这些观鸟者在特定地区的野外调查中花费了多年时间，并对这些地区的正常鸟类生活具有极其丰富的知识。一位观鸟者报告说：那年秋天，当她在密西西比州南部开车行驶时，"在很长的路程内根本看不到鸟儿"。另外一位在巴吞鲁日的观鸟者报告说：她把饲料放在那儿"几个星期始终没有鸟儿来动过"；她院子里的灌木到那时候已该抽条了，但树枝上仍浆果累累。另一份报告说，他的窗口"从前常常是由四十或五十只红雀和大群其他各种鸟儿组成一种撒点花样的图画，然而现在很难得看到一两只鸟儿出现"。西弗吉尼亚大学教授莫尔斯·布鲁克斯——阿巴拉契亚地区的鸟类权威人士，他报告说，"西弗尼吉亚鸟类数量的减少是令人难以置信的"。

这里有一个故事可以作为鸟儿悲惨命运的象征——这种命运已经征服了一些种类，并且威胁着所有的鸟儿。这个故事就是众所周知的知更鸟的故事。对于千百万美国人来说，第一只知更鸟的出现意味着冬天的河流已经解冻。知更鸟的到来作为一项消息在报纸上报道，并且大家在吃饭的时候热切相告。随着大批候鸟的逐渐来临，森林开始绿意葱茏，千千万万的人们在清晨聆听着知更鸟黎明合唱的第一支曲子。然而现在，一切都变了，甚至连鸟儿的返回也不再被认为是理所当然的事情了。

知更鸟，的确还有其他很多鸟儿的生存看来和美国榆树休戚相关。从大西洋岸到落基山脉，这种榆树是上千城镇历史的组成部分，它以庄严的绿色拱道装扮了街道、村舍和校园。现在这种榆树已经患病，这种病蔓延到所有榆树生长的区域，这种病是如此严重，以至于专家们公认竭尽全力救治榆树最后将是徒劳无益的。失去榆树是可悲的，但是假若在抢救榆树的徒劳努力中我们把绝大部分的鸟儿扔进了覆灭的黑暗中，那将是加倍的悲惨。而这正是威胁我们的东西。

所谓的荷兰榆树病大约是在1930年从欧洲进口镶板工业用的榆树节时被带进美国的。这种病害是一种真菌病害，病菌侵入到树木的输水导管中，其孢子通过树汁的流动而扩散开，并且由于其有毒分泌物及阻塞作用而致使树枝枯萎，使榆树死亡。该病是由榆树皮甲虫从生病的树传播到健康的树上去的。由这种昆虫在已死去的树皮下所开凿的渠道后来被入侵的真菌孢子所污染，这种真菌孢子又粘贴在甲虫身上，并被甲虫带到它飞到的所有地方……

这种喷药对鸟类的生命，特别是对知更鸟意味着什么呢？对该问题第一次给出清晰回答的是密歇根州大学教授乔治·华莱士和他的一个研究生约翰·梅纳。当梅纳先生开始做博士论文时，他选择了一个关于知更鸟种群的研究题目。这完全是一个巧合，因为在那时还没有人怀疑知更鸟处在危险之中。

……

华莱士教授说："校园对于大多数想在春天找到住处的知更鸟来说，已成了它们的坟地。"然而为什么呢？起初，他怀疑是由于神经系统的一种疾病，但是很快就明显地看出了"尽管那些使用杀虫剂的人们保证说他们的喷洒对'鸟类无害'，但那些知更鸟确实死于杀虫剂中毒，知更鸟表现出人们熟知的失去平衡的症状，紧接着战栗、惊厥以至死亡"。

……

——蕾切尔·卡森《寂寞的春天》

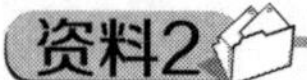

习近平关于生态文明的讲话

绿水青山就是金山银山，贯彻创新、协调、绿色、开放、共享的发展理念，加快形成节约资源和保护环境的空间格局、产业结构、生产方式、生活方式，给自然生态留下休养生息的时间和空间。

生态文明建设是关系中华民族永续发展的根本大计。中华民族向来尊重自然、热爱自然，绵延5000多年的中华文明孕育着丰富的生态文化。生态兴则文明兴，生态衰则文明衰。

坚持人与自然和谐共生，坚持节约优先、保护优先、自然恢复为主的方针，像保护眼睛一样保护生态环境，像对待生命一样对待生态环境，让自然生态美景永驻人间，还自然以宁静、和谐、美丽。

——2018年5月18日至19日，习近平出席全国生态环境保护大会并发表重要讲话

植树造林历来是中华民族的优良传统。今天，我们来这里植树既是履行法定义务，也是建设美丽中国、推进生态文明建设、改善民生福祉的具体行动。

——2018年4月2日，习近平在参加首都义务植树活动时强调

引导应对气候变化国际合作，成为全球生态文明建设的重要参与者、贡献者、引领者。

——2017年10月18日，习近平在中国共产党第十九次全国代表大会上的报告中指出

我们应该遵循天人合一、道法自然的理念，寻求永续发展之路。要倡导绿色、低碳、循环、可持续的生产生活方式，平衡推进2030年可持续发展议程，不断开拓生产发展、生活富裕、生态良好的文明发展道路。

——2017年1月18日，习近平出席“共商共筑人类命运共同体”高级别会议并发表主旨演讲

环境就是民生，青山就是美丽，蓝天也是幸福。要像保护眼睛一样保护生态环境，像对待生命一样对待生态环境。

——2015年3月6日，习近平在参加全国两会江西代表团审议时指出

保护生态环境就是保护生产力，绿水青山和金山银山绝不是对立的，关键在人，关键在思路。

——2014年3月7日，习近平总书记在参加全国两会贵州代表团审议时强调

中国明确把生态环境保护摆在更加突出的位置。我们既要绿水青山，也要金山银山。宁要绿水青山，不要金山银山，而且绿水青山就是金山银山。我们绝不能以牺牲生态环境为代价换取经济的一时发展。

——2013年9月7日，习近平在哈萨克斯坦纳扎尔巴耶夫大学发表重要演讲

建设生态文明，关系人民福祉，关乎民族未来。党的十八大把生态文明建设纳入中国特色社会主义事业五位一体总体布局，明确提出大力推进生态文明建设，努力建设美丽中国，实现中华民族永续发展。这标志着我们对中国特色社会主义规律认识的进一步深化，表明了我们加强生态文明建设的坚定意志和坚强决心。

——2013年5月24日，习近平在中共中央政治局第六次集体学习时强调

保护生态环境就是保护生产力，改善生态环境就是发展生产力。良好生态环境是最公平的公共产品，是最普惠的民生福祉。

——2013年4月8日至10日，习近平在海南考察工作时指出

资料3

加快生态文明体制改革，建设美丽中国
——选自《十九大报告》

人与自然是生命共同体，人类必须尊重自然、顺应自然、保护自然。人类只有遵循自然规律才能有效防止在开发利用自然上走弯路，人类对大自然的伤害最终会伤及人类自身，这是无法抗拒的规律。

我们要建设的现代化是人与自然和谐共生的现代化，既要创造更多物质财富和精神财富以满足人民日益增长的美好生活需要，也要提供更多优质生态产品以满足人民日益增长的优美生态环境需要。必须坚持节约优先、保护优先、自然恢复为主的方针，形成节约资源和保护环境的空间格局、产业结构、生产方式、生活方式，还自然以宁静、和谐、

美丽。

（一）推进绿色发展。加快建立绿色生产和消费的法律制度和政策导向，建立健全绿色低碳循环发展的经济体系。构建市场导向的绿色技术创新体系，发展绿色金融，壮大节能环保产业、清洁生产产业、清洁能源产业。推进能源生产和消费革命，构建清洁低碳、安全高效的能源体系。推进资源全面节约和循环利用，实施国家节水行动，降低能耗、物耗，实现生产系统和生活系统循环链接。倡导简约适度、绿色低碳的生活方式，反对奢侈浪费和不合理消费，开展创建节约型机关、绿色家庭、绿色学校、绿色社区和绿色出行等行动。

（二）着力解决突出环境问题。坚持全民共治、源头防治，持续实施大气污染防治行动，打赢蓝天保卫战。加快水污染防治，实施流域环境和近岸海域综合治理。强化土壤污染管控和修复，加强农业面源污染防治，开展农村人居环境整治行动。加强固体废弃物和垃圾处置。提高污染排放标准，强化排污者责任，健全环保信用评价、信息强制性披露、严惩重罚等制度。构建政府为主导、企业为主体、社会组织和公众共同参与的环境治理体系。积极参与全球环境治理，落实减排承诺。

（三）加大生态系统保护力度。实施重要生态系统保护和修复重大工程，优化生态安全屏障体系，构建生态廊道和生物多样性保护网络，提升生态系统质量和稳定性。完成生态保护红线、永久基本农田、城镇开发边界三条控制线划定工作。开展国土绿化行动，推进荒漠化、石漠化、水土流失综合治理，强化湿地保护和恢复，加强地质灾害防治。完善天然林保护制度，扩大退耕还林还草。严格保护耕地，扩大轮作休耕试点，健全耕地草原森林河流湖泊休养生息制度，建立市场化、多元化生态补偿机制。

（四）改革生态环境监管体制。加强对生态文明建设的总体设计和组织领导，设立国有自然资源资产管理和自然生态监管机构，完善生态环境管理制度，统一行使全民所有自然资源资产所有者职责，统一行使所有国土空间用途管制和生态保护修复职责，统一行使监管城乡各类污染排放和行政执法职责。构建国土空间开发保护制度，完善主体功能区配套政策，建立以国家公园为主体的自然保护地体系。坚决制止和惩处破坏生态环境行为。

同志们！生态文明建设功在当代、利在千秋。我们要牢固树立社会主义生态文明观，推动形成人与自然和谐发展现代化建设新格局，为保护生态环境作出我们这代人的努力！

专题六 铭记历史　振兴中华

知识点睛

一、毛泽东思想的历史地位

思想理论是社会变革的先导。面对中国近代以来山河破碎、内忧外患的深重灾难，以毛泽东为主要代表的中国共产党人，胸怀远大理想，脚踏中国大地，开马克思主义中国化之先河，创立毛泽东思想，在黑暗的中国高高擎起熊熊燃烧的火炬，引领中华民族伟大复兴以江河奔涌之势一路向前，让沉睡百年的“东方睡狮”站起来。

毛泽东思想作为马克思主义中国化的第一个重大理论成果，至今依然闪耀着真理光芒。毛泽东是马克思主义中国化的伟大开拓者，是毛泽东思想的主要创立者。在中国共产党历史上，毛泽东第一个明确提出了“马克思主义中国化”的科学命题和重大任务，深刻论证了马克思主义中国化的必要性和极端重要性，系统阐述了马克思主义中国化的科学内涵和实现马克思主义中国化的正确途径，开辟了马克思主义在中国发展的宽广道路，为党领导的革命和建设事业的发展奠定了坚实的思想理论基础。

毛泽东思想是中国共产党和中国人民宝贵的精神财富。毛泽东思想基本原理、原则和科学方法具有普遍的指导意义。毛泽东追求和倡导的中华民族重新自立于世界民族之林的远大理想，实事求是的思想路线，全心全意为人民服务的奋斗宗旨，自力更生、艰苦奋斗的革命精神等，是中国人民不断奋进的强大精神动力，将长期激励和指导我们前进。

毛泽东思想是中国革命和建设的科学指南。毛泽东思想是被实践证明了的关于中国革命和建设的正确的理论原则和经验总结。在毛泽东思想指引下，我们党领导全国人民，找到了一条新民主主义革命的正确道路，完成了反对帝国主义、封建主义、官僚资本主义的任务，结束了中国半殖民地半封建社会的历史，建立了中华人民共和国；找到了一条从新民主主义向社会主义过渡的道路，确立了社会主义基本制度，实现了中国历史上最深刻最伟大的社会变革。

二、抗日战争胜利的原因和意义

（一）抗日战争胜利的原因

中国人民抗日战争的胜利，是近代以来中国抗击外敌入侵的第一次完全胜利。中国人民为什么能够战胜不可一世的日本军国主义、赢得胜利呢?

第一，以爱国主义为核心的民族精神是中国人民抗日战争胜利的决定因素。近代以来，中国人民为争取民族独立和解放进行的一系列抗争，是中华民族觉醒和民族精神升华的历史进程。这种民族觉醒和民族精神升华，在抗日战争时期达到了全新的高度。面对民族存亡的空前危机，中国人民的爱国热情像火山一样迸发出来。第二，中国共产党的中流砥柱作用是中国人民抗日战争胜利的关键。中国共产党自成立之日起就把实现中华民族伟大复兴作为自己的历史使命。中国共产党倡导和推动国共合作，建立、坚持和发展广泛的抗日民族统一战线。中国共产党坚持全面抗战路线，制定正确的战略策略，开辟广大敌后战场，成为坚持抗战的中坚力量。中国共产党始终坚持抗战、反对投降，坚持团结、反对分裂，坚持进步、反对倒退，同各爱国党派团体和广大人民一起，共同维护团结抗战大局，引领着夺取战争胜利的正确方向，成为夺取战争胜利的民族先锋。第三，全民族抗战是中国人民抗日战争胜利的重要法宝。抗击侵略、救亡图存成为中国各党派、各民族、各阶级、各阶层、各团体以及海外华侨华人的共同意志。中国共产党坚持动员人民、依靠人民，提出并实施持久战的战略总方针和一整套人民战争的战略战术，使日本侵略者陷入了人民战争的汪洋大海之中。中国人民抗日战争的胜利是全民族抗战的胜利。第四，中国人民抗日战争的胜利，同世界所有爱好和平和正义的国家和人民、国际组织以及各种反法西斯力量的同情和支持也是分不开的。

（二）抗日战争胜利的意义

第一，中国人民抗日战争是20世纪中国和人类历史上的重大事件，为中华民族由近代以来陷入深重危机走向伟大复兴确立了历史转折点。

第二，中国人民抗日战争的胜利，彻底粉碎了日本军国主义殖民奴役中国的图谋。中国人民用自己的顽强奋战和巨大牺牲，迫使日本归还甲午战争以后从中国窃取的东北、台湾、澎湖列岛等神圣领土，捍卫了国家主权和领土完整，彻底洗刷了近代以来抗击外来侵略屡战屡败的民族耻辱。

第三，中国人民抗日战争的胜利，促进了中华民族的大团结，形成了伟大的抗战精神。中国人民向世界展示了天下兴亡、匹夫有责的爱国情怀，视死如归、宁死不屈的民族气节，不畏强暴、血战到底的英雄气概，百折不挠、坚忍不拔的必胜信念。

第四，中国人民抗日战争的胜利，对世界各国夺取反法西斯战争的胜利、维护世界和平的事业产生了巨大影响。中国人民为最终战胜世界法西斯势力作出的历史性贡献，在全世界人民面前树立了一个以弱胜强的范例，中国国际地位显著提高。中国人民赢得了世界爱好和平人民的尊敬，赢得了崇高的民族声誉。

第五，中国人民抗日战争的胜利，开辟了中华民族复兴的光明前景。经历抗日战争锤炼的中国人民进一步认识到：只有实现民族独立和人民解放，建立人民当家做主的新中国，才能真正实现民族振兴、人民幸福。中国共产党提出的改造旧中国、建设新中国的主张，代表了中国人民的根本利益。人民革命力量进一步发展壮大。这就为中国共产党团结带领全国人民继续奋斗，赢得新民主主义革命的胜利、创建中华人民共和国，奠定了重要的基础。

实践范例一　诵读毛泽东诗词和红歌联唱

【实践教学目标】

通过诵读毛泽东诗词让学生从不同的视角领略毛泽东的智慧和才能，正确评价伟人的历史功过，促使学生学习伟人的精神，同时通过红歌联唱，让学生感受革命者一心为国的伟大精神，激发学生的爱国主义情怀。

【实践教学方案】

（1）实践学时：2 学时。

（2）实践地点：多媒体教室。

（3）实践流程：

① 教师课前布置任务，让学生自行分组（3 ～ 5 人 / 组）进行排练（诵读毛泽东诗词或唱红歌）；

② 利用多媒体设备为学生提供背景音乐，随机抽取五名学生作为评委对表演的学生进行评分，选取两名学生作为摄像师为表演的同学录制视频；

③ 各组表演结束后，教师组织学生谈谈自己的感受。

【实践教学评价】

（1）实践结果：每组学生对本组表演的视频进行制作并上交。

（2）实践评价：教师针对学生在课堂上的表演情况进行评价，评价标准如下：

得分	表演情况	视频制作情况
10	能够将诵读（歌词）内容全部背诵下来，感情饱满，声音洪亮	视频制作精美
7	能够将诵读（歌词）内容全部背诵下来，声音洪亮，但感情不够丰富	视频制作精美
5	不能够将诵读（歌词）内容全部背诵下来，声音较小，感情不够丰富	视频制作一般

【参考资料】

毛泽东诗词

水调歌头·重上井冈山

久有凌云志，重上井冈山。千里来寻故地，旧貌变新颜。到处莺歌燕舞，更有潺潺流水，高路入云端。过了黄洋界，险处不须看。

风雷动，旌旗奋，是人寰。三十八年过去，弹指一挥间。可上九天揽月，可下五洋捉鳖，谈笑凯歌还。世上无难事，只要肯登攀。

西江月·井冈山

山下旌旗在望，山头鼓角相闻。敌军围困万千重，我自岿然不动。

早已森严壁垒，更加众志成城。黄洋界上炮声隆，报道敌军宵遁。

七律·忆重庆谈判

有田有地吾为主，无法无天是为民。重庆有官皆墨吏，延安无土不黄金。

炸桥挖路为团结，夺地争城是斗争。遍地哀鸿满城血，无非一念救苍生。

七律·长征

红军不怕远征难，万水千山只等闲。五岭逶迤腾细浪，乌蒙磅礴走泥丸。

金沙水拍云崖暖，大渡桥横铁索寒。更喜岷山千里雪，三军过后尽开颜。

清平乐·蒋桂战争

风云突变，军阀重开战。洒向人间都是怨，一枕黄粱再现。

红旗跃过汀江，直下龙岩上杭。收拾金瓯一片，分田分地真忙。

减字木兰花·广昌路上

漫天皆白，雪里行军情更迫。头上高山，风卷红旗过大关。

此行何去，赣江风雪迷漫处。命令昨颁，十万工农下吉安。

蝶恋花·从汀州向长沙

六月天兵征腐恶，万丈长缨要把鲲鹏缚。赣水那边红一角，偏师借重黄公略。

百万工农齐踊跃，席卷江西直捣湘和鄂。国际悲歌歌一曲，狂飙为我从天落。

渔家傲·反第一次大“围剿”

万木霜天红烂漫，天兵怒气冲霄汉。雾满龙冈千嶂暗，齐声唤，前头捉了张辉瓒。

二十万军重入赣，风烟滚滚来天半。唤起工农千百万，同心干，不周山下红旗乱。

渔家傲·反第二次大围剿

白云山头云欲立，白云山下呼声急。枯木朽株齐努力，枪林逼，飞将军自重霄入。

七百里驱十五日，赣水苍茫闽山碧。横扫千军如卷席，有人泣，为营步步嗟何及！

资料2

红歌曲目

《北京的金山上》
《草原上升起不落的太阳》
《打靶归来》
《大海航行靠舵手》
《当兵的人》
《地道战》
《蝶恋花·答李淑一》
《读毛主席的书》
《歌唱毛泽东》
《革命人永远是年轻》
《共产主义儿童团团歌》
《哈萨克人民永远跟着毛主席》
《红军战士想念毛主席》
《红梅赞》
《红星歌》
《洪湖水浪打浪》
《解放区的天》
《井冈山下种南瓜》
《毛委员和我们在一起》
《毛主席的恩情比山高比水长》
《毛主席的书我最爱读》
《毛主席永远和我们在一起》
《盼红军》
《七律·长征》
《沁园春·长沙》
《秋收起义歌》
《人说山西好风光》
《三大纪律八项注意》
《山丹丹花开红艳艳》
《十送红军》
《世世代代铭记毛主席的恩情》
《北京有个金太阳》
《草原赞歌》
《打起手鼓唱起歌》
《弹起我心爱的土琵琶》
《党啊亲爱的妈妈》
《蝶恋花·从汀州向长沙》
《东方红》
《翻身农奴把歌唱》
《歌声与微笑》
《工农兵联合起来》
《桂花开放幸福来》
《红军不怕远征难》
《红领巾》
《红太阳照边疆》
《红星照我去战斗》
《黄河大合唱》
《井冈山上太阳红》
《妈妈教我一支歌》
《毛委员回到故乡来》
《毛主席的光辉》
《毛主席的战士最听党的话》
《毛主席著作像太阳》
《七律·到韶山》
《沁园春·雪》
《清粼粼的水来蓝莹莹的天》
《让我们荡起双桨》
《日夜想念毛主席》
《三峡的孩子爱三峡》
《少先队队歌》
《世界是你们的》
《谁不说咱家乡好》

《四渡赤水出奇兵》
《颂歌献给毛主席》
《万泉河水清又清》
《我爱北京天安门》
《我的中国心》
《我们要做雷锋式的好少年》
《我是一个兵》
《我向党来唱支歌》
《学习雷锋好榜样》
《延安儿女心向毛主席》
《雁南飞》
《一二三四歌》
《义勇军进行曲》
《在太行山上》
《咱们工人有力量》
《志愿军军歌》
《中国人》
《祖国颂》
《好男儿就是要当兵》
《迎风飘扬的旗》
《光荣与梦想》
《共筑中国梦》
《跟着你》
《把心交给你》
《松花江上》
《听妈妈讲那过去的事情》
《万岁毛主席》
《我爱祖国的蓝天》
《我的祖国》
《我们走在大路上》
《我为伟大祖国站岗》
《五星红旗》
《血染的风采》
《延边人民热爱毛主席》
《一道道水来一道道山》
《沂蒙山小调》
《英雄赞歌》
《咱们的领袖毛泽东》
《战士歌唱毛主席》
《中国人民解放军进行曲》
《众手浇开幸福花》
《走向复兴》
《春天的故事》
《最美的歌儿唱给妈妈》
《在灿烂阳光下》
《我们众志成城》
《人民军队永远忠于党》
《时代的勇气》

实践范例二　新闻播报——铭记历史

【实践教学目标】

通过新闻播报活动，加深学生对新中国建立各个时期重大历史事件的了解，提升学生运用历史知识的能力。

【实践教学方案】

（1）实践学时：2 学时。

（2）实践地点：多媒体教室。

（3）实践流程：

① 教师提前布置任务，让学生自行分组进行排练，以记者、新闻播音员的形式进行新闻播报，课前录制视频，视频中要插入音乐、图片、历史故事回顾等；

② 选题范围：三大战役、解放南京、重庆谈判等；
③ 利用课堂时间，运用多媒体设备展示视频作业；
④ 教师组织学生进行评价，给出每组相应的分数。

【实践教学评价】

（1）实践结果：新闻播报视频。

（2）实践评价：教师针对学生的视频和其他学生的反馈给出相应的评价，评价标准如下：

得分	视频内容	视频制作
10	新闻选题合理，语言表达清晰流畅，较好的仪态	视频制作精美，内容丰富，形式多样
7	新闻选题合理，语言表达清晰流畅，仪态一般	视频制作精美，内容丰富，形式单一
5	新闻选题合理，语言表达不够流畅，仪态一般	视频制作内容不够饱满，形式单一

【参考资料】

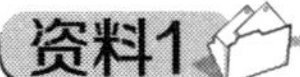

辽沈战役

一、历史背景

1946年6月26日，国民党军队向共产党的中原解放区发起进攻，国共大规模内战全面爆发。1948年7月初，国共双方兵力的对比，已由战争爆发时的3.14 : 1，变为1.3 : 1。同年9月，中共中央在西柏坡召开政治局扩大会议，决定抓住有利时机，与国民党进行战略决战，决战方向首先指向形势于己有利的东北。1948年8月，人民解放军东北野战军已控制了东北97%的土地和86%的人口。国民党军队有4个兵团14个军44个师（旅），加上地方保安团队共约55万人，但被分割、压缩在沈阳、长春、锦州三个互不相连的地区内。由于部分北宁铁路为人民解放军所控制，长春、沈阳通向山海关内的陆上交通被切断，补给全靠空运，物资供应匮乏。当时东北是全国唯一一个人民解放军军力超过国民党军队的地区。因此中国共产党中央军委把决战的第一个战场选在东北。东北地区的重要性在于它既是中国重工业最发达的地区和最大的产粮区，又是侵华日军最早侵占的地区。1945年日本战败投降后，东北即成为国共两党两军争夺的焦点。

辽沈战役是第一个战役，也是三大战役中最为关键的战役。辽沈战役从1948年9月12日发起，东北野战军先后分路奔袭北宁路。到10月1日，切断了北宁路，一部分主力进抵锦州城下。东北野战军预先设置在塔山的两个纵队顽强阻击，打垮国民党军的数十次冲击，成功地阻止了它的东进。其“西进兵团”出动后，也遭到解放军3个纵队的阻击，进至彰武、新立屯一带后，未敢继续南进。10月9日起，东北野战军发起对锦州的攻击。经过激战，于15日攻克该城，全歼守敌10万余人。随后，被长期围困在长春的国民党第六十军于10月17日起义，新编第七军也放下武器投诚。21日，长春宣告和平解放。10月26日至28日，东北野战军主力在新立屯、黑山地区全歼廖耀湘兵团10万人。11月2日，直下沈阳、营口。辽沈战役至此胜利结束。东北全境宣告解放。辽沈战役在52天激战中，东北野战军主力70万人在林彪、罗荣桓领导下，共歼敌47.2万人。

二、战役过程

东北野战军70万主力攻克义县后包围了锦州。蒋介石命令侯镜如兵团从葫芦岛出发东援锦州；廖耀湘出沈阳西进黑山一带驰援锦州。但是解放军进展神速，在塔山和黑山阻击了两个兵团的同时很快攻克锦州，生俘范汉杰。侯镜如兵团见锦州已丢撤回葫芦岛，此时长春曾泽生部起义，郑洞国集团陷入混乱，相继被缴械。围困长春的东野部队第十二纵队迅速南下增援。廖耀湘在黑山被阻试图南下营口遭到重炮部队迷惑被迫撤退沈阳，途中被6纵阻击，锦州的解放军以迅雷不及掩耳之势冲击廖兵团，两天之内全歼之，俘虏廖耀湘。

随后52军军长刘玉章击败东野两个纵队先头部队成功从营口港撤退，解放军最后包围沈阳，除青年军206师一部突围之外沈阳之敌全部迅速被歼，至此东北全境得到解放。

（一）第一阶段　战前部署

1．国军

卫立煌率周福成第8兵团、廖耀湘第9兵团，共8个军24个师30万人，驻守沈阳及外围的本溪、抚顺、铁岭、新民地区，作为防御中枢，准备随时增援长春、锦州；东北“剿总”副总司令兼第1兵团司令郑洞国中将率第1兵团，共2个军6个师10万人，驻守长春孤城，以牵制东野主力；1948年3月，蒋介石计划把沈阳国军主力撤至锦州，以便与华北傅作义配合，进可以夺回东北，退可以撤往关内。而卫立煌则力主固守沈阳、长春、锦州三大战略要点，保全东北，待变而起。廖耀湘等东北将领也大都支持卫的方案，而反对蒋的计划。至5月初，蒋介石又令卫立煌打通沈锦路，将主力撤到锦州。卫当然不同意，并派第9兵团司令廖耀湘和参谋长赵家骧等人代表他赴南京见蒋，申述利害。但蒋介石的意见仍然是急于打通沈锦路，将主力撤到锦州，只留第53军与第6军之207师守沈阳。其余各军及特种兵团（战车、炮兵、装甲车、骑兵等）统编为机动兵团，归廖耀湘统帅，随时准备行动。卫立煌怕廖耀湘将沈阳主力拉走，坚决反对，于是这个机动兵团始终未能成立。直到9月辽沈战役打响，国军统帅部对东北战略尚无决策，蒋、卫仍然在为打不打通沈锦线将主力撤到锦州的问题而争执不休。

2．东北野战军

根据毛泽东的指示，林彪决定留下部分兵力继续围困长春，主力南下，兵锋指向锦州。具体部署为：

以6个纵队、3个独立师、1个骑兵师和炮兵纵队的主力，夜行晓宿，长途奔袭，包围锦州及北宁线上各点；

以4个纵队及1个骑兵师位于锦州以北的新民县西北，监视沈阳之敌；

以1个纵队在开原地区准备阻击长春之敌突围；

以1个纵队、6个独立师和炮纵一部继续围困长春，另以少数部队向长春方向佯动，公开提出“练好兵，打长春”的口号，以迷惑敌人。

为实现歼灭卫立煌集团的战略目的，毛泽东早在1948年2月7日，就致电东北野战军（后第四野战军），要求东北野战军下一步考虑南下北宁线作战，截断敌军由陆上撤向关内的通路。毛泽东的主张，显然是先打锦州。但东北野战军司令员林彪考虑到部队只带了从后方南下的单程汽油，后方运输线又过长，并担心华北傅作义集团由关内北上。于是，他决定先打离解放军后勤基地最近的长春，并得到毛泽东的批准。7月，林彪与东北局其他要员磋商后，最终下定南下作战的决心，并电告中共中央。毛泽东复电同意。

（二）第二阶段　锦州会战

1948年9月24日，锦州范汉杰电蒋求援，蒋介石才召卫立煌到南京开会，迫令卫立煌由沈阳出兵支援锦州，卫仍然拒绝接受。最后，蒋介石决定空运49军到锦州增援，另一方面仍强要卫由沈阳向沈锦线攻击前进，并派参谋总长顾祝同到沈阳督战执行蒋的命令。顾祝同在沈阳期间，曾一再召集东北将领会议，要卫出兵沿沈锦路前进解锦州之围，卫仍坚决反对执行这项命令，认为有全军覆灭的危险，并与顾多次争吵。

1948年10月2日蒋介石飞抵沈阳，召集军事会议，决定从华北和山东海运葫芦岛7个师，加上葫芦岛阙汉骞的第54军4个师，共计4个军11个师组成“东进兵团”，由华北第17兵团司令侯镜如指挥。

1948年10月3日清晨，林彪与政委罗荣桓、参谋长刘亚楼紧急磋商。林彪考虑了一会儿，命秘书把电报追回来，但电报已于凌晨4时发出。林、罗、刘三人便于上午9时重新给军委发电表示：我们拟仍攻锦州。

1948年10月5日，林彪察看了地形后，立即召开军事会议，拟定了总攻锦州和打援的具体作战方案：以第2、第3纵队和第6纵队之第17师，以及炮兵纵队主力和坦克营，组成北突击集团，由第3纵队司令员韩先楚指挥，由城北向南突击；以第7、第9纵队及一部分炮兵，组成南突击集团，由第7纵队司令员邓华指挥，从城南向北突击；以第8纵队及第1纵队炮兵团，组成东突击集团，由第8纵队司令员段苏权指挥，从城东向西突击；以第4、第11纵队及2个独立师位于打渔山、塔山和虹螺岘一线，由第2兵团司令员程子华指挥，阻击葫芦岛和锦西方向的援敌；以万毅第5纵队、黄永胜第6纵队（欠第17师）、梁兴初第10纵队（附第1纵队第3师），李天佑率第1纵队（欠第3师）位于锦州和塔山之间的高桥，作为战役总预备队，既可北攻锦州，也可南援塔山。

1948年10月13日，国军连续猛攻均被打退，塔山阵地仍被解放军牢牢控制在手中。这时，东野攻锦主力部队的外围战斗已结束。当天深夜，刘亚楼电话通知各攻锦部队：“攻城准备就绪，明天上午总攻锦州。”蒋介石感到锦州城已岌岌可危，连夜电令侯镜如：“拂晓攻下塔山，12时占高桥，黄昏到达锦州！”

1948年10月14日10时，刘亚楼下达了总攻令。东野炮纵集中500门大炮向锦州城内预定目标猛烈轰击。11时30分，各突击队发起冲击。1948年10月15日18时，攻克锦州城，全歼国民党守军10万余人，生俘东北“剿总”副总司令兼锦州指挥所主任范汉杰中将和第6

兵团司令卢浚泉中将。侯镜如闻锦州失守，也暂时退回了锦西、葫芦岛。1948 年 10 月 19 日，新 7 军军长李鸿率其军部及所属 3 个师投降。郑洞国及其司令部仍踞守长春银行大楼，派人与解放军接洽，要求允许他再“抵抗”一两天，并发布一个他受伤被俘的消息。郑的要求获得解放军同意。1948 年 10 月 21 日 4 时，郑洞国率部下放下武器。长春解放，锦州战役结束。

（三）第三阶段　辽西会战

1948 年 10 月廖耀湘率“西进兵团”出辽西后，于 13 日占领彰武，15 日进占新立屯。锦州失守后，卫立煌认为廖兵团再无西进的必要，应迅速撤回新民，否则又有被解放军包围消灭的危险。

1948 年 10 月 20 日，林彪发布作战命令：刘震第 2 纵队、韩先楚第 3 纵队、邓华第 7 纵队、段苏权第 8 纵队、詹才芳第 9 纵队、李天佑第 1 纵队及第 6 纵队第 17 师和炮兵纵队，立即由锦州地区隐蔽向新立屯、大虎山、黑山方向疾进，从两侧迂回包围廖耀湘兵团；万毅第 5 纵队、黄永胜第 6 纵队分别由阜新、彰武地区南下，切断廖耀湘兵团往沈阳的退路；梁兴初第 10 纵队和第 1 纵队之第 3 师由新立屯东北地区后撤至黑山、大虎山地区，构筑工事，坚决阻敌前进，以争取时间等待主力回师，尔后配合主力部队围歼敌军；吴克华第 4 纵队、贺晋年第 11 纵队在塔山地区继续阻击锦西方面敌军，保障主力作战安全；独立第 2 师以 4 天时间赶到营口，切断敌军海上退路。

1948 年 10 月 23 日 9 时，廖耀湘兵团向黑山、大虎山发起猛攻。第 10 纵队将士以与阵地共存亡的决心，经过 3 天激战，守住了黑山、大虎山阵地，1948 年 10 月 25 日晚廖耀湘下令向东南营口方向撤退，但行至台安附近便遭东野第 8 纵队第 23 师和正奉命由盘山北进的独立第 2 师阻击，廖耀湘误以为是共军主力，1948 年 10 月 26 日按卫立煌的命令向东撤回沈阳，却被黄永胜的第 6 纵队堵住去路。至此，廖耀湘兵团 10 万人马全部陷入东野数十万大军的重重包围。东野随即展开了对廖耀湘兵团的大围歼，采取边合围、边分割、边歼灭的战法，并直捣其指挥中心。韩先楚的第 3 纵队仅用 3 个小时，便一举端掉了廖耀湘的兵团指挥部和新 1 军、新 6 军、新 3 军军部。林彪立即下令：以乱对乱，哪里有枪声就往哪里打，并命部队到二道岗子去抓廖耀湘。1948 年 10 月 26 日，命令钟伟第 12 纵队和 5 个独立师及 1 个骑兵师，由长春星夜兼程南下，切断沈阳之敌的退路。1948 年 10 月 28 日拂晓，辽西会战结束。

（四）第四阶段　解放沈阳

1948 年 10 月 27 日，蒋介石将杜聿明召到北平，商讨对策。蒋最后同意调船撤离营口的第 52 军，同时命周福成指挥第 53 军、第 6 军 207 师死守沈阳，并派杜聿明到沈阳召集周福成等部署沈阳防务。围歼廖耀湘兵团之战，东北野战军实施大胆渗透和穿插，不仅使廖部建制大乱，自己的建制也跑乱了。各师、团单独作战，穷追猛进，哪里有枪声就往哪里打。至 28 日辽西会战结束时，各纵队已无法集结，师、团位置极为分散。1948 年 10 月 31 日，完成了对沈阳的包围。1948 年 11 月 1 日拂晓，对沈阳发起攻击。当天中午，第 8 兵团司令周福成和他的 300 名卫队在银行大楼放下武器。只有戴朴率第 6 军 207 师顽强抵抗，但很快被解放军消灭。

1948 年 11 月 2 日，沈阳全城为解放军占领。同日，解放军攻占营口，除刘玉章率第

52 军军部及所属第 25 师等几千人乘船从海路撤逃外，其余 14000 余人全部被歼。至此，辽沈战役结束。

三、历史评价

辽沈战役我军胜利和敌军失败都是有原因的，国共双方最高统帅蒋介石和毛泽东几乎同时都看到了锦州这步关键之棋，但蒋与他的东北将领们意见不一，从而举棋不定，贻误战机在先。

蒋介石后来更犯下一个致命的战略错误，那就是不顾当时东北人民解放军力量增长的实际情况，固执地与解放军展开决战，终使几十万精锐之师在东北大地上灰飞烟灭。相比之下，中国人民解放军的战略战术则是比较成功的。毛泽东认为，先打锦州，封闭国民党部队逃出关外的道路，林彪认为应该先打长春，但是在其试攻长春后就知道攻打长春也比较困难，于是同意先打锦州。锦州破后，国民党军队就被封闭在东北，陷入了孤立境地，陆上无法逃脱。攻打长春时，东北野战军指挥员又加强了政治攻势，使国民党军队主动起义和投降，兵不血刃就拿下了长春，避免了伤亡。

辽沈战役的胜利，空前发展了马克思主义军事理论和毛泽东军事思想，也为东北我军入关组织平津战役提供了良好契机。这一战后，国军总兵力下降到 290 万人，解放军总兵力上升至 300 万人。国共双方的兵力对比，已经颠倒过来了。毛泽东信心十足地说：“这样，我们原来预计的战争进程，大为缩短。现在看来，只要从现在起，再有一年左右的时间，就可能将国民党反动政府从根本上打倒了。”

实践范例三　情景剧——保卫祖国

【实践教学目标】

通过情景剧表演，让学生体会和更加深刻地认识到日本帝国主义犯下的罪行以及对中国人民造成的伤痛，警示学生铭记历史，勿忘国耻。

【实践教学方案】

（1）实践学时：2 学时。

（2）实践地点：多媒体教室。

（3）实践流程：

① 教师提前布置任务，让学生查询抗日英雄事迹，根据史实编排情景剧；

② 利用课堂时间，学生展示自行编排的情景剧；

③ 教师组织学生根据情景剧中的内容谈谈感想。

【实践教学评价】

（1）实践结果：情景剧视频。

（2）实践评价：教师针对学生的表演情况和其他同学的反馈给出相应的评价，评价标准如下：

得分	表演情况
10	准备充分，表演流畅，台词熟练，感情丰富
7	准备充分，表演流畅，台词熟练，感情不够丰富
5	准备充分，表演流畅，台词不熟练，感情不够丰富

【参考资料】

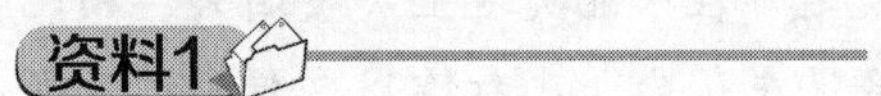

资料1

抗日英雄事迹

杨靖宇

视频 6-1
保卫祖国——杨靖宇

杨靖宇，这是大家最熟悉不过的一个名字，原名马尚德，1905年2月13日出生于河南省确山县的一个贫苦农民家庭。1923年考入河南第一工业学校。1926年在该校加入中国共产主义青年团，1927年4月领导了震惊中外的豫南农民起义，即“确山暴动”，组织五万农民武装围攻确山县城，打垮了北洋军阀第八军的一个旅，活捉了县长王少渠，使得北伐军不费一枪一弹占领豫南屏障确山，打开了进入中原的通道，同时，建立了中国共产党领导的县级人民政权，确山县临时治安委员会，杨靖宇被选为常委，6月6日加入中国共产党。在河南工作期间，三次被捕入狱，均被党组织营救，随即转到上海学习，后党组织选派他去苏联学习，在等签证期间来到东北，自此，与东北结下不解之缘。1932年11月党组织派他到磐石、海龙巡视工作，他按照中国工农红军的经验整顿当地游击队，组成中国工农红军第三十二军南满游击队，并亲自任政委。杨靖宇领导游击队运用灵活机动的游击战术，在根据地人民的大力支援下，粉碎了敌人4次围攻，在不到五个月的时间里，进行大小战斗60余次，打死打伤日伪军130余人，缴获了许多武器弹药。历任东北人民革命军第一军军长兼政委、东北抗日联军第一路军总司令兼政委等职。梅津美治郎就任日本关东军总司令后，将杨靖宇列为最大心腹大患，他讲：“杨靖宇头脑清晰，富于组织之天才，军事手段狡黠多变，极具威胁。”因此，派遣大批日伪军机动队伍围剿杨靖宇的抗联一路军，日伪军制定区别打击的狠毒策略，即同时遇到山林队和抗联，专打抗联，其实后面还有一句，那就是同时遇到杨靖宇的队伍和其他抗联队伍，专打杨靖宇的队伍。1940年2月23日，农历正月十五下午4时30分，在蒙江县保安村三道崴子被敌人包围，弹尽粮绝，壮烈殉国。年仅35岁。杨靖宇牺牲后，敌人无法理解一个抗联战士为何如此英勇顽强，他们把杨靖宇的遗体进行解剖。打开肠胃，鬼子军官惊呆了：在这个只身与数千名日本军战斗了五天五夜的抗联司令的肚子里，竟找不到一粒粮食，有的只是未消化的野草、树皮和棉絮……杨靖宇虽然倒下了，但他那大无畏的革命精神，激励着千百万优秀的中华儿女，走上抗日前线。

赵一曼

赵一曼，四川宜宾人，1926 年加入中国共产党，曾留学苏联，1928 年回国，1932 年到东北开展革命工作。历任中共珠河中心县委委员兼铁道北区委书记，东北人民革命军第三军第一师第二团政委，1935 年 11 月因腿部受伤不幸被捕，为了从赵一曼口中得到有价值的情报，日伪军对她进行了严酷的审讯，前后采用酷刑几十种，赵一曼几次晕倒过去，但始终没有透露任何关于抗联的信息。日军知道，在赵一曼的口中不可能得到任何有用的情报，决定把她送回珠河县处死示众。1936 年 8 月 2 日，在被压往珠河县的火车上，得知自己即将赴死，她想起了远在四川尚且年幼的儿子赵掖贤，想起了在去上海找寻党组织途中她身无分文，背着孩子一路讨饭，受尽千辛万苦，几乎在上海街头把孩子卖掉。她向押送的警察要了纸笔，给儿子写了一封催人泪下的遗书。

视频 6-2
保卫祖国——赵一曼

宁儿：

母亲对于你没有尽到教育的责任，实在是遗憾的事情。

母亲因为坚决地做了反满抗日的斗争，今天已经到了牺牲的前夕了！

母亲和你在生前是永远没有再见的机会了。希望你，宁儿啊！赶快成人，来安慰你地下的母亲！我最亲爱的孩子啊！母亲不用千言万语来教育你，就用实行来教育你。

在你长大成人之后，希望你不要忘记你的母亲是为国而牺牲的！

一九三六年八月二日
你的母亲赵一曼于车中

这是一封天底下最真挚、最朴实的一个母亲临刑前写给孩子的家书。读之，天地为之动容，山川为之流泪。而这封家书当孩子宁儿看到它的时候，已经迟到了整整 20 年！赵一曼牺牲后，当时这封家书并没有立刻到达孩子手中，而是被当时日伪“滨江省警务厅”用日文记录了下来，放到档案里。新中国成立后，开始调查抗联战士的真实身份，但赵一曼的身份信息已经被日军销毁。后来，一部讲述赵一曼的电影在全国引起巨大反响，“赵一曼”被一位老乡认出，组织上才联系到在北京的“赵一曼”丈夫陈达邦，陈达邦带着儿子赶去，才知道自己的妻子就是赫赫有名的女将军赵一曼，而这已经是 1956 年的事情了，这份尘封在档案室里的家书，20 年后才与赵一曼的孩子宁儿见面。

在短短 31 年的生命里，她把自己的一切都交给了党，凭着对党的忠诚，对共产主义的信仰，在东北抗联艰苦卓绝的环境和斗争中，坚持理想，坚持革命，不怕流血牺牲，不怕坐牢受刑，大义凛然，取义成仁。赵一曼同志高尚的品质、坚忍的意志、顽强的精神、大无畏的革命英雄气概，将永远激励后人牢记历史教训，珍惜当下生活，奋勇砥砺前行。

专题七 中国共产党百年光辉历程

知识点睛

中国共产党的诞生，是近现代中国历史发展的必然产物，是中国人民在救亡图存斗争中顽强求索的必然产物。中国共产党是在特定的社会历史条件下成立的。一方面，它成立于俄国十月革命取得胜利，第二国际社会民主主义、修正主义遭到破产之后。它所接受的是没有被修正主义阉割的马克思主义的完整的科学世界观和社会革命论，是在帝国主义和无产阶级革命时代发展了的马克思主义即列宁主义，是在斗争中同资产阶级、小资产阶级社会主义划清了界限的科学社会主义。另一方面，它是在半殖民地半封建中国的工人运动的基础上产生的。中国工人阶级身受三重压迫，具有坚强的革命性。在这个阶级中，不存在欧洲那种工人贵族阶层，没有社会改良主义的基础。而且在半殖民地的中国，工人阶级根本不可能进行和平的议会斗争，他们不可能对资产阶级民主制度抱有期望。所以中国共产党一开始就是一个以马克思列宁主义理论为基础的党，是一个区别于第二国际旧式社会改良党的新型工人阶级革命政党。

中国共产党的成立，是中华民族发展史上一个开天辟地的大事变。中国人民从来就勤劳勇敢，富于斗争传统。他们的斗争之所以屡遭挫折和失败，重要原因之一，是由于没有一个先进的坚强的政党作为凝聚自己力量的领导核心。自从有了中国共产党，这种局面就开始从根本上改变了。中国共产党一经成立，就把实现共产主义作为党的最高理想和最终目标，中国人民由此踏上了争取民族独立、自身解放的光明道路，开启了实现国家富强、人民富裕的历史征程。

中国共产党人的初心和使命，就是为中国人民谋幸福，为中华民族谋复兴。这个初心和使命是激励中国共产党人不断前进的根本动力。中国共产党的成立，深刻改变了近代以后中华民族发展的方向和进程，深刻改变了中国人民与中华民族的前途和命运。

在中国共产党的领导下，自 1978 年党的十一届三中全会到党的十四大确立实行社会主义市场经济体制以来，我国取得了巨大的成就：

（1）国民经济保持持续快速健康发展，人民生活总体上达到小康水平，现代化建设事业稳步推进，综合国力和国际竞争力显著提高。中国经济发展经受住了国际金融危机的严峻考验，国内生产总值年均增长显著高于同期全球和新兴经济体的增速。国家先后启动了东部地区率先发展战略、西部大开发战略、东北等老工业基地振兴战略和中部地区崛起战略，激发了各大经济区域的发展活力。

（2）社会主义市场经济体制初步建立并不断完善，更具活力、更加开放的经济体系正在形成。确立了公有制为主体、多种所有制经济共同发展这一社会主义初级阶段的基本经济制度，实行按劳分配为主体、多种分配方式并存的基本分配制度。赋税、金融、流通、住房、医疗、教育等改革不断深化。国有企业改革稳步推进。

（3）全方位对外开放取得新突破，形成全方位、多层次、宽领域的对外开放格局。

（4）社会主义民主政治建设取得重要进展。人民代表大会制度、中国共产党领导的多党合作和政治协商制度，进一步健全和完善。更好地发挥全国人大作为国家最高权力机关的作用，促进政治协商进一步制度化、规范化，促使广泛的爱国统一战线继续得到巩固和发展。

（5）社会主义精神文明建设成效显著。坚持用马克思主义中国化的最新成果武装全党、教育人民，大力推进马克思主义理论研究和建设工程，努力繁荣和发展哲学社会科学。教育、科学、文化等各项事业取得长足进步。文化体制改革不断深化，文化事业和文化产业繁荣发展，国家对文化事业的投入加大。促进公共文化服务体系建设，推进全国文化信息资源共享工程，提高农村广播电视“村村通”水平，加强文化基础设施建设。

（6）民族政策和宗教政策得到全面贯彻。认真坚持实行民族区域自治制度，积极支持各少数民族参与管理国家事务，充分行使宪法和法律赋予的各项自治权利，自主管理本地区、本民族的内部事务，形成了中华民族人民团结奋斗、共同繁荣发展的良好局面。在中央政府大力支持下，民族自治地方经济迅速发展。

（7）推进国防和军队建设。人民解放军坚持以新时期军事战略方针为统揽，以推进中国特色军事变革为主线，以军事斗争准备为龙头，按照建设信息化军队、打赢信息化战争的战略目标，全面推进国防和军队现代化建设。

（8）祖国统一大业取得重大进展。祖国大陆同台湾的经济文化交流和人员往来不断发展，反对“台独”等各种分裂图谋的斗争深入发展。通过长期不懈的努力，两岸直接双向“三通”全面实现，开创了两岸关系和平发展新局面。

（9）积极开展全方位外交。面对深刻变化的国际形势，中国政府坚持高举和平、发展、合作的旗帜，坚持独立自主的和平外交政策，坚定不移地走和平发展的道路，致力于建设一个持久和平、共同繁荣的和谐世界，全方位地开展对外工作。中国的国际影响日益扩大，国际地位显著提高，在国际社会发挥着重要的作用。

（10）全面推进党的建设新的伟大工程。在改革开放和现代化建设的进程中，逐步形成了以全面推进党的建设新的伟大工程来推动中国特色社会主义伟大事业发展的格局。

实践范例一　党史知识竞赛

【实践教学目标】

通过党史知识竞赛，使学生回顾中国共产党百年光辉历程，加深对新时代中国特色社会主义的认识，明确只有坚持共产党的领导，才能实现中华民族的伟大复兴。

【实践教学方案】

（1）实践学时：2 学时。

（2）实践地点：多媒体教室。

（3）实践流程：

① 教师课前让学生自主学习党史知识；

② 将学生分组进行知识竞赛，选出三名学生，一名学生利用多媒体展示题目、一名学生公布答案、一名学生记录分数；

③ 题目分为两部分，第一部分每组轮流答题，第二部分为抢答题，抢答正确加 5 分，抢答错误扣 10 分；

④ 竞赛结束后，教师进行点评。

【实践教学评价】

（1）实践结果：上交学习党史知识心得。

（2）实践评价：教师根据学生答题情况给出相应分数。

【参考资料】

资料1

党史知识竞赛题

1．标志着中国工人阶级开始以独立的政治力量登上历史舞台的事件是（　　）。

A 中国共产党的成立　　B 五四运动　　C 二七大罢工

2．1921 年 7 月下旬至 8 月初，中国共产党第一次全国代表大会先后在（　　）召开。

A 上海、天津　　B 北京、上海　　C 上海、嘉兴

3．1923 年 6 月，中国共产党第三次全国代表大会在广州召开，会议的中心议题是（　　）。

A 讨论与国民党合作、建立革命统一战线的问题

B 如何进一步推动工人运动的发展

C 无产阶级领导权问题

4．中国工人运动史上持续时间最长的一次罢工是（　　）。

A 香港海员罢工　　B 广州沙面工人罢工

C 省港大罢工

5．1925年爆发的（　　），标志着大革命高潮的到来。中国共产党在这场斗争中初步积累了领导反帝斗争的经验，从而认识到无产阶级是反帝斗争的中坚力量。

A 安源路矿大罢工　　B 京汉铁路工人罢工

C 五卅运动

6．1926—1927年的北伐战争沉重打击了北洋军阀的反动统治，加速了中国革命的历史进程。有关北伐战争说法正确的是（　　）。

A 国共合作的产物　　B 主战场在四川、湖北

C 彻底消灭了封建军阀

7．1926年7月9日，北伐战争在（　　）的口号中正式开始。

A“解放全中国”　　B“先烈之血，主义之花”

C“打倒列强，除军阀”

8．大革命失败后，以毛泽东为主要代表的中国共产党人走上了（　　）的道路。历史证明，这是中国革命走向胜利的唯一正确的道路。

A 在农村建立根据地，以农村包围城市、武装夺取政权

B 夺取敌人力量相对弱小的城市和发动城市暴动相结合

C 领导、组织工人运动来推动革命的发展

9．1927年9月，毛泽东和湖南省委领导湘赣边界秋收起义，革命队伍称为（　　）。

A 工农红军　　B 国民革命军　　C 工农革命军

10．1927年9月至10月，毛泽东领导秋收起义部队进行了（　　），从组织上确立了党对军队的绝对领导，为建立一支无产阶级领导下的新型人民军队奠定了基础。

A 井冈山会师　　B 南昌起义　　C 三湾改编

11．1927年12月，广州起义爆发，它是中国共产党和中国人民继南昌起义、湘赣边界秋收起义后，对国民党反动派的又一次英勇反击，是在城市建立苏维埃政权的大胆尝试，在国内外引起很大震动。它的领导者是（　　）等。

A 张太雷、叶挺、叶剑英　　B 周恩来、叶挺、叶剑英

C 朱德、贺龙、陈毅

12．1928年6月18日至7月11日，中国共产党第六次全国代表大会在（　　）召开。大会总结了大革命失败以来的经验教训，对有关中国革命的一系列根本问题，做出了基本正确的回答，是一次在特定历史时期和历史条件下召开的具有重大历史意义的会议。

A 莫斯科　　B 上海　　C 北京

13．1928年7月，彭德怀、滕代远等领导平江起义，成立了中国工农红军第五军，开始创建（　　）革命根据地。

A 湘鄂赣　　B 湘鄂西　　C 鄂豫皖

14．1928年10月5日，毛泽东撰写《中国的红色政权为什么能够存在》一文，深入阐述了“工农武装割据”思想，论述了中国红色政权能够在四周白色恐怖包围中产生和发展的根本原因是（　　）。

A 中国是一个半殖民地半封建国家　　B 建立了农村革命根据地
C 有相当力量的正式红军存在

15．1929 年 12 月，中国共产党红四军第九次代表大会召开，解决了如何把一支以农民为主要成分的军队建设成为党领导下的新型人民军队的问题。这次会议史称（　　）。

A 黎平会议　　B 古田会议　　C 八七会议

16．1931 年 9 月，红一方面军粉碎了国民党军第三次“围剿”后，赣南、闽西两块革命根据地连成一片，从而为（　　）革命根据地的建立打下了基础。

A 闽浙赣　　B 中央　　C 闽西

17．1931 年，根据不平等条约驻扎在中国东北的日本关东军向中国东北军驻地北大营和沈阳城发动进攻，挑起了侵占我国东北的（　　）。

A 卢沟桥事变　　B 华北事变　　C 九一八事变

18．1931 年 11 月在瑞金举行的第一次全国苏维埃代表大会，宣布成立中华苏维埃共和国临时中央政府。（　　）被选为临时中央政府主席。

A 林伯渠　　B 瞿秋白　　C 毛泽东

19．1934 年 10 月，中央红军开始长征，留在中央根据地坚持游击战争的领导人是（　　）。

A 彭德怀、项英　　B 项英、陈毅　　C 张国焘、陈毅

20．1935 年 1 月，在红军长征途中，中共中央政治局召开了扩大会议，即（　　），结束了党内“左”倾教条主义错误在中央的统治，确立了毛泽东在中共中央和红军中的领导地位。

A 八七会议　　B 遵义会议　　C 通道会议

21．1935 年 12 月 9 日，在中国共产党领导下，（　　）首先爆发了大规模的学生抗日救亡爱国运动，这次运动史称一二九运动。

A 北平　　B 上海　　C 南京

22．下列口号：“打倒列强，除军阀”“星星之火，可以燎原”“停止内战，一致抗日”“将革命进行到底”，它们所反映的历史发展主题是（　　）。

A 工农武装割据　　B 新民主主义革命　　C 抗击外来侵略

23．第四套人民币 100 元背面的风景图取自江西省西南部湘赣两省交界的罗霄山脉的中段，古有“郴衡湘赣之交，千里罗霄之腹”之称。中国革命史上在此地区（　　）。

A 开创了第一个农村革命根据地
B 开创了第一个敌后抗日根据地
C 成立了中华苏维埃临时中央政府

24．1936 年 12 月 12 日发生的（　　），对促成以国共两党合作为基础的抗日民族统一战线的建立，起了重要的作用。

A 西安事变　　B 华北事变　　C 两广事变

25．1937 年 7 月 7 日，日本侵略军在北平西南的卢沟桥附近，突然向中国驻军进攻，中国官兵奋起抵抗。中华民族全面抗战从此开始。这一事件史称（　　）。

A 九一八事变　　B 一·二八事变　　C 七七事变

26. 1937年8月22日至25日，中共中央在陕北洛川召开政治局扩大会议。会议通过了著名的（　）。

A《中国共产党抗日救国十大纲领》

B《中共中央为公布国共合作宣言》

C《抗日救国告全体同胞书》

27.（　）是全国抗战开始以来中国军队取得的第一次大胜利，它粉碎了日军不可战胜的神话，极大地鼓舞了全国人民的抗战信心，提高了共产党和八路军的威望。

A 平型关大捷　　B 太原会战　　C 徐州会战

28. 1937年12月13日，日军占领南京，制造了惨绝人寰的南京大惨案，中国平民和被俘士兵被集体枪杀、焚烧、活埋及用其他方法处死者达（　）以上。

A 10万人　　B 20万人　　C 30万人

29. 1938年5月12日，（　）一部在安徽巢县蒋家河口伏击乘船出扰的日军，揭开了新四军在华中敌后常规战争的序幕。

A 新四军第一支队　　B 新四军第二支队　　C 新四军第四支队

30. 1938年5月26日至6月3日，毛泽东在延安抗日战争研究会上做了（　）的著名讲话，明确提出抗日战争的最后胜利属于中国的科学论断。

A《新民主主义论》　　B《论人民民主专政》　　C《论持久战》

31. 1939年10月，毛泽东在《〈共产党人〉发刊词》一文中总结中国革命的三大法宝是（　）。

A 实事求是，群众路线，独立自主

B 统一战线，武装斗争，党的建设

C 政治路线，组织路线，思想路线

32. 1938年10月，广州、武汉相继失陷，中国的抗日战争进入（　）。

A 战略防御阶段　　B 战略相持阶段　　C 战略反攻阶段

33. 民歌《南泥湾》是对1942年陕甘宁边区开展的大生产运动中八路军（　）开发南泥湾，使之成为“陕北好江南”的生动写照。

A 第三八五旅　　B 第三五八旅　　C 第三五九旅

34.“千古奇冤，江南一叶；同室操戈，相煎何急？”是周恩来在（　）后对国民党蒋介石的控诉和回击。

A 西安事变　　B 四一二政变　　C 皖南事变

35. 皖南事变后，中共中央军委决定重建新四军军部。1941年1月25日，新四军军部在江苏（　）成立。

A 苏州　　B 盐城　　C 徐州

36. 1945年4月20日，中共六届七中全会通过（　），对党内若干重大历史问题做出正确的结论，标志着整风运动结束。

A《关于若干历史问题的决议》

B《关于纠正发展和巩固党的组织中错误倾向的决议》

C《关于增强党性的决定》

37. 945年4月23日至6月11日，中国共产党第七次全国代表大会在延安召开。毛泽东在会上做了（　　）的政治报告。

A《论解放区战场》　　B《论统一战线》　　C《论联合政府》

38. 1945年8月9日，毛泽东发出（　　）的声明，号召“中国人民一切抗日力量应举行全国规模的反攻，密切而有效地配合苏联及其他盟国作战。”

A《抗日救国告全体同胞书》　　B《对日寇的最后一战》

C《团结起来，夺取抗战的最后胜利》

39. 1946年5月10日，周恩来与国民党代表军令部部长徐永昌以及马歇尔的代表、北平军调部执行处处长白鲁德在武汉签订了制止中原内战的（　　）。

A《国共停战协定》　　B《汉口协议》　　C《双十协定》

40. 1947年10月下旬进行的（　　）是刘邓大军进入大别山取得的第一个重大胜利。

A 鄂西南战役　　B 高山铺战役　　C 渡江战役

41. 解放战争时期，人民解放军进行战略决战的三大战役是（　　）。

A 辽沈、淮海、渡江战役　　B 上党、淮海、渡江战役

C 辽沈、淮海、平津战役

42. 在（　　）上，毛泽东豪迈地宣布：“占人类总数四分之一的中国人民从此站立起来了！”

A 中国人民政治协商会议第一届会议

B 中央人民政府第一次会议

C 首都庆祝中华人民共和国成立大会

43. 1950年6月，中央人民政府颁布了（　　），在新解放区农村开展土地改革运动。

A《中国土地法大纲》　　B《五四指示》

C《中华人民共和国土地改革法》

44. 1950年至（　　）年的抗美援朝战争，取得了保家卫国的伟大胜利，新中国的国际威望空前提高。

A 1951　　B 1952　　C 1953

45.（　　）5月中央人民政府同西藏地方达成《关于和平解放西藏办法的协议》，西藏和平解放。

A 1950年　　B 1951年　　C 1952年

46. 中国共产党解决民族问题的基本政策是（　　）。

A 民族自治　　B 民族区域自治　　C 民族平等

47. 1952年1月，中共中央发出《关于首先在大中城市开展“五反”斗争的指示》。“五反”是指反对行贿、偷税漏税、盗骗国家财产、偷工减料、（　　）。

A 弄虚作假　　　　　　　　B 盗窃国家经济情报　　C 假冒伪劣

48. 1954 年 9 月，第一届全国人大第一次会议通过的（　　），正式确立人民代表大会制度为我国根本的政治制度。

A《中国人民政治协商会议共同纲领》　　　　　　B《中华人民共和国宪法》

C《中华人民共和国中央人民政府组织法》

49. “领导我们事业的核心力量是中国共产党。”这一论断是毛泽东在（　　）中提出来的。

A《在中国共产党第七届中央委员会第二次全体会议上的报告》

B《中华人民共和国第一届全国人民代表大会第一次会议开幕词》

C《关于正确处理人民内部矛盾的问题》

50. 1956 年，在中央政治局扩大会议上，毛泽东提出与民主党派实行（　　）的方针。

A “长期共存，互相监督”　　B “长期合作，共同发展”

C “肝胆相照，荣辱与共”

51. “八大”《党章》规定，党的最高领导机关是（　　）。

A 党的全国代表大会和它的中央委员会

B 党的中央委员会和政治局　　　　　　　　C 党的全国代表大会

52. 1957 年全党开展整风运动的主题是（　　）。

A 百花齐放、百家争鸣　　B 反对官僚主义　　C 正确处理人民内部矛盾

53. 1958 年 9 月 1 日，（　　）水利枢纽工程开始动工兴建。它是我国自行勘测、设计、施工建造的第一座大型水利枢纽工程，并成为现在南水北调中线工程的水源工程。

A 三门峡　　　　　　　　B 丹江口　　　　　　C 隔河岩

54. 1961 年 1 月，党的八届九中全会正式决定对国民经济实行（　　）的八字方针。

A 调整、巩固、充实、提高　　B 压缩基本建设规模

C “保证重点，适当收缩”

55. 1961 年，党中央做出以研制“两弹”为中心，加速国防科研和工业发展的重大决策。“两弹”是指（　　）。

A 原子弹、氢弹　　　　　　B 原子弹、导弹　　　　C 导弹、氢弹

56. 1964 年 12 月，在第三届全国人大会议上，周恩来代表党中央提出了（　　）。

A1966 年将开始执行第三个五年计划　　　　　　B 四个现代化的构想

C “三线建设”的计划

57. 1970 年 7 月 1 日，（　　）全线建成开通。该铁路是中国铁路主要干线之一。

A 焦枝铁路　　　　　　　B 宝成铁路　　　　　C 成昆铁路

58. 1971 年 10 月 25 日，（　　）联合国大会通过决议，恢复中华人民共和国的合法地位。

A 第 25 届　　　　　　　B 第 26 届　　　　　C 27 届

59. （　　）年 2 月，美国总统尼克松访问中国，中美双方在上海发表《联合公报》，标志着中美关系正常化进程的开始。

A 1971　　　　　　　　　B 1972　　　　　　　C 1973

60.（　　）国家恢复高考制度，全国高校重新通过统一考试招收新生。

A 1977 年　　B 1978 年　　C 1979 年

61. 1977 年 8 月召开的党的十一大，首次把党和国家政治生活的目标写进《党章》。这一目标是“要努力造成一个（　　），又有纪律又有自由，又有统一意志，又有个人心情舒畅、生动活泼的政治局面”。

A 又有中央权威又有地方积极性　B 又有集中又有民主

C 又有团结统一又有民主

62. 1978 年 5 月 11 日，《光明日报》发表了（　　）的特约评论员文章。由此，一场关于真理标准问题的大讨论在全国展开。

A《实践是检验真理的唯一标准》B《标准只有一个》

C《关于真理的标准问题》

63. 1978 年 12 月，邓小平在（　　）闭幕会上，发表了《解放思想，实事求是，团结一致向前看》的重要讲话，为十一届三中全会的召开提出了基本的指导思想。

A 中央理论务虚会　　B 国务院务虚会　　C 中央工作会议

64. 1978 年 12 月 18 日至 22 日，中共十一届三中全会在北京召开。会议做出把党和国家的工作重点转移到（　　）上来等一系列重大决策，实现了建国以来党的历史上具有深远意义的伟大转折。从此，我国进入改革开放和社会主义现代化建设的新时期。

A 全面开展拨乱反正　　B 社会主义现代化建设　C 国民经济调整

65. 1979 年 4 月，中共中央在北京召开工作会议，制定了（　　）的八字方针，决定用 3 年时间进行国民经济调整。

A 调整、巩固、充实、提高　　B 调整、改革、整顿、提高

C 调整、改革、充实、提高

66. 1981 年 6 月 27 日至 29 日，（　　）在北京召开。会议通过了《关于建国以来党的若干历史问题的决议》，标志着党在指导思想上拨乱反正任务的胜利完成。

A 中共十一届五中全会　　B 中共十一届六中全会

C 中共十一届七中全会

67.（　　）年 8 月 17 日，中美两国政府就分步骤直到最后彻底解决美国向中国台湾出售武器问题发表《中华人民共和国和美利坚合众国联合公报》。这是中美两国政府继 1972 年上海公报和 1979 年建交公报之后发表的第三个关于中美关系的重要公报。

A 1980　　B 1981　　C 1982

68. 1984 年 5 月 4 日，中共中央、国务院批转《沿海部分城市座谈会纪要》，决定进一步开放大连等（　　）个沿海港口城市。

A 10　　B 12　　C 14

69. 1984 年 10 月，（　　）通过了《关于经济体制改革的决定》，系统地提出和阐明了经济体制改革中的一系列重大理论和实践问题，是一部全面进行经济体制改革的纲领性文献。

A 中共十二届二中全会　　B 中共十二届三中全会

C 中共十二届四中全会

70．1986 年 3 月 3 日，著名科学家王大珩、王淦昌、陈芳允、杨嘉墀上书中共中央，提出发展高技术的建议后，中共中央、国务院转发《高技术研究发展计划纲要》。高技术研究发展计划亦称为（　　）。

A “星火计划”　　B “火炬计划”　　C “863 计划”

71．1991 年 12 月 15 日，（　　）核电站并网发电。这是新中国第一座自行设计建造的核电站。

A 大亚湾　　B 秦山　　C 岭澳

72．党的（　　）首次使用“邓小平理论”的提法。

A 十五大　　B 十三大　　C 十四大

73．邓小平理论的精髓是（　　）。

A 什么是社会主义，怎样建设社会主义　　B 一个中心，两个基本点

C 解放思想，实事求是

74．2001 年 2 月 19 日，中共中央、国务院举行国家科学技术奖励大会，授予（　　）2000 年度国家最高科学技术奖。

A 吴文俊、袁隆平　　B 谷超豪、孙家栋　　C 师昌绪、王振义

75．2001 年 11 月 10 日，在（　　）举行的世界贸易组织第四届部长级会议通过中国加入世界贸易组织的决定。12 月 11 日，中国正式成为世贸组织成员国，标志着中国对外开放进入新的阶段。

A 巴黎　　B 日内瓦　　C 多哈

76．2002 年 12 月 5 日至 6 日，胡锦涛总书记和中央书记处的同志到（　　）学习考察，回顾党带领人民进行伟大革命斗争的光辉历史，重温毛泽东在中共七届二中全会上的重要讲话，号召全党同志特别是领导干部大力发扬艰苦奋斗的作风。

A 井冈山　　B 延安　　C 西柏坡

77．十届全国人大常委会第十九次会议决定，自（　　）年 1 月 1 日起取消农业税。

A 2005　　B 2006　　C 2007

78．《中共中央关于构建社会主义和谐社会若干重大问题的决定》是在（　　）上审议通过的。

A 中共十六届四中全会　　B 中共十六届五中全会

C 中共十六届六中全会

79．2008 年 5 月 12 日，发生了汶川大地震。灾区人民生命财产和经济社会发展遭受了巨大损失。根据中央的统一部署，湖北对口支援四川省（　　），帮助灾区恢复重建。

A 北川县　　B 茂县　　C 汉源县

80．2008 年 8 月 8 日至 24 日，第（　　）届奥林匹克运动会在北京举行。

A 二十七　　B 二十八　　C 二十九

81．党的十七大报告明确提出“中国特色社会主义理论体系”，并指出：这一理论体系就是包括邓小平理论、“三个代表”重要思想以及（　　）等重大战略思想在内的科学理论体系。

A 改革创新　　B 科学发展观　　C 和谐发展

82．（　　）年12月15日，中国大陆与台湾海峡两岸海运直航、空运直航、直接通邮全面启动。两岸直接“三通”加快了两岸经济的融合，促进了祖国统一大业进程。

A 2007　　B 2008　　C 2009

83．中国2010年上海世界博览会的主题是（　　）。

A“城市，让生活更美好”

B“人类的进步与和谐”

C“人类、自然、科技”

84．（　　）年12月22日，我国地质条件最为复杂、修建难度最大的铁路线——宜昌至万州铁路建成通车。宜万铁路途经湖北宜昌市、恩施州和重庆市万州区所辖的10个县市（区），线路全长377公里。

A 2008　　B 2009　　C 2010

85．2010年10月18日，中共十七届五中全会审议通过了《中共中央关于制定国民经济和社会发展第十二个五年规划的建议》。《建议》指出，“十二五”中国经济社会发展的主题是科学发展，主线是（　　）。

A 全面建设小康社会　　B 深化改革开放　　C 加快转变经济发展方式

86．加强和改进党的作风建设的核心是（　　）。

A 开展批评和自我批评　　B 保持党同人民群众的血肉联系

C 理论联系实际

87．科学发展观是同马克思列宁主义、毛泽东思想、邓小平理论和“三个代表”重要思想（　　）的科学理论。

A 一脉相承　　B 与时俱进　　C 既一脉相承又与时俱进

88．党的十七大报告指出：党的基本路线是实现科学发展的（　　）。

A 政治保证　　B 政治保障　　C 政治基础

89．党在新世纪新阶段的奋斗目标是（　　）。

A 全面解放和发展先进生产力　　B 全面提高我国综合国力

C 全面建设小康社会

90．中国共产党是中国工人阶级的先锋队，同时是（　　），是中国特色社会主义事业的领导核心。

A 中国各族人民的先锋队　　B 中国人民和中华民族的先锋队

C 中国社会各阶层的先锋队

91．《中国共产党章程》经中国共产党第十九次全国代表大会部分修改后于（　　）通过。

A 2017年10月18日　　B 2017年10月24日

C 2017年10月26日

92. 党的十九大报告指出，我国发展新的历史方位是（　）。

A 中国特色社会主义进入了新时期

B 中国特色社会主义进入了新时代

C 中国特色社会主义进入了新纪元

93. 党的十九大报告强调，中国特色社会主义进入了新时代，我国社会主要矛盾已经转化为人民日益增长的美好生活的需要和（　）。

A 不平衡不协调的发展之间的矛盾　　B 不充沛发展之间的矛盾

C 不平衡不充分的发展之间的矛盾

94. 党的十九大报告指出，（　）是党和国家的生命线、人民的幸福线。

A 党的领导路线　　B 党的方针路线　　C 党的基本路线

95. 党的十九大报告强调，（　）是近代以来中华民族最伟大的梦想。

A 实现民族复兴　　B 实现大国崛起　　C 实现中华民族伟大复兴

96. 中国共产党人的初心和使命，就是为中国人民（　），为中华民族（　）。

A 谋幸福，谋未来　　B 谋生活，谋复兴　　C 谋幸福，谋复兴

97. 中国共产党第十九次全国代表大会，是在全面建成小康社会（　）阶段、中国特色社会主义进入新时代的关键时期召开的一次十分重要的大会。

A 关键　　B 决胜　　C 重要

98. 习近平在主持召开十九届中央国家安全委员会第一次会议讲话中指出，全面贯彻落实总体国家安全观，要坚持人民安全、政治安全、国家利益至上的有机统一，（　）是国家安全的宗旨。

A 政治安全　　B 国家利益　　C 人民安全

99. 习近平在主持召开十九届中央国家安全委员会第一次会议讲话中指出，全面贯彻落实总体国家安全观，要坚持人民安全、政治安全、国家利益至上的有机统一，（　）是国家安全的根本。

A 政治安全　　B 国家利益　　C 人民安全

100. 习近平在主持召开十九届中央国家安全委员会第一次会议讲话中指出，全面贯彻落实总体国家安全观，要坚持人民安全、政治安全、国家利益至上的有机统一，（　）是国家安全的准则。

A 政治安全至上　　B 国家利益至上　　C 人民利益至上

实践范例二　情景剧表演——改革先驱

【实践教学目标】

通过情景剧表演，让学生感悟改革开放先驱的精神，运用体验式教学提升学生能力的同时回望祖国的发展历程。

【实践教学方案】

（1）实践学时：2学时。

（2）实践地点：多媒体教室。

（3）实践流程：

① 教师课前布置任务，让学生了解我国改革先驱者的事迹，学生自行分组根据所选的改革先驱者的事迹编排情景剧；

② 利用课堂时间，每组学生展示情景剧；

③ 教师随机选两名学生为表演的学生录制视频，以便课后制作视频；

④ 教师组织学生进行交流并点评学生的情景剧表演。

【实践教学评价】

（1）实践结果：情景剧视频。

（2）实践评价：教师针对学生的表演情况以及其他学生的反馈进行评价，评价标准如下：

得分	表演情况
10	准备充分，表演流畅，台词熟练，感情丰富
7	准备充分，表演流畅，台词熟练，感情不够丰富
5	准备充分，表演流畅，台词不熟练，感情不够丰富

【参考资料】

农村改革先驱——小岗村的故事

1978年，安徽遭遇了百年一遇的特大旱灾，为了不再挨饿、不再讨饭，18位庄稼汉将家人“托孤”，把分田到组“秘密”改为分田到户，搞“大包干”。18个鲜红的手印催生了家庭联产承包制，在十一届三中全会召开前，为中国农村改革提供了范本。

这18人被称为“大包干”带头人，他们是：关延珠、严立富、严立华、严立坤、严金昌、严家芝、严学昌、严立学、严俊昌、严美昌、严宏昌、严付昌、严家琪、严国品、关友生、关友章、关友江、韩国云。

视频 7-1
农村改革先驱——
小岗村的故事

“在当时的政策下，农民到地里去，不管怎么干活都一样，思想已经被搞乱了。”关友江介绍，“最后造成不够吃，国家供应又不够，就只能去讨饭”。

纸包不住火，“秘密”很快被公社得知。“小岗村的牛草贷款、粮种贷款全部被扣下来，不给了，粮农贷款也不给了。”严金昌回忆称，“实在没办法，为了吃饱只能走这条路，没有粮食没有种子，我们只能到处去借，硬是渡过了难关。”

实行“大包干”第一年，小岗村就获得大丰收，一年的粮食产量相当于以往 5 年的总和，1979 年的春节，小岗村人第一次不用出门讨饭。“包产到户”很快得到了县委领导的支持，这种做法被巧妙地称为“大包干”。

时任安徽省委书记的万里到小岗村考察，看到有这么多粮食，看到农民种地的积极性，感到很自豪。“大包干”获得了万里的力挺，1979 年 3 月 16 日，针对《人民日报》头版头条刊发的甘肃省档案局原干部张浩来信，万里说：“是或非，只能从是否符合人民的根本利益来衡量，靠时间来检验……”3 月 19 日，万里在《让农民、集体、国家都增加收入就是好办法》的谈话中指出：“你们的办法，明年可以干，后年还可以干……”

小岗村人用最古老的歃血为盟的方式召开了“秘密会议”，后来被载入了史册。现在这张“生死契约”存放在中国革命博物馆。

实践范例三　微视频制作——改革开放前后家乡的变化

【实践教学目标】

通过搜集改革开放前后的资料，让学生感受到中国改革开放以来发生的巨大变化和取得的伟大成就，使学生对祖国的未来充满信心，激发学生的爱国情怀。

【实践教学方案】

（1）实践学时：2 学时。

（2）实践地点：多媒体教室。

（3）实践流程：

① 教师课前布置任务，让学生利用课余以及假日时间搜集关于家乡变化的资料、照片、图片等去制作微视频；

② 课堂上利用多媒体设备播放学生做好的微视频；

③ 教师组织学生交流心得。

【实践教学评价】

（1）实践结果：微视频——家乡的蜕变。

（2）实践评价：教师针对学生的视频制作情况以及其他学生的反馈给出评价，评价标准如下：

得分	视频制作情况
10	准备充分，内容丰富，表现形式多样，视频制作精美
7	准备充分，内容丰富，表现形式单一，视频制作精美
5	准备充分，内容简单，表现形式单一，视频制作一般

【参考资料】

资料1

改革开放四十年的成就

1978 年，是中国改革开放元年。从 40 多年改革开放的伟大实践当中，我们可以总结出促使中国的改革开放事业获得巨大成功的基本经验，可以探知能够继续指导中国改革开放事业向前推进的重要启示。正是得益于这些基本经验和启示，加之与时俱进的理论创新和实践努力，党的十八大以来，我国的改革开放事业在多个方面取得了重大进展和突破。在新的历史时期，我们仍需要继续努力，准确把握新的历史时期的改革难点和重点，解放思想、深化探索，确保中国的改革开放事业从胜利走向胜利。

视频 7-2
改革开放四十年的成就

一、40 年改革开放的 4 个阶段

40 年的改革开放，历经 4 个阶段。这 4 个阶段，各自承前启后，每一个阶段都有着不尽相同的改革任务，同时又都取得了阶段性的成果，为后续的改革奠定了良好的基础。

改革的启动和目标探索阶段（1978—1991 年）。自 1978 年党的十一届三中全会直到党的十四大确立我国实行社会主义市场经济体制，这一时期是改革的启动和目标探索阶段。改革首先从农村开始，逐步向城市推进；从开展改革试点，积累经验，再逐步推广；对外开放从兴办经济特区向开放沿海、沿江乃至内地推进。在农村改革方面，安徽等一些地区率先进行了家庭联产承包责任制、统分结合的双层经营改革试验，这一改革取得了巨大成功，得到人民群众的普遍支持，随后推广到全国。在企业改革方面，开展了多种形式的国有企业扩大自主权试点，集体经济和个体经济逐步恢复和发展。在对外开放方面，1980 年，中央决定在深圳、珠海、汕头、厦门设立经济特区。随着改革取得巨大成功和人们对推进改革的共识逐步形成，1984 年 10 月，党的十二届三中全会通过《中共中央关于经济体制改革的决定》，确定社会主义经济是“公有制基础上的有计划的商品经济”，改革的重点逐渐从农村转向城市，以搞活国有企业为中心环节全面展开。宏观管理体制方面，以宏观间接管理为目标，对价格、财税、金融、计划以及流通体制等进行改革。同时，政治、科技、教育、文化等领域的改革也开始启动。

社会主义市场经济体制框架初步建立阶段（1992—2002 年）。以党的十四大确立社会主义市场经济体制的改革目标，党的十四届三中全会通过《中共中央关于建立社会主义市场经济体制若干问题的决定》为标志，我国正式确立社会主义市场经济的改革方向和基本内容。到 2002 年，社会主义市场经济体制的基本框架初步建立。这一阶段改革的主要内容包括：宏观管理体制方面，1994 年提出对财政、税收、金融、外汇、计划和投融资体制进行系统改革的方案，确立以分税制为核心的新的财政体制框架和以增值税为主的流转税体系。国有企业改革方面，党的十五大确立了公有制为主体、多种所有制经济共同发展的基本经济制度。按照建立现代企业制度的方向，实施“抓大放小”，积极推进国有企业改革和国有经济布局的结构调整。市场体系取消了生产资料价格双轨制，进一步放开了竞争性商品和服务的价格，要素市场逐步形成。社会保障体系建设方面，逐步建立起社会统筹和个人账户相结合的养老、医疗保险制度，建立了失业保险、社会救济制度及城镇居民最低生活保障制度。

社会主义市场经济体制的初步完善阶段（2003—2011年）。党的十六大提出到2020年建成完善的社会主义市场经济体制的改革目标，党的十六届三中全会对建设完善的社会主义市场经济体制做出全面部署。与此同时，党中央总结提出科学发展观和构建社会主义和谐社会的重大战略构想，作为深化改革的重要指导思想。自此，我国改革进入完善社会主义市场经济体制的新阶段。这一阶段主要的改革措施有：取消农业税、牧业税、特产税。放宽非公有制经济的市场准入，允许非公有资本进入法律法规未禁入的行业和领域。公共财政体制不断健全。国有商业银行股份制改革加快推进。实现有管理的浮动汇率制度。政府投资的范围进一步缩小，企业投资自主权逐步扩大。土地、劳动力、技术、产权、资本等要素市场进一步发展，水、电、石油和天然气等重要资源价格的市场化步伐加快。社会保障体系不断完善，社会保障覆盖面不断扩大。

“五位一体”全面深化改革的新阶段（2012年至今）。党的十八届三中全会审议通过的《中共中央关于全面深化改革若干重大问题的决定》明确要求，改革是涵盖经济、政治、社会、文化以及生态文明的全面的改革。为落实这些改革内容，中央全面深化改革领导小组将党的十八届三中全会规定的改革任务分解为336项重要举措，逐一确定协调单位、牵头单位和参加单位，为落实党的十八届三中全会决定奠定了坚实的基础。随后，陆续出台了《关于进一步推进户籍制度改革的意见》《深化财税体制改革总体方案》等一系列方案，解决了许多长期想解决而没有解决的难题。

二、40年改革开放的历史性变化

40年的改革开放所取得的重大成就，主要体现在它推动我国实现或正在实现的5个方面的重大转变。

第一，改革开放推动了以阶级斗争为纲向以经济建设为中心的转变。1978年5月开展的真理标准问题大讨论，打破了教条式的理论禁锢，恢复了实事求是的马克思主义思想路线，成为开辟中国特色社会主义道路的奠基石。在“解放思想、实事求是”的思想基础上，1978年12月，党的十一届三中全会把党和国家工作中心转移到经济建设上来。正是由于有了这个转变，才迎来了整个国家的发展进步。

第二，改革开放推动了从计划经济向市场经济的转变。党的十一届三中全会之后，改革就在农村和局部地区铺开，农村生产力迅速得到解放，农产品日渐丰富，但城市经济因延续计划管理体制未见大的起色。1984年10月，党的十二届三中全会通过了《中共中央关于经济体制改革的决定》，提出社会主义经济是公有制为基础的有计划的商品经济。这是经济体制改革的重大突破。此后，经过不懈探索，1992 年党的十四大明确了建立社会主义市场经济体制的改革目标。1993 年党的十四届三中全会通过了《中共中央关于建立社会主义市场经济体制若干问题的决定》，提出了构成社会主义市场经济体制基本框架的四梁八柱。同时，要求围绕这些主要环节，建立相应的法律体系。2003 年党的十六届三中全会提出了完善社会主义市场经济体制的战略任务，要求坚持以人为本，树立全面、协调、可持续的发展观，促进经济社会和人的全面发展。改革进入新的阶段后，党的十八届三中全会历史性地明确了，使市场在资源配置中起决定性作用，更好发挥政府作用，这是对市场经济一般规律的认可，也是使市场经济规律为社会主义经济建设服务的重要里程碑。无疑，从计划经济转向社会主义市场经济，是我们党的伟大创举，为发展中国特色社会主义奠定了经济基础。

第三，改革开放推动中国全方位开放。党的十一届三中全会开启了对外开放的历史新时期。从 1979 年年初蛇口工业区设立，到 1980 年深圳、珠海、汕头、厦门设立经济特区；从 1984 年大连等 14 个沿海港口城市进一步对外开放，到 1990 年中央推进形成了以上海浦东为龙头的长江流域开放带，这一阶段的对外开放，引进了大量国外资金、技术和先进管理经验，使国内商品市场丰富和繁荣起来，使市场因素在整个经济中的比重大幅上升，有力冲击了计划经济的藩篱，为社会主义市场经济体制的确立作出了重大贡献。1992 年，邓小平南方谈话之后，对外开放步伐进一步扩大，由沿海地区迅速向内陆腹地拓展。2001 年年底，我国加入世界贸易组织，对外开放进入一个新阶段。党的十六大以后，我国吸收利用外资实现新发展，规模和质量全面提升。党的十八大以来，对外开放水平进一步提升，中国经济不仅仅局限于引进来，更提升了走出去的高度，“一带一路”倡议的提出、亚投行的设立、G20 峰会的召开都表明，中国在国际经贸体系中的地位越来越突出，已经逐渐成为全球化的重要推动者。

第四，改革开放推动社会主义法治国家建设。党的十一届三中全会开启改革开放时，邓小平就指出：“为了保障人民民主，必须加强法制。”党的十五大把依法治国作为党领导人民治理国家的基本方略郑重地提了出来。1999 年 3 月，宪法修正案明确规定：“中华人民共和国实行依法治国，建设社会主义法治国家。”2012 年党的十八大进一步强调，坚持依法治国这个党领导人民治理国家的基本方略，全面推进依法治国，加快建设社会主义法治国家。党的十八届三中全会提出，“建设法治中国必须坚持依法治国、依法执政、依法行政共同推进，坚持法治国家、法治政府、法治社会一体建设”。建设社会主义法治国家，能够从根本上保障经济社会在稳定的环境下顺利发展。改革开放推动我国全面走向法治社会，必将进一步增强经济发展的活力。

第五，改革开放极大地改变了我国人民生活图景。改革开放改变了生产关系和生产力不相适应的状况，社会生产力得到极大解放，社会财富迅速增长，人民生活得到逐步改善。改革开放 40 年，我国城乡居民收入水平呈现出大幅度增长态势。居民消费结构从温饱型向小康型转变，人民生活从满足于吃饱穿暖转变到更加注重个性和享受的多层次消费。改革开放给人民生活带来巨大改善，全面建成小康社会的奋斗目标将一步步变为现实，极大地调动了人民群众投身中国特色社会主义建设的积极性、创造性，为我国的发展进步带来了无穷的活力。

资料2

习近平在庆祝改革开放40周年大会上的讲话（节选）

同志们，朋友们：

1978年12月18日，在中华民族历史上，在中国共产党历史上，在中华人民共和国历史上，都必将是载入史册的重要日子。这一天，我们党召开十一届三中全会，实现新中国成立以来党的历史上具有深远意义的伟大转折，开启了改革开放和社会主义现代化的伟大征程。

今天，我们在这里隆重集会，回顾改革开放40年的光辉历程，总结改革开放的伟大成就和宝贵经验，动员全党全国各族人民在新时代继续把改革开放推向前进，为实现“两个一百年”奋斗目标、实现中华民族伟大复兴的中国梦不懈奋斗。

同志们、朋友们！

党的十一届三中全会是在党和国家面临何去何从的重大历史关头召开的。当时，世界经济快速发展，科技进步日新月异，而“文化大革命”十年内乱导致我国经济濒临崩溃的边缘，人民温饱都成问题，国家建设百业待兴。党内外强烈要求纠正“文化大革命”的错误，使党和国家从危难中重新奋起。邓小平同志指出：“如果现在再不实行改革，我们的现代化事业和社会主义事业就会被葬送。”

在邓小平同志领导下和老一辈革命家支持下，党的十一届三中全会冲破长期“左”的错误的严重束缚，批评“两个凡是”的错误方针，充分肯定必须完整、准确地掌握毛泽东思想的科学体系，高度评价关于真理标准问题的讨论，果断结束“以阶级斗争为纲”，重新确立马克思主义的思想路线、政治路线、组织路线。从此，我国改革开放拉开了大幕。

我们党作出实行改革开放的历史性决策，是基于对党和国家前途命运的深刻把握，是基于对社会主义革命和建设实践的深刻总结，是基于对时代潮流的深刻洞察，是基于对人民群众期盼和需要的深刻体悟。邓小平同志指出：“贫穷不是社会主义”，“我们要赶上时代，这是改革要达到的目的”。

历史发展有其规律，但人在其中不是完全消极被动的。只要把握住历史发展大势，抓住历史变革时机，奋发有为，锐意进取，人类社会就能更好前进。

改革开放是我们党的一次伟大觉醒，正是这个伟大觉醒孕育了我们党从理论到实践的伟大创造。改革开放是中国人民和中华民族发展史上一次伟大革命，正是这个伟大革命推动了中国特色社会主义事业的伟大飞跃！

同志们、朋友们！

建立中国共产党、成立中华人民共和国、推进改革开放和中国特色社会主义事业，是五四运动以来我国发生的三大历史性事件，是近代以来实现中华民族伟大复兴的三大里程碑。

以毛泽东同志为主要代表的中国共产党人，把马克思列宁主义基本原理同中国革命具体实践结合起来，创立了毛泽东思想，团结带领全党全国各族人民，经过长期浴血奋斗，完成了新民主主义革命，建立了中华人民共和国，确立了社会主义基本制度，成功实现了中国历史上最深刻最伟大的社会变革，为当代中国一切发展进步奠定了根本政治前提和制度基础。在探索过程中，虽然经历了严重曲折，但党在社会主义革命和建设中取得的独创性理论成果和巨大成就，为在新的历史时期开创中国特色社会主义提供了宝贵经验、理论准备、物质基础。

党的十一届三中全会以后，以邓小平同志为主要代表的中国共产党人，团结带领全党全国各族人民，深刻总结我国社会主义建设正反两方面经验，借鉴世界社会主义历史经验，创立了邓小平理论，作出把党和国家工作中心转移到经济建设上来、实行改革开放的历史性决策，深刻揭示社会主义本质，确立社会主义初级阶段基本路线，明确提出走自己的路、建设中国特色社会主义，科学回答了建设中国特色社会主义的一系列基本问题，制定了到21世纪中叶分三步走、基本实现社会主义现代化的发展战略，成功开创了中国特色社会主义。

党的十三届四中全会以后，以江泽民同志为主要代表的中国共产党人，团结带领全党全国各族人民，坚持党的基本理论、基本路线，加深了对什么是社会主义、怎样建设社会主义和建设什么样的党、怎样建设党的认识，积累了治党治国新的宝贵经验，形成了“三个代表”重要思想。在国内外形势十分复杂、世界社会主义出现严重曲折的严峻考验面前，捍卫了中国特色社会主义，确立了社会主义市场经济体制的改革目标和基本框架，确立了社会主义初级阶段的基本经济制度和分配制度，开创全面改革开放新局面，推进党的建设新的伟大工程，成功把中国特色社会主义推向21世纪。

党的十六大以后，以胡锦涛同志为主要代表的中国共产党人，团结带领全党全国各族人民，坚持以邓小平理论和“三个代表”重要思想为指导，根据新的发展要求，深刻认识和回答了新形势下实现什么样的发展、怎样发展等重大问题，形成了科学发展观，抓住重要战略机遇期，在全面建设小康社会进程中推进实践创新、理论创新、制度创新，强调坚持以人为本、全面协调可持续发展，形成中国特色社会主义事业总体布局，着力保障和改善民生，促进社会公平正义，推动建设和谐世界，推进党的执政能力建设和先进性建设，成功在新的历史起点上坚持和发展了中国特色社会主义。

党的十八大以来，党中央团结带领全党全国各族人民，全面审视国际国内新的形势，通过总结实践、展望未来，深刻回答了新时代坚持和发展什么样的中国特色社会主义、怎样坚持和发展中国特色社会主义这个重大时代课题，形成了新时代中国特色社会主义思想，坚持统筹推进“五位一体”总体布局、协调推进“四个全面”战略布局，坚持稳中求进工作总基调，对党和国家各方面工作提出一系列新理念新思想新战略，推动党和国家事业发生历史性变革、取得历史性成就，中国特色社会主义进入了新时代。我们以巨大的政治勇气和智慧，提出全面深化改革总目标是完善和发展中国特色社会主义制度、推进国家治理体系和治理能力现代化，着力增强改革系统性、整体性、协同性，着力抓好重大制度创新，着力提升人民群众获得感、幸福感、安全感，推出1600多项改革方案，啃下了不少硬骨头，闯过了不少急流险滩，改革呈现全面发力、多点突破、蹄疾步稳、纵深推进的局面。

艰难困苦，玉汝于成。40年来，我们解放思想、实事求是，大胆地试、勇敢地改，干出了一片新天地。从实行家庭联产承包、乡镇企业异军突起、取消农业税牧业税和特产税到农村承包地“三权”分置、打赢脱贫攻坚战、实施乡村振兴战略，从兴办深圳等经济特区、沿海沿边沿江沿线和内陆中心城市对外开放到加入世界贸易组织、共建“一带一路”、设立自由贸易试验区、谋划中国特色自由贸易港、成功举办首届中国国际进口博览会，从“引进来”到“走出去”，从搞好国营大中小企业、发展个体私营经济到深化国资国企改革、发展混合所有制经济，从单一公有制到公有制为主体、多种所有制经济共同发展和坚持“两个毫不动摇”，从传统的计划经济体制到前无古人的社会主义市场经济体制再到使市场在资源配置中起决定性作用和更好发挥政府作用，从以经济体制改革为主到全面深化经济、政治、文化、社会、生态文明体制和党的建设制度改革，党和国家机构改革、行政管理体制改革、依法治国体制改革、司法体制改革、外事体制改革、社会治理体制改革、生态环境督察体制改革、国家安全体制改革、国防和军队改革、党的领导和党的建设制度改革、纪检监察制度改革等一系列重大改革扎实推进，各项便民、惠民、利民举措持续实施，使改革开放成为当代中国最显著的特征、最壮丽的气象。

同志们、朋友们！

改革开放40年来，从开启新时期到跨入新世纪，从站上新起点到进入新时代，40年风雨同舟，40年披荆斩棘，40年砥砺奋进，我们党引领人民绘就了一幅波澜壮阔、气势恢宏的历史画卷，谱写了一曲感天动地、气壮山河的奋斗赞歌。

……

40年春风化雨、春华秋实，改革开放极大改变了中国的面貌、中华民族的面貌、中国人民的面貌、中国共产党的面貌。中华民族迎来了从站起来、富起来到强起来的伟大飞跃！中国特色社会主义迎来了从创立、发展到完善的伟大飞跃！中国人民迎来了从温饱不足到小康富裕的伟大飞跃！中华民族正以崭新姿态屹立于世界的东方！

40年来取得的成就不是天上掉下来的，更不是别人恩赐施舍的，而是全党全国各族人民用勤劳、智慧、勇气干出来的！我们用几十年时间走完了发达国家几百年走过的工业化历程。在中国人民手中，不可能成为了可能。我们为创造了人间奇迹的中国人民感到无比自豪、无比骄傲！

在这里，我代表党中央，向各条战线为改革开放和社会主义现代化建设贡献了智慧和力量的广大工人、农民、知识分子、干部、解放军指战员、武警部队官兵、公安干警，向各民主党派和无党派人士、各人民团体和各界爱国人士，致以崇高的敬意！向为祖国改革开放和现代化建设作出积极努力的香港特别行政区同胞、澳门特别行政区同胞、台湾同胞和海外侨胞，致以诚挚的问候！向一切关心和支持中国改革开放和现代化建设的外国朋友和世界各国人民，表示衷心的感谢！

同志们、朋友们！

40 年的实践充分证明，党的十一届三中全会以来我们党团结带领全国各族人民开辟的中国特色社会主义道路、理论、制度、文化是完全正确的，形成的党的基本理论、基本路线、基本方略是完全正确的。

40 年的实践充分证明，中国发展为广大发展中国家走向现代化提供了成功经验、展现了光明前景，是促进世界和平与发展的强大力量，是中华民族对人类文明进步作出的重大贡献。

40 年的实践充分证明，改革开放是党和人民大踏步赶上时代的重要法宝，是坚持和发展中国特色社会主义的必由之路，是决定当代中国命运的关键一招，也是决定实现“两个一百年”奋斗目标、实现中华民族伟大复兴的关键一招。

……

同志们、朋友们！

中国人民具有伟大梦想精神，中华民族充满变革和开放精神。几千年前，中华民族的先民们就秉持“周虽旧邦，其命维新”的精神，开启了缔造中华文明的伟大实践。自古以来，中国大地上发生了无数变法变革图强运动，留下了“治世不一道，便国不法古”等豪迈宣言。自古以来，中华民族就以“天下大同”“协和万邦”的宽广胸怀，自信而又大度地开展同域外民族交往和文化交流，曾经谱写了万里驼铃万里波的浩浩丝路长歌，也曾经创造了万国衣冠会长安的盛唐气象。正是这种“天行健，君子以自强不息”“地势坤，君子以厚德载物”的变革和开放精神，使中华文明成为人类历史上唯一一个绵延 5000 多年至今未曾中断的灿烂文明。以数千年大历史观之，变革和开放总体上是中国的历史常态。中华民族以改革开放的姿态继续走向未来，有着深远的历史渊源、深厚的文化根基。

我们这么大一个国家，就应该有雄心壮志。毛泽东同志说：“夺取全国胜利，这只是万里长征走完了第一步。如果这一步也值得骄傲，那是比较渺小的，更值得骄傲的还在后头。在过了几十年之后来看中国人民民主革命的胜利，就会使人们感觉那好像只是一出长剧的一个短小的序幕。剧是必须从序幕开始的，但序幕还不是高潮。”“我们不但善于破坏一个旧世界，我们还将善于建设一个新世界。”

改革开放之初，虽然我们国家大、人口多、底子薄，面对着重重困难和挑战，但我们对未来充满信心，设计了用 70 多年、分三步走基本实现社会主义现代化的宏伟蓝图，没有非凡的胆略、坚定的自信是作不出这样宏远的构想和决策的。

40 年来，我们咬定青山不放松，风雨无阻朝着这个伟大目标前进。党的十九大对我国发展提出了更高的奋斗目标，形成了从全面建成小康社会到基本实现现代化、再到全面建成社会主义现代化强国的战略安排，发出了实现中华民族伟大复兴中国梦的最强音。

古人说：“事者，生于虑，成于务，失于傲。”伟大梦想不是等得来、喊得来的，而是拼出来、干出来的。我们现在所处的，是一个船到中流浪更急、人到半山路更陡的时候，是一个愈进愈难、愈进愈险而又不进则退、非进不可的时候。改革开放已走过千山万水，但仍需跋山涉水，摆在全党全国各族人民面前的使命更光荣、任务更艰巨、挑战更严峻、工作更伟大。在这个千帆竞发、百舸争流的时代，我们绝不能有半点骄傲自满、固步自封，也绝不能有丝毫犹豫不决、徘徊彷徨，必须统揽伟大斗争、伟大工程、伟大事业、伟大梦想，勇立潮头、奋勇搏击。

信仰、信念、信心，任何时候都至关重要。小到一个人、一个集体，大到一个政党、一个民族、一个国家，只要有信仰、信念、信心，就会愈挫愈奋、愈战愈勇，否则就会不战自败、不打自垮。无论过去、现在还是将来，对马克思主义的信仰，对中国特色社会主义的信念，对实现中华民族伟大复兴中国梦的信心，都是指引和支撑中国人民站起来、富起来、强起来的强大精神力量。

同志们、朋友们！

四十载惊涛拍岸，九万里风鹏正举。江河之所以能冲开绝壁夺隘而出，是因其积聚了千里奔涌、万壑归流的洪荒伟力。在近代以来漫长的历史进程中，中国人民经历了太多太多的磨难，付出了太多太多的牺牲，进行了太多太多的拼搏。现在，中国人民和中华民族在历史进程中积累的强大能量已经充分爆发出来了，为实现中华民族伟大复兴提供了势不可挡的磅礴力量。

建成社会主义现代化强国，实现中华民族伟大复兴，是一场接力跑，我们要一棒接着一棒跑下去，每一代人都要为下一代人跑出一个好成绩。

全党全国各族人民要更加紧密地团结在党中央周围，高举中国特色社会主义伟大旗帜，不忘初心，牢记使命，将改革开放进行到底，不断实现人民对美好生活的向往，在新时代创造中华民族新的更大奇迹！创造让世界刮目相看的新的更大奇迹！

实践范例四　课堂讨论——如何实现共同富裕的社会主义理想?

【实践教学目标】

通过讨论交流，坚定学生的共产主义理想和信念，从实际出发，做好自己的事，胸怀远大的理想。

【实践教学方案】

（1）实践学时：2学时。

（2）实践地点：多媒体教室。

（3）实践流程：

①教师在课前布置讨论题目，让学生提前思考问题并搜集资料；

②学生自行分组进行讨论，每组3～5人；

③利用课堂时间，教师组织学生进行交流讨论。

【实践教学评价】

（1）实践结果：每组上交一份交流心得。

（2）实践评价：教师针对每组学生的准备及课堂发言情况进行评价，评价标准如下：

分数	阅读情况	课堂研讨	研讨心得
10	课前能够认真学习和准备	课堂上积极参与讨论	内容丰富，有自己的见解
8	课前能够认真学习和准备	课堂上能够参与讨论	内容丰富，有自己的见解
5	课前能够准备	课堂上较少参与谈论	内容较少，无自己的见解
2	课前没做准备	课堂上没有参与谈论	内容空洞，无自己的见解

【参考资料】

科学社会主义的一般原则

科学社会主义一般原则是社会主义事业发展规律的集中体现，是马克思主义政党领导人民进行社会主义革命、建设、改革的基本遵循。马克思、恩格斯在深刻揭示人类社会发展一般规律的基础上，深入阐发资本主义基本矛盾及其发展趋势，并在指导国际工人运动的过程中不断总结经验，逐步形成了科学社会主义的一般原则。这些原则在后来的社会主义革命和建设中得到了证实、丰富和发展。

第一，人类社会发展规律和资本主义基本矛盾是“资本主义必然灭亡、社会主义必然胜利”的根本依据。

马克思、恩格斯创立唯物史观，揭示了人类社会发展的一般规律，并进一步揭示了资本主义发展的特殊规律，从而把科学社会主义建立在现实的可靠基础上。他们深刻指出，资本主义生产方式的基本矛盾，即生产社会化和生产资料资本主义私人占有之间的矛盾，是资本主义不可克服的内在矛盾。这一基本矛盾产生两个方面的结果：一是资产阶级和无产阶级的对立，二是个别企业中生产的有组织性和整个社会中生产的无政府状态之间的对立。随着资本主义生产的发展，资本主义基本矛盾也不断发展并趋向尖锐化，导致频繁发生周期性的经济危机。资本主义基本矛盾的固有性、不可克服性、不可抗拒性，决定了资本主义制度必然要被比它更加先进的社会制度所代替。正是基于这样一个客观事实，马克思和恩格斯得出了“资本主义必然灭亡、社会主义必然胜利”的结论，即“两个必然”。这“两个必然”的实现，是需要相应历史条件的。马克思在1859年发表的《〈政治经济学批判〉序言》中提出：“无论哪一个社会形态，在它所能容纳的全部生产力发挥出来以前，是决不会灭亡的；而新的更高的生产关系，在它的物质存在条件在旧社会的胎胞里成熟以前，是决不会出现的。”这就是人们通常所说的“两个决不会”。我们要全面理解和准确把握社会主义代替资本主义的问题，在面对“两个决不会”时，决不能忘记“两个必然”，否则会动摇社会主义必胜的信念，从而丧失根本、迷失方向；在坚信“两个必然”时，也不能忽略“两个决不会”，否则就可能脱离实际，犯急躁冒进的错误。我们既要坚定对社会主义和共产主义的理想信念，又要充分认识社会主义代替资本主义的长期性。

第二，无产阶级是最先进最革命的阶级，肩负着推翻资本主义旧世界、建立社会主义和共产主义新世界的历史使命。

马克思、恩格斯分析了资本主义社会的阶级对立，指明了无产阶级的历史使命，得出无产阶级是资本主义“掘墓人”和共产主义建设者的结论。无产阶级是“没有自己的生产资料，因而不得不靠出卖劳动力来维持生活的现代雇佣工人阶级”。这个阶级是社会化大生产的产物，是先进生产力的代表，并具有高度的组织纪律性。同时，这个阶级身处资本主义社会最底层，受到的剥削和压迫最深，是革命最坚决、最彻底的阶级，只有推翻资产阶级的统治，废除资本主义雇佣劳动制度，才能得到彻底解放。也只有这个阶级，才能担当起推翻资本主义旧世界、建立社会主义和共产主义新世界的历史使命。需要指出的是，无产阶级或工人阶级是随社会发展而变化发展的。在当代资本主义国家，传统的产业工人逐渐减少，而其他的雇员阶层则不断扩大。我们既要看到那里的产业工人仍然存在，又要看到其他雇员与雇主之间也具有雇佣性质。在社会主义国家，工人阶级的社会地位发生了根本变化，成为国家的领导阶级。我国工人阶级的队伍不断扩大，知识分子成为工人阶级的一部分，科学文化素质不断提高，是我国先进生产力的代表和主力军。

第三，无产阶级革命是无产阶级进行斗争的最高形式，以建立无产阶级专政的国家为目的。

在资本主义条件下，无产阶级反抗资产阶级的斗争主要有三种形式，即经济斗争、政治斗争和思想斗争。其中，经济斗争是指无产阶级为改善劳动和生活条件而进行的斗争，它是无产阶级最熟悉、最普遍采取的斗争形式；政治斗争是指无产阶级以夺取政权为目的的斗争，它是无产阶级反对整个资产阶级的斗争形式；思想斗争是指无产阶级在意识形态领域里同反马克思主义进行的斗争，它是政治斗争和经济斗争的灵魂。无产阶级反对资产阶级斗争的经济根源在于资本主义生产方式的基本矛盾。当无产阶级反对资产阶级的斗争发展到一定程度的时候，在具备一定主客观条件的前提下，就会发生无产阶级革命。无产阶级革命的根本问题是国家政权问题。无产阶级通过革命斗争从资产阶级手中夺取国家政权，使自己成为统治阶级，并打碎资产阶级的国家机器，建立无产阶级专政的国家政权。需要指出的是，暴力革命是无产阶级革命的一般形式，这并不是因为无产阶级偏爱暴力，而是因为其面对着反动统治阶级的暴力镇压。同时，经典作家从来不否认特定情况下和平取得政权的可能性。无产阶级专政不仅要镇压剥削阶级的反抗，防御外敌入侵，而且要领导和组织国家建设，推进社会全面进步。无产阶级专政在不同的国家可以有不同的实现形式。中国共产党人把科学社会主义关于无产阶级专政的理论与中国实际相结合，创造性地提出了人民民主专政的理论，并把人民民主专政确立为我国的国体。人民民主专政的实质是人民当家做主，广泛而真实的人民民主是题中应有之义。

第四，社会主义社会要在生产资料公有制基础上组织生产，以满足全体社会成员的需要为生产的根本目的。

马克思、恩格斯认为，生产资料私有制是造成资本主义罪恶和不平等现象的总根源，因此未来的新社会应该是以公有制为基础的社会。无产阶级在夺取政权后，要利用自己的政治统治，把生产资料集中在国家手中，并尽可能快地增加生产力的总量。与资本主义生产不同，社会主义生产的目的不是为了资本的增殖，而是为了满足人民群众的需要。建立在社会主义公有制基础上的社会是以人民为主体的社会，实现好、维护好、发展好人民群众的利益，是社会主义的本质要求。生产资料公有制是社会主义经济制度的根基，社会主义国家任何时候都不能放弃。但是，公有制的实现和发挥出自己的优越性是一个历史过程，各国共产党人应该根据本国生产力发展的水平和要求，探索和采取不同的实现形式。我国的社会性质和初级阶段的基本国情，决定了我国必须实行以公有制为主体、多种所有制经济共同发展的所有制结构，既要巩固和发展公有制经济，又要鼓励、支持、引导非公有制经济的发展。

第五，社会主义社会要对社会生产进行有计划的指导和调节，实行按劳分配原则。

马克思、恩格斯通过对资本主义生产无政府状态的分析，认为社会主义经济必须坚持社会生产有计划和按比例的内在统一性，“就是说，为了共同的利益、按照共同的计划、在社会全体成员的参加下来经营”。需要注意的是，马克思、恩格斯所讲的有计划地组织社会生产，是从与资本主义生产方式的比较上讲的，是针对资本主义无法克服的弊端讲的，不能与后来一些国家实行的计划经济画等号。马克思还认为，在共产主义的不同阶段，应当实行具有不同特征的分配制度。在第一阶段，还存在旧的社会分工，存在脑力劳动和体力劳动的差别，劳动还是谋生的手段，个人消费品的分配应当实行“按劳分配”的原则，即等量劳动领取等量产品的原则。这种分配方式尽管存在历史局限性，但在共产主义第一阶段是无法避免的。只有到了共产主义高级阶段，才能实行“各尽所能，按需分配”。经济文化相对落后国家取得革命胜利并进入社会主义后，在经济建设中要正确处理计划与市场的关系。实践证明，实行单一的计划经济，忽略或排斥市场的作用，不利于社会主义社会生产力的发展。我国根据社会主义初级阶段的国情，确立了社会主义市场经济体制，既要使市场在资源配置中发挥决定性作用，又要更好地发挥政府作用，坚持党对经济工作的集中统一领导，发挥社会主义国家顶层设计、宏观调控和计划规划的作用。与所有制结构相适应，我国实行以按劳分配为主体、多种分配方式并存的分配体制，也是由我国基本国情所决定的。

第六，社会主义社会要合乎自然规律地改造和利用自然，努力实现人与自然的和谐共生。

马克思、恩格斯科学阐述了人与自然的辩证关系，批判了资本主义对自然界的掠夺。恩格斯在《自然辩证法》中提出了以合乎自然规律的方式来改造和利用自然的观点。他写道：“我们不要过分陶醉于我们人类对自然界的胜利。对于每一次这样的胜利，自然界都对我们进行报复。每一次胜利，起初确实取得了我们预期的结果，但是往后和再往后却发生完全不同的、出乎预料的影响，常常把最初的结果又消除了。美索不达米亚、希腊、小亚细亚以及其他各地的居民，为了得到耕地，毁灭了森林，但是他们做梦也想不到，这些地方今天竟因此而成为不毛之地，因为他们使这些地方失去了森林，也就失去了水分的积聚中心和贮藏库。阿尔卑斯山的意大利人，当他们在山南坡把那些在山北坡得到精心保护的枞树林砍光用尽时，没有预料到，这样一来，他们就把本地区的高山畜牧业的根基毁掉了；他们更没有预料到，他们这样做，竟使山泉在一年中的大部分时间内枯竭了，同时在雨季又使更加凶猛的洪水倾泻到平原上。……因此我们每走一步都要记住：我们决不像征服者统治异族人那样支配自然界，决不像站在自然界之外的人似的去支配自然界——相反，我们连同我们的肉、血和头脑都是属于自然界和存在于自然界之中的；我们对自然界的整个支配作用，就在于我们比其他一切生物强，能够认识和正确运用自然规律。”在社会主义社会，应该自觉地把实现人与自然的和谐共生作为社会发展的重要目标，以合乎自然发展规律、合乎人类幸福生活和追求美丽环境的方式来改造和利用自然，保持人与自然之间动态的平衡。

第七，社会主义社会必须坚持科学的理论指导，大力发展社会主义先进文化。

恩格斯曾经指出，“我们党有个很大的优点，就是有一个新的科学的世界观作为理论的基础”。列宁也一再强调，“只有以先进理论为指南的党，才能实现先进战士的作用”。对无产阶级政党来说是如此，对无产阶级政党所领导的社会主义事业来说也是如此。在社会主义国家，马克思主义是立党立国的根本指导思想，任何时候都必须坚持马克思主义在意识形态领域的指导地位不动摇，否则就会迷失方向。社会主义国家必须大力发展以马克思主义为指导的社会主义先进文化，满足人民群众日益增长的精神文化需要，实现对社会风尚和精神面貌的正确引领。“没有先进文化的积极引领，没有人民精神世界的极大丰富，没有民族精神力量的不断增强，一个国家、一个民族不可能屹立于世界民族之林。”社会主义先进文化是社会主义国家凝聚和激励人民的重要力量，是社会主义国家综合国力的重要标志。在全社会形成共同的思想基础和精神支柱，是社会主义文化建设的根本。要大力发展教育和科学事业，发展文学艺术等事业。要吸收各国文明的长处，同时坚决抵制各种腐朽思想文化的侵蚀。

第八，无产阶级政党是无产阶级的先锋队，社会主义事业必须始终坚持无产阶级政党的领导。

无产阶级政党是无产阶级反对资产阶级的斗争发展到一定阶段的产物。无产阶级要从自发走向自觉并取得斗争的胜利，必须建立起自己的革命政党。无产阶级政党由无产阶级中的先进分子所组成，是各国工人运动中最坚决的、始终推动运动前进的部分；无产阶级政党是以科学理论武装起来的政党，“在理论方面，他们胜过其余无产阶级群众的地方在于他们了解无产阶级运动的条件、进程和一般结果”，并具有坚定的社会主义理想信念；无产阶级政党实行民主集中制的组织原则，依靠统一的纲领和严格的纪律形成强大的组织力量。无产阶级通过革命斗争建立人民政权以后，要改造旧社会，实现向无阶级社会的过渡，必须坚持无产阶级政党即共产党领导。这是无产阶级实现其推翻旧社会、建设新社会的历史使命的关键所在。历史证明，共产党是社会主义国家的最高政治领导力量，只有毫不动摇地坚持党对一切工作的领导，并努力探索和掌握共产党执政规律，不断改善党的领导和提高党的执政能力，社会主义建设事业才能取得成功。中国特色社会主义的发展充分证明了这一点。中国共产党是中国工人阶级的先锋队，同时是中国人民和中华民族的先锋队，是中国特色社会主义事业的领导核心。中国共产党的领导是中国特色社会主义最本质的特征，是中国特色社会主义制度的最大优势。

第九，社会主义社会要大力解放和发展生产力，逐步消灭剥削和消除两极分化，实现共同富裕和社会全面进步，并最终向共产主义社会过渡。

社会主义社会是共产主义社会的第一阶段或初级阶段，其目标是走向共产主义社会的高级阶段，即我们通常所说的共产主义社会。共产主义社会是物质财富极大丰富、人们精神境界极大提高、每个人自由而全面发展的社会。社会主义社会只有在充分发展和高度发达的基础上，才能向共产主义社会过渡。因此，社会主义社会必然有一个漫长的自我发展过程。社会主义社会必须大力发展生产力，并创造出比资本主义更高的劳动生产率。马克思、恩格斯指出，生产力的发展是绝对必需的，“因为如果没有这种发展，那就只会有贫穷、极端贫困的普遍化；而在极端贫困的情况下，必须重新开始争取必需品的斗争，全部陈腐污浊的东西又要死灰复燃”。只有不断解放和发展生产力，并推动社会全面进步，社会主义才能体现出自己的本质，显示出自己的优越性，并为最终向共产主义社会过渡创造条件。为此，必须根据经济社会发展的需要，改革社会的经济体制和各方面体制。恩格斯指出：“我认为，所谓‘社会主义社会’不是一种一成不变的东西，而应当和任何其他社会制度一样，把它看成是经常变化和改革的社会。”改革是社会主义的自我完善和自我发展，是社会主义社会发展的强大动力。随着生产力的巨大发展和社会各项事业的不断推进，社会主义将逐步消灭阶级剥削，消除两极分化，实现全体人民共同富裕，实现社会全面进步和人的全面发展，并最终向共产主义社会迈进。

——《马克思主义基本原理概论》2018年版

专题八
树立科学的世界观、人生观和价值观

知识点睛

习近平同青年大学生座谈时强调："要树立正确的世界观、人生观、价值观，掌握了这把总钥匙，再来看看社会万象、人生历程，一切是非、正误、主次，一切真假、善恶、美丑，自然就洞若观火、清澈明了，自然就能作出正确判断、作出正确选择。"

人生观决定着人生道路的方向，也决定着人们行为选择的价值取向和用什么样的方式对待实际生活。有什么样的人生观就会有什么样的人生。人的生命只有一次，理应严肃认真地思考人生，努力领悟人生的真谛，选择正确的人生道路，树立崇高的人生追求，实现应有的人生价值。

人生观与世界观有密切的关系。世界观是人们对生活在其中的世界以及人与世界的关系的总体看法和根本观点。世界观决定人生观，有什么样的世界观，就会有什么样的人生观。辩证唯物主义认为，人和人类社会是自然界长期发展的产物，人的一切认识都是来自实践，并在实践中不断发展。在这样的世界观指导下，人们就能更好地立足现实，客观地对待人生，在人生道路上勇于拼搏，在实际社会生活过程中寻找解答人生问题的正确答案。概言之，对人生意义的正确理解，需要建立在对客观世界发展规律正确认识的基础之上。同时，人生观又对世界观的巩固、发展和变化起着重要作用。美好的人生目标要靠社会实践才能转化为现实。大学生要在科学高尚的人生观指引下，正确对待人生矛盾，自觉抵制错误观念，努力提升人生境界，成就出彩人生。

树立正确的幸福观。幸福都是奋斗出来的。什么是人生的真正幸福，追求什么样的幸福，通过什么样的方式实现幸福，是大学生应该认真思考的人生课题。首先，幸福是一个总体性范畴，它意味着人总体上生活得美好，家庭和睦、职业成功、行为正当、人格完善等都是幸福的重要因素。幸福总是相对的，不是尽善尽美的，不同的人有不同的幸福标准。追求幸福的过程就是不满足于现状、不断追求和创造更美好生活的过程。人世间的一切幸福都需要靠辛勤的劳动来创造。其次，实现幸福离不开一定的物质条件，物质需要的满足、物质生活的富足是幸福的重要方面，但人的幸福不能仅仅局限于物质方面，精神需要的满足、精神生活的充实也是幸福的重要方面。在追求物质生活水平提高的同时，要更加注重追求德行和人格的高尚，注重追求健康向上的精神生活。再次，在追求幸福的过程中，我们不能把自己的幸福建立在损害社会整体和他人利益的基础上。相反，只有在为社会作贡献、为他人服务的过程中，我们才能获得幸福所需要的环境和条件，产生更大的幸福感，实现个人幸福与社会进步的相互促进。

树立正确的顺逆观。顺境和逆境是人生历程中两种不同的境遇。在顺境中前进，如同顺水行舟，天时、地利、人和等有利因素，使人们更容易接近和实现目标。但是，顺境中的宽松气氛、优越条件，又容易使人滋生骄娇二气，自满自足，意志衰退。在逆境中奋斗，犹如逆水行舟，不进则退，需要付出更大的努力和更多的艰辛才可能成功。在逆境中奋斗，会有顺境中难以得到的获得感和成就感。逆境的恶劣环境，对于挑战者而言，可以磨炼意志、陶冶品格、积累战胜困难的经验、丰富人生阅历。顺势而快上，乘风而勇进，这是身处顺境的学问，是善于抓住机遇不断丰富与完善自己的途径；处低谷而力争，受磨难而奋进，这是身处逆境的学问，是将压力变成动力之所为。在人生旅途中没有永远的顺境，也没有永远的逆境。因此，无论是顺境还是逆境，对人生的作用都是双重的，关键是怎样去认识和对待它们。只有善于利用顺境，勇于正视逆境和战胜逆境，人生价值才能够实现。

实践范例一　“青春梦想”主题演讲

【实践教学目标】

通过主题演讲，促使学生思考自己的人生目标，并为实现远大理想而努力奋斗，将理想转化为现实。

【实践教学方案】

（1）实践学时：2 学时。

（2）实践地点：多媒体教室。

（3）实践流程：

① 教师课前布置任务，以行政班为单位，每班参加人数为 5 人；

② 学生提前准备好演讲稿，演讲时间为 3 ～ 5 分钟，演讲题材不限，必须是原创，演讲时要脱稿，可以根据需求利用多媒体设备播放背景音乐；

③ 随机抽取 5 名学生作为评委进行打分；

④ 教师针对学生演讲情况进行总结。

【实践教学评价】

（1）实践结果：青春梦想主题演讲稿。

（2）实践评价：演讲评分标准如下：

得分	演讲情况
10	内容饱满，具有创新性，有一定的理论高度，感情丰富，脱稿
7	内容饱满，具有创新性，有一定的理论高度，感情丰富，不能脱稿
4	内容过于简单，无创新性，无理论高度，不能脱稿

【参考资料】

励志故事

世间最难的事是坚持

开学第一天，古希腊大哲学家苏格拉底对学生们说：“今天我们只学一件最简单也是最容易做的事儿。每人把胳膊尽量往前甩，然后再尽量往后甩。”说着，苏格拉底示范做了一遍：“从今天开始，每天做300下，大家能做到吗？”

学生们都笑了。心想，这么简单的事，有什么做不到的？过了一个月，苏格拉底问学生们：“每天甩300下，哪些同学坚持了？”有90%的同学骄傲地举起了手。

又过了一个月，苏格拉底再问，这时坚持下来的学生只剩8成。一年过后，苏格拉底再次问大家：“请告诉我，最简单的甩手运动，还有哪几位坚持了？”整个教室仅一人举起了手。这个学生就是日后成名的古希腊另一位大哲学家柏拉图。

世间最难的事是坚持。成功在于坚持。

为梦想而坚持不懈

路德维希·凡·贝多芬（Ludwig van Beethoven，1770—1827），德国最伟大的音乐家之一，出身于德国波恩的平民家庭，很早就显露了音乐上的才能，八岁开始登台演出。1792年到维也纳深造，艺术上进步飞快。贝多芬信仰共和，崇尚英雄，创作了有大量充满时代气息的优秀作品，如交响曲《英雄》《命运》；序曲《哀格蒙特》；钢琴奏鸣曲《悲怆》《月光》《暴风雨》《热情》，等等。一生坎坷，没有建立家庭。二十六岁时开始耳聋，晚年全聋，只能通过谈话册与人交谈。但孤寂的生活并没有使他沉默和隐退，在一切进步思想都遭禁止的封建复辟年代里，依然坚守“自由、平等”的政治信念，通过言论和作品，为共和理想奋臂呐喊，写下不朽名作《第九交响曲》。他的作品受18世纪启蒙运动和德国狂飙突进运动的影响，个性鲜明，较前人有了很大的发展。在音乐表现上，他几乎涉及当时所有的音乐体裁；大大提高了钢琴的表现力，使之获得交响性的戏剧效果；又使交响曲成为直接反映社会变革的重要音乐形式。贝多芬集古典音乐的大成，同时开辟了浪漫时期音乐的道路，对世界音乐的发展有着举足轻重的作用，被尊称为“乐圣”。

资料2

《青春梦想》演讲稿

以梦为马，不负韶华

尊敬的老师、亲爱的同学们：

大家好！我今天演讲的题目是“以梦为马，不负韶华”。

习近平总书记指出：“青春因磨砺而出彩，人生因奋斗而升华”。青春因多姿多彩的梦想而伟大，人生因青春而让人热泪盈眶，没有梦想的人生和咸鱼无异。处于青年时期的我们，为自己的梦想而不懈奋斗应该成为我们生活的主旋律，正所谓“无奋斗、不青春”。

青春是热情的，是充满生机与活力的，它朝气蓬勃，如清晨冉冉升起的红日，越发耀眼。我们在青春中，计划着我们的梦想，而我们的梦想，也在我们的青春之中一步一步实现。如果说青春是梦想的地基，是梦想的载体，是梦想的最初始阶段，那么，珍惜青春，打好这座“地基”，“梦想”的大楼，一定能高耸入云。

谈起梦想，可能大家的想法各有不同，但其无论大小，总是能在精神上推动我们不断前进。记得刚上大学时，我们带着一张张稚嫩的脸庞进入大学校园，自以为逃脱了高中的“牢笼”，殊不知，前面还有更多的挑战在等待着我们。从入学时感到迷茫到后来的逐渐明确自己的人生方向，这一过程就需要我们在实践中不断地了解自己，为自己树立远大的理想目标。习近平总书记在十九大上曾说：“青年兴则国家兴，青年强则国家强，青年一代有理想、有本领、有担当，国家就有前途，民族就有希望。”处于青年时期的我们正是国家发展的主力军，是祖国未来的希望，我们要给自己树立远大的理想目标并不断为之奋斗。在为了梦想奋斗的过程中，梦想会为我们指明方向，给予我们强大的精神动力，我们也会在这一过程中更加坚定自己的远大理想，最终获得成功。青春和梦想是紧密相连的，在最好的年纪，青年人要勇于大胆尝试新鲜事物，敢于“做梦”，不断学习，不断进步，不断调整自己的人生轨迹，明确自己的人生目标，实现自己大大小小的梦想，做一个勇敢的追梦人。

梦想的实现离不开脚踏实地的奋斗，梦想离开了奋斗就只能成为空想。愿我们都能在最好的青春年华找到适合自己的人生方向，做一个实干家，以梦为马，不负韶华。

实践范例二　观看《感动中国颁奖典礼》

【实践教学目标】

通过观看《感动中国颁奖典礼》，让学生们感受人性的光辉，为学生树立人生目标指明正确的方向。

视频 8-1
感动中国颁奖典礼

【实践教学方案】

（1）实践学时：2 学时。

（2）实践地点：多媒体教室。

（3）实践流程：

① 教师在课前布置任务，让学生搜集近年来感动中国人物的事迹；

② 利用课堂时间组织学生观看视频；

③ 观看结束后，教师组织学生进行交流，思考人生的价值。

【实践教学评价】

（1）实践结果：上交观后感。

（2）实践评价：教师针对学生上交的观后感给出评价，满分 10 分，分为 10 分、7 分、5 分三个等级。

【参考资料】

2019年感动中国人物

四川森林消防员

2019 年 3 月 30 日下午，四川凉山木里县发生森林火灾，四川森林消防总队凉山支队西昌大队组织消防队员开赴一线展开扑救。3 月 31 日消防队员克服山高坡陡、沟深林密、缺氧难行等困难，每人负重 30 余斤，徒步行军 8 个小时，在海拔 3700 余米的地方与森林大火展开了搏斗。当天下午，明火已被扑灭后，消防员在向山谷两个烟点迂回接近时，遭遇林火爆燃，27 名森林消防指战员和三名当地扑火人员全部牺牲。

伍淑清

全国工商联副主席、香港企业家。伍淑清一家人爱国爱港，改革开放之初，伍家父女北上创业，创办了北京航空食品有限公司。香港回归后，伍淑清致力于香港和内地的交流合作，建立教育基金，积极增进香港青年对中华历史和文化的认识，组织青少年赴内地交流学习百余次。修例风波发生以来，她严辞阻止乱港分子发起的学生，成为乱港分子的眼中钉、肉中刺，他们放言要声讨、抵制伍淑清及美心集团。2019 年 9 月，伍淑清现身瑞士日内瓦联合国人权理事会例会，向世界说出了真实的香港。

毛卓云

浙江省宁波市看守所艾滋病在押人员专职管教。12 年来，毛卓云累计管理教育涉艾在押人员 524 名，他坚持用爱心和智慧温暖矫正在押人员，确保刑事诉讼顺利完成。他归纳总结出涉艾在押人员管教工作“五心法”，为浙江省特殊监管对象管理工作提供经验遵循，并在全省公安监管系统推广。

周秀芳

周秀芳是宁波市退休教师，在古稀之年远赴湖南省溆浦县支教，并架起爱心桥梁。4年多的时间内，经周秀芳多方协调，宁波、上海等地的爱心人士在湖南溆浦捐建了27所希望小学，近400名贫困生得到结对帮扶，累计捐款物近3000万元。周秀芳先后荣获了“中国好人”、全国脱贫攻坚奉献奖、第七届全国道德模范等荣誉。

中国女排

20世纪80年代，女排以拼搏精神赢得五连冠，成为当时中国人的模范和骄傲。三十多年来，女排魅力不衰，粉丝遍中华，纵跨几代人。2019年国庆前夕，中国女排以十一连胜的骄人战绩赢得2019年女排世界杯，这也是中国女排第十次荣膺世界大赛冠军。女排姑娘的成就，显露出祖国至上、顽强拼搏、胜不骄败不馁的英雄风范，也成为中华民族屹立于世界民族之林的生动见证。

黄文秀

黄文秀于北京师范大学硕士毕业后回乡工作，2018年担任广西百色乐业县百坭村的驻村第一书记。黄文秀的家庭并不富裕，父亲身患重病，重重压力之下，黄文秀总是乐观开朗、积极向上。从进村开始，黄文秀就努力融入当地生活，挨家挨户走访，学会了桂柳方言，一年多时间，她帮村里引进了砂糖橘种植技术，教村民做电商；协调给每个村建起了垃圾池。在黄文秀任上，百坭村103户贫困户顺利脱贫88户，村集体经济项目收入翻倍。黄文秀驻村笔记中写道：“每天都很辛苦，但心里很快乐。”2019年6月17日凌晨，黄文秀遭遇突发山洪不幸遇难，年仅30岁。

叶连平

叶连平是安徽省和县卜陈学校退休教师。自1978年从教以来，叶连平始终坚守在三尺讲台，为乡村教育奉献了40多年。退休后叶连平自费开办家庭课堂“留守儿童之家”，30多年坚持为学生义务辅导。2012年设立“叶连平奖学金”，在社会各方的支持下，累计发放10万多元，奖励、资助了132个留守儿童。叶连平自己的生活却极其节俭，仍然住在30多年前的老平房里，他穿的衣服中，有一些甚至还是60多年前的。

朱丽华

43年前，浙江嘉兴人朱丽华因伤失明，她自学成为当地唯一盲人中医师，从事推拿工作30余年，开创了自己的诊所，为100多名残疾人提供工作岗位。同时，她坚持做慈善，到目前为止，朱丽华已累计资助贫困学生480人次，为希望工程捐款累计达373万元。

杜岚　尤端阳

1949 年 10 月 1 日，杜岚在濠江中学升起了澳门第一面五星红旗。此后，每年校庆和十一国庆日濠江中学都要举行隆重的升国旗仪式。澳门回归祖国当天，已经 87 岁高龄的杜岚，放下拐杖亲自升起国旗，把对国家的爱传递给澳门濠江中学的孩子们。濠江中学后任校长尤端阳继承了杜岚的教育理念，在澳门回归后的 20 年里，每逢周一都举行升旗仪式，让爱国情怀融入孩子们的学习生活中。

库尔班·尼亚孜

新疆维吾尔自治区乌什县前进镇国家通用语言小学校长。2003 年库尔班创办国家通用语言小学。办学之路格外艰辛，但他却从未动摇过办学的信念。库尔班的国家通用语言小学，自行编写中华文化教材，开设国学课堂，设立孔子像，教孩子们读唐诗、唱京剧、练书法，让孩子们从小在心里种下民族团结的种子，加深他们对国家和民族的认同感。他的梦想就是让学生们走出封闭的天地，走向外面的世界，用知识改变命运，为社会贡献力量。

张富清

张富清是中国建设银行湖北分行来凤支行离休干部。张富清在解放战争的枪林弹雨中九死一生，先后荣立一等功 3 次、二等功 1 次，被西北野战军记“特等功”，两次获得“战斗英雄”荣誉称号。新中国成立后，他响应国家号召主动到偏僻的湖北来凤县工作，为贫困山区奉献一生。60 多年来，张富清刻意尘封功绩，连儿女也不知情。2018 年年底，在退役军人信息采集中，张富清的事迹被人们发现。

徐前凯

徐前凯是中国铁路成都局集团有限公司重庆车务段荣昌站车站值班员。徐前凯值班时，一位老人突然横穿铁道。在危急关头，他跳下火车，把老人推离铁轨，挽救了老人的生命，自己却失去了一条腿。

王娅

王娅是天津市一名退休职工。从 1985 年开始走上了爱心公益之路，默默坚持了三十余年，从西南旱灾、青海震灾、南方水灾、希望工程，到汶川地震，处处都有她爱心善举的痕迹。此外，她还常年无偿献血。2018 年，王娅被查出罹患胰腺癌晚期，她放弃治疗，治疗费全部捐给贫困学生，并将唯一房产捐赠给公益机构。在她去世后，亲友们按照她的遗愿为她办理了遗体捐献手续。

顾方舟

顾方舟是中国著名病毒学专家，我国脊髓灰质炎疫苗研发生产的拓荒者，2019 年 1

月逝世。1957年，31岁的病毒学家顾方舟临危受命研制脊髓灰质炎疫苗。为加快进度，他举家搬到云南大山深处的科研所，在疫苗问世后，顾方舟和同事们除在动物身上试验，还自己以身试药，为尽快确定安全性，顾方舟还偷偷隐瞒家里人，喂自己孩子疫苗。1965年，脊髓灰质炎疫苗向全国推广以来，“脊灰”的年平均发病率从1949年的十万分之4.06，下降到1993年的十万分之0.046，使数十万儿童免于致残。2000年，世卫组织宣布中国为无脊灰状态。

赖宣治

赖宣治是广州市花都七星小学体育老师。赖宣治从武汉体育学院毕业后来到花都七星小学任教，他刻苦钻研，坚持用跳绳使一群来自农村的孩子们走上世界舞台。在近两年的世界跳绳锦标赛上，花都七星小学跳绳队狂夺金牌，并屡次打破世界纪录。

潘维廉

潘维廉1988年起在厦门大学管理学院任教，4年后，他申请永居资格，成为福建省第一个拿到“中国绿卡”的老外。在中国工作生活31年，他了解并热爱中国，见证了中国经济的发展变化，先后帮助厦门、泉州等地获得国际花园城市金奖，他还荣获中国国家外国专家局颁发的中国“友谊奖”“厦门市荣誉市民”等称号。2019年，潘维廉出版新书《我不见外——老潘的中国来信》，以一个外国人的独特视角，记录和展现了中国改革开放的历史进程与伟大变革。习近平总书记高度赞赏他的“不见外”，为他“作为中国改革开放的见证者，热情地为厦门、为福建代言”而点赞。

窦兰英

窦兰英是甘肃省张掖市肃南裕固族自治县红湾寺镇隆畅社区居民。6年前，窦兰英的大女儿患病离世后，留下12万元看病欠款，窦兰英年过花甲，仍然决定替女还债。她用田字格本做了个小账本，把12万元账目全都罗列出来，记在本上、装在心里。为了还债，60多岁的老人当保姆、钟点工，捡废品卖破烂，省吃俭用把每一分钱都攒下来。6年时间里，在老人的努力和社会各界帮助下，12万元债务已还得只剩下1万多元了。窦兰英老人视诚信如生命，被街坊四邻亲切地称作“信义奶奶”。

叶培建

现年74岁的叶培建是中国科学院院士，从事航天工作已有51年之久，从探月工程到逐梦火星，他的大半辈子和中国航天紧密相连。叶培建是嫦娥一号总指挥兼总设计师，在后来各号嫦娥方案的选择和确定、关键技术攻关、大型试验策划与验证、嫦娥四号首次实现月背软着陆等各项工程中发挥了重要作用。近些年，叶培建更多是站在幕后，为年轻的航天工作者们撑腰。在发射现场，大家都说，叶总就是“定海神针”。

陈彼得

陈彼得是台湾著名音乐人。20世纪80年代末，他创作了《吾爱吾国》，以抒发对故乡的憧憬。1988年第一次返乡后，陈彼得逐步将自己的事业从台湾移至大陆，并开始为中华古诗词谱曲工作。2019年春节，在央视的快闪系列活动中，须发皆白的陈彼得，怀抱吉他，演唱《我和我的祖国》，瞬间感动很多中国人。

樊锦诗

樊锦诗是敦煌研究院名誉院长。樊锦诗从小在上海长大，1963年北大毕业后，把大半辈子的光阴都奉献给了大漠上的敦煌石窟。人们亲切地喊她"敦煌的女儿"。为了敦煌，樊锦诗和丈夫两地分居长达19年，两个儿子出生后都没有得到很好的照料。但她却视敦煌石窟的安危如生命，扎根大漠，潜心石窟考古研究和创新管理，完成了敦煌莫高窟的分期断代、构建"数字敦煌"等重要文物研究和保护工程。2019年，国庆前夕，樊锦诗获颁国家荣誉称号勋章。

宁夏话剧团

20世纪80年代初，宁夏话剧团改装旧卡车当作流动舞台，成为全国首创的文化"大篷车"。话剧团创作演出的《女村长》《税官王振举》《铁杆庄稼》等19部话剧，部部精彩，处处受到农民欢迎。对传播传统价值观和正能量起到了春风化雨的作用。35年来，"文化大篷车"行驶80多万公里，流动演出超过8000多场，用老百姓看得懂、听得懂的方式，把精神食粮送到千家万户。

实践范例三　大学生理想信念调查

【实践教学目标】

面向本校学生，进行理想信念调查，了解学生的思想实际情况，分析存在的问题，进而找到解决问题的方式，提升学生的思想觉悟。

【实践教学方案】

（1）实践学时：2学时。

（2）实践地点：本校校园内。

（3）实践流程：

①将学生分组，每组3～5人，学生自行分工；

②在教师的指导下学生设计调查问卷；

③学生发放并收回调查问卷，对问卷进行整理和分析；

④撰写调研报告。

【实践教学评价】

（1）实践结果：撰写调研报告。

（2）实践评价：教师针对学生的调研报告给出评价，评价标准如下：

得分	调研报告
10	内容翔实，格式正确，对问题进行分析并提出解决方法
7	内容翔实，格式正确，对问题进行分析，但没有提出解决方法
4	内容翔实，格式正确，没有分析问题和提出解决方法

【参考资料】

大学生理想信念调查问卷

您好！非常感谢您百忙之余参与我们的调查问卷，为了了解当代大学生的理想信念，我们开展本次的问卷调查，望您认真填写！

Q1：您的性别是（　　）。

A 男

B 女

Q2：你的年级是（　　）。

A 大一

B 大二

C 大三

D 大四

Q3：您认为成为一名大学生的主要目的是（　　）。

A 实现理想抱负

B 获得文凭找工作

C 为实现自己的人生目标打下基础

D 混日子

Q4：您对自己现状的满意程度（　　）。

A 满意

B 不满意

C 没什么感觉

Q5：刚入学时是否有为自己的大学四年制定目标？（　　）

A 有

B 没有

Q6：您认为理想信念对于您的意义（　　）。

A 很重大，是人生的支柱和动力

B 没有什么意义，不是很重大

Q7：对于当前的大学生活您的评价如何？（　　）

A 忙碌却很充实

B 自由但所获甚少

C 诱惑太多，难以静下心学习

D 无所事事，无聊，寂寞，有点堕落

Q8：到了大学您是否重新调整自己的理想？（　　）

A 不曾改变，专注于同一个理想并为之努力

B 因思想逐渐成熟而改变

C 因为别人的影响而改变

D 为适应家庭或就业形势而改变

Q9：您对自己的认识度（　　）。

A 清楚知道自己要什么，并努力追求着自己要的

B 还在摸索当中

C 走一步算一步

D 以后再打算，现在开心就好

Q10：您相信您会成功实现自己的理想信念吗？（　　）。

A 我相信我会成功，因为我有信念的支撑

B 我相信我会成功，但我觉得我的成功与信念无关

C 我还不知道，因为理想与现实相差太远，信念理想有时很空洞

Q11：您认为可能会影响您追求理想的因素有哪些？（　　）

A 个人能力有限

B 碰壁，路途坎坷，总感到不顺心

C 自己有能力却没有遇到好机遇

D 学历的高低

E 人际关系处理问题

F 父母及其他人不赞同

G 私人感情问题严重影响

Q12：如果买彩票中了一百万您会怎么使用？（　　）

A 享受物质的富足，充实自己的精神生活

B 投资或创业赚更多的钱从事慈善，帮助更多需要的人

C 用来实现理想的资本

Q13：您觉得您的人生观建立谁影响最大？（　　）

A 父母长辈

B 朋友同学

C 书籍

D 媒体

E 生活阅历

Q14：您是如何选择目前就读的专业的？（　　）

A 家人替自己选择的，并不是自己心中热爱的专业

B 是自己一直感兴趣的

C 根据社会就业前景做出的选择

Q15：如果专业与您的理想不同轨，您会？（　　）

A 转专业

B 坚持理想，把专业当作达成理想的准备，努力学习

C 尝试在实际情况下调整理想

D 感到茫然，不知如何是好

Q16：您觉得成功的标准是什么？（　　）

A 赢得他人的和社会的尊重

B 有财富地位

C 有贡献

D 平凡就算成功

Q17：倘若您毕业了政府号召您去经济欠发达的西部支援建设当地，您会去吗？（　　）

A 会

B 不会

C 还不知道

Q18：什么原因会使您放弃或改变理想？（　　）

A 我的思想成熟了

B 我曾经努力过，但失败了，可能我真的无法做到

C 别人劝我放弃，更现实点

D 理想不现实，根本无法实现

Q19：以下选项，在您的大学课外生活中花费时间比例较高的三项是？（　　）

A 完成课内作业

B 课外阅读学习读报，浏览时事等

C 体育锻炼

D 学生工作（社团活动等）

E 上网玩游戏聊天看电影等

F 社会工作（兼职等）

G 其他

Q20：您为实现理想的动力信念来自哪里（最多选三项）？（　　）

A 为了让家人能过上好日子

B 为了让别人看得起

C 为了自己美好的将来

D 为自己的另一半而努力

E 报效社会

F 父母、师长及朋友的鞭策和鼓励

G 实现人生价值

实践范例四　课堂讨论——树立正确的消费理念

【实践教学目标】

通过此次研讨，促使学生不要盲目攀比，树立正确的消费观念，认识到人生的真正价值不是对物质的追求，应该提升精神境界，追求自我价值的实现。

【实践教学方案】

（1）实践学时：2 学时。

（2）实践地点：多媒体教室。

（3）实践流程：

① 教师提前布置任务，让学生提前思考消费问题，学生自行分组讨论；

② 利用课堂时间学生汇报本小组的讨论情况；

③ 教师对学生的发言进行总结。

【实践教学评价】

（1）实践结果：PPT 汇报。

（2）实践评价：教师针对学生的汇报情况进行评价，评价标准如下：

得分	PPT内容	PPT制作	汇报情况
10	PPT 内容丰富，理论实践相结合，贴近实际	PPT制作精美	发言人准备充分，语言流畅，并有本小组自己的见解
7	PPT 内容丰富，理论实践相结合，贴近实际	PPT制作精美	发言人准备充分，语言流畅，没有本小组自己的见解
4	PPT 内容不够丰富，没有把理论和实践相结合	PPT制作一般	发言人准备不够充分，没有本小组自己的见解

【参考资料】

大学生网贷案例

案例一

小张曾是西安一所科技学院的学生，毕业后在一家网络游戏公司从事销售业务。步入社会就业，对于一个年轻人来说都应该有一种新的感受，但小张却没有心情感受这些新鲜的东西，因为他的身上背着上学期间欠下的一些债务，每天产生大量利息，就连挣下的工资都难以支付这笔利息，小张被这些债务深深困扰，压迫得难以抬头。

“两年多以前，我被人骗了，迷上了网络赌博。”小张介绍，大二期间，有朋友诓骗他说网络上有一种投资，回报相当丰厚，禁不住诱惑的他开始在网上玩重庆时时彩，最初的时候有输有赢，到后来深深陷进去了，先后输掉了十来万。无奈之下，小张将自己的学费以及亲朋好友处借来的几万元凑在一块也不够还输掉的钱。“也就是在这时候，一个社会上的人向我推荐了校园贷。”小张说，对方知道自己急需要钱解决问题，就向他宣称通过一些网络平台贷款，手续简单，利息不高，很快能解决问题。

“我当时一看利息似乎真的不是很高，很着急，就接受了那人的建议贷了款，把网上赌博所欠的钱还了。”小张说，但让他没想到的是，虽然表面上看上去利息不高，但加上一些手续费、管理费，亏空越来越大。他不断地通过一个平台借款弥补之前的欠款，产生手续费、管理费，加上利息，欠债的窟窿不断增大。小张说，他先后在十几个平台上借过钱，如今已经滚成十多万的巨额债务。

“现在每天产生的利息总额就是100多，一个月下来就得三四千元，我上班的工资才两千多元，连利息都不够支付。”小张称，他无奈之下曾向家人求助，但家里也拿不出那么多，只给了三万元，显然是杯水车薪。而在单位，自己的遭遇又不敢向同事领导诉说，害怕影响工作。

案例二

2016年，小王是一名大三学生，当时在室友的介绍下，小王认识了同校师哥小郑，并得知一种名叫“做单”的赚钱方式，“就是说从APP平台上借款，借出来之后直接转给他，都是由他来还，一千块钱的报酬。”

一听不用自己还贷，还有报酬可以拿。小王没考虑多久，便答应了小郑的请求。2016年5月，小王以自己的身份信息在一个名叫“名校贷”的借款平台上，借款两万两千元。随后，她便把钱打给了小郑，自己也拿到了相应的报酬。在之后时间里，贷款也确实都是由小郑偿还的，直到2017年7月份，事情发生了变化。

“他说名校贷出现了一些问题，要还全款，所以让我们再注册别的平台。”小王告诉记者，当时小郑的意思是“名校贷”平台剩余款项必须一下还清，但自己手里并没有现钱，所以需要她从别的平台借款，补上这个窟窿。

由于小郑态度很诚恳，而且小王也担心自己的信誉受到影响，无奈便答应了小郑的请求，又从“快贷”借贷平台上借款3000元。与此同时，小郑向小王提出了正式的工作邀请。小王：“他说去他们公司做兼职，把他的营业执照、身份信息什么的都发给我了。”有实体公司，还有营业执照，并且从事的工作也和之前的一模一样，每借成一笔，自己便能够得到五六百元的报酬。这对于还是大学生的小王来说诱惑很大，她便答应了下来。

就这样从2017年7月底至今，小王共在40多个借款平台上借款，总额高达17多万元，加上利息共44万元。而问题就在今年9月份，由于所借款项过多，小郑方面无法及时偿还，便让小王去济南清账。

小王说：“清账的意思就是把我现在所有的债务，让那家清账公司出钱还了，只欠清账公司的钱。然后在这个过程中，清账公司告诉我，这是操纵学生挣钱，说我被骗了。”

清账公司的一番话，让小王彻底起了疑心，立马打电话给小郑，然而对方的答复，却让她大吃一惊。“他承认这个事情，但是他只承认是我借给他钱，并不承认是他操纵我从这些平台上借钱，并不承认利息这些问题。”小王说。

面对对方的翻脸不认人，小王彻底慌了神。这个时候的她才意识到自己上了当，而之后想要再联系对方，手机却始终无法打通。2017年11月12日，高利贷的人逼迫她及家人还钱。

专题九
培育和践行社会主义核心价值观

知识点睛

核心价值观，承载着一个民族、一个国家的精神追求，体现着一个社会评判是非曲直的价值标准。全社会积极弘扬和践行社会主义核心价值观，才能汇聚起建设社会主义现代化强国和实现中华民族伟大复兴的中国梦的磅礴力量。

社会主义核心价值观把涉及国家、社会、公民的价值要求融为一体，体现了社会主义本质要求，继承了中华优秀传统文化，吸收了世界文明有益成果，体现了时代精神，是对我们要建设什么样的国家、建设什么样的社会、培育什么样的公民等重大问题的深刻解答。

富强、民主、文明、和谐。坚持和发展中国特色社会主义，实现中华民族伟大复兴的中国梦，凝结着中华民族和中国人民对富强、民主、文明、和谐的价值追求。这一价值追求回答了我们要建设什么样的国家的重大问题，揭示了当代中国在经济发展、政治文明、文化繁荣、社会进步等方面的价值目标，从国家层面标注了社会主义核心价值观的时代刻度。

自由、平等、公正、法治。自由、平等、公正、法治，反映了人们对美好社会的期望和憧憬，是衡量现代社会是否充满活力又和谐有序的重要标志。这一价值追求回答了我们要建设什么样的社会的重大问题，与实现国家治理体系和治理能力现代化的要求相契合，揭示了社会主义社会发展的价值取向。

爱国、敬业、诚信、友善。爱国才能承担时代赋予的使命，敬业才能创造更大的人生价值，诚信才能赢得良好的发展环境，友善才能形成和谐的人际关系。爱国、敬业、诚信、友善，这一价值追求回答了我们要培育什么样的公民的重大问题，涵盖了社会公德、职业道德、家庭美德、个人品德等各个方面，是每一个公民都应当遵守的道德规范。有了这样的价值追求，人们才能更好地处理个人与国家、社会、他人的关系，不断提升自己的人生境界。

青年的价值取向，既关系着自己的健康成长成才，又决定着未来整个社会的价值取向。青年是引风气之先的社会力量。在全社会培育和弘扬社会主义核心价值观，需要大学生始终走在时代前列，成为社会主义核心价值观的坚定信仰者、积极传播者、模范践行者。青年的价值取向决定了未来整个社会的价值取向，而青年又处在价值观形成和确立的时期，抓好这一时期的价值观养成十分重要。正如习近平指出："这就像穿衣服扣扣子一样，如果第一粒扣子扣错了，剩余的扣子都会扣错。人生的扣子从一开始就要扣好。"培育和践行社会主义核心价值观，要增强自己的价值判断力和道德责任感，辨别什么是真善美、什么是假恶丑，自觉做到常修善德、常怀善念、常做善举。

培育和践行社会主义核心价值观，既要目标高远、保持定力、不懈奋进，又要脚踏实地、严于律己、精益求精，将社会主义核心价值观转化为人生的价值准则，勤学以增智、修德以立身、明辨以正心、笃实以为功。

实践范例一　情景剧表演——我爱我的祖国

【实践教学目标】

通过情景剧表演，提升学生的能力，加深学生对爱国主义优良传统的认识，引导学生自觉弘扬民族精神。

【实践教学方案】

（1）实践学时：2 学时。

（2）实践地点：多媒体教室。

（3）实践流程：

① 教师课前布置任务，了解爱国名人事迹，学生自行分组，每组 3 ～ 5 人，根据所选的名人事迹编排情景剧；

② 利用课堂时间，每组学生展示情景剧；

③ 教师随机选两名学生为表演的学生录制视频，以便课后制作视频；

④ 教师组织学生进行交流并点评学生的情景剧表演。

【实践教学评价】

（1）实践结果：情景剧视频。

（2）实践评价：教师针对学生的表演情况以及其他学生的反馈进行评价，评价标准如下：

得分	表演情况
10	准备充分，表演流畅，台词熟练，感情丰富
7	准备充分，表演流畅，台词熟练，感情不够丰富
5	准备充分，表演流畅，台词不熟练，感情不够丰富

【参考资料】

资料1

爱国名人事迹

视频 9-1
爱国名人事迹——钱学森

1947 年，刚刚 36 岁的钱学森，被美国麻省理工学院聘为终身教授。这是一个很高的荣誉，它预示着钱学森的优厚待遇和远大前程。

美国为什么如此器重钱学森呢？因为他是美国研究航空科学最高专家冯·卡门的优秀学生，是美国最早研究火箭组织——加州理工学院火箭研究小组的 5 成员之一。

在冯·卡门的指导下，火箭研究取得了重大进展，为反法西斯战争的胜利作出了贡献。在那些艰苦的日子里，钱学森显露出卓越的才能。一项在航空科学史上占有重要地位的航空科学公式，即著名的卡门·钱公式诞生了。这是由冯·卡门提出命题，钱学森做出结果，至今仍在航空技术研究中广泛使用的一项公式。

然而，当钱学森得知中华人民共和国成立的消息后，这个每时每刻都在想念祖国的科学家，顿时沉浸在极大的喜悦之中。钱学森在美国已经生活了 10 多年，又被誉为在美国处于领导地位的第一位火箭专家，金钱、地位、声誉都有了。可他想：我是中国人，我的根在中国。我可以放弃在美国的一切，但不能放弃祖国。我应该早日回到祖国去，为建设新中国贡献自己的全部力量！他还对中国留学生说：祖国已经解放了，国家急需建设人才，我们要赶快把学到的知识用到祖国的建设中去。

钱学森准备返回中国的决定，引起美国有关方面的恐慌。他们认为：钱学森的专业技术如果带回去，中国的科学技术将高速度前进。美国海军的一位领导人曾对美国负责出境的官员说：我宁可把钱学森枪毙了，也不让他离开美国！钱学森至少值 5 个师的兵力。

钱学森的回国计划受到严重阻挠。美国官方文件通知他不准离开美国。本来，他的行李已经装上了船，准备由水路运回祖国。可美国海关硬说他准备带回国的书籍和笔记本中藏有重要机密，诬蔑钱学森是间谍。其实，这些书籍和笔记本，一部分是公开的教科书，其余都是钱学森自己的学术研究记录。

一波未平，一波又起。几天之后，钱学森突然被逮捕，关押在一个海岛的拘留所里，受到无休止的折磨。看守人员每天晚上隔 10 分钟进室内开一次电灯，使他根本无法入睡。钱学森的遭遇，引起加州理工学院中坚持正义的同事和学生的同情，在他们和其他正直人士的强烈抗议下，美国特务机关被迫释放了他。可对钱学森的迫害并没有停止，限制他的行动，监视和检查他的信件、电话等。尽管有种种限制，但钱学森没有屈服。他不断地提出严正要求：坚决离开美国，回中国去！

在争取回国的日子里，钱学森更加关心祖国的建设事业，经常从《华侨日报》等报刊上了解新中国的情况，与中国科学家、留学生讨论建设祖国的有关问题。为了能够迅速回国，他租房子只签订短时间的合同。家里准备了3只轻便的小箱子，天天准备随时可以搭飞机回中国。

5年过去了，钱学森争取回国的斗争得到世界各国主持正义人士的支持，更得到了中国政府的极大关怀。周恩来曾亲自了解他的情况，并指示参加中美两国大使级会谈的中国代表，在会谈中提出钱学森博士归国问题。

1955年8月，这场外交斗争终于取得了胜利，美国政府被迫同意钱学森返回中国。到达北京的第二天清晨，钱学森就和妻子带着两个孩子来到天安门广场。他激动地说：我相信我一定能回到祖国。现在，我终于回来了！

冲破重重阻拦而回国的钱学森，一头扎在了军事科学的研究中。他倾其所学，又紧密关注国外的科学动态，不断推出科研新成果，为祖国的国防事业竭思尽智，作出了巨大的贡献，被誉为导弹之父，国务院授予他全国劳动模范的光荣称号。

在美国定居，且能聘为终身教授，这是多少人梦寐以求的生活，可为了祖国的繁荣富强，钱学森放弃了这一切。在经济大潮如洪水猛兽般地冲击社会的今天，钱学森的爱国言行，无疑地凝聚着中华民族之魂。

实践范例二　新闻时事播报——《大国外交》

视频 9-2
大国外交

【实践教学目标】

通过新闻时事播报——《大国外交》，让学生深入了解我国外交政策，感受中国紧扣时代的和平发展理念，激发学生的民族自豪感。

【实践教学方案】

（1）实践学时：2学时。

（2）实践地点：多媒体教室。

（3）实践流程：

① 教师提前布置任务，让学生自行分组进行排练，以记者、新闻播音员的形式进行新闻播报，课前录制视频，视频中要插入音乐、图片、历史故事回顾等；

② 选题范围：近年来中国外交大事件；

③ 利用课堂时间，运用多媒体设备展示视频作业；

④ 教师组织学生进行评价，给出每组相应的分数。

【实践教学评价】

（1）实践结果：新闻播报视频。

（2）实践评价：教师针对学生的视频和其他同学的反馈给出相应的评价，评价标准如下：

得分	视频内容	视频制作
10	新闻选题合理，语言表达清晰流畅，较好的仪态	视频制作精美，内容丰富，形式多样
7	新闻选题合理，语言表达清晰流畅，仪态一般	视频制作精美，内容丰富，形式单一
5	新闻选题合理，语言表达不够流畅，仪态一般	视频制作内容不够饱满，形式单一

【参考资料】

坚持和平发展道路，推动构建人类命运共同体

——选自《十九大报告》

中国共产党是为中国人民谋幸福的政党，也是为人类进步事业而奋斗的政党。中国共产党始终把为人类作出新的更大的贡献作为自己的使命。

中国将高举和平、发展、合作、共赢的旗帜，恪守维护世界和平、促进共同发展的外交政策宗旨，坚定不移在和平共处五项原则基础上发展同各国的友好合作，推动建设相互尊重、公平正义、合作共赢的新型国际关系。

世界正处于大发展大变革大调整时期，和平与发展仍然是时代主题。世界多极化、经济全球化、社会信息化、文化多样化深入发展，全球治理体系和国际秩序变革加速推进，各国相互联系和依存日益加深，国际力量对比更趋平衡，和平发展大势不可逆转。同时，世界面临的不稳定性不确定性突出，世界经济增长动能不足，贫富分化日益严重，地区热点问题此起彼伏，恐怖主义、网络安全、重大传染性疾病、气候变化等非传统安全威胁持续蔓延，人类面临许多共同挑战。

我们生活的世界充满希望，也充满挑战。我们不能因现实复杂而放弃梦想，不能因理想遥远而放弃追求。没有哪个国家能够独自应对人类面临的各种挑战，也没有哪个国家能够退回到自我封闭的孤岛。

我们呼吁，各国人民同心协力，构建人类命运共同体，建设持久和平、普遍安全、共同繁荣、开放包容、清洁美丽的世界。要相互尊重、平等协商，坚决摒弃冷战思维和强权政治，走对话而不对抗、结伴而不结盟的国与国交往新路。要坚持以对话解决争端、以协商化解分歧，统筹应对传统和非传统安全威胁，反对一切形式的恐怖主义。要同舟共济，促进贸易和投资自由化便利化，推动经济全球化朝着更加开放、包容、普惠、平衡、共赢的方向发展。要尊重世界文明多样性，以文明交流超越文明隔阂、文明互鉴超越文明冲突、文明共存超越文明优越。要坚持环境友好，合作应对气候变化，保护好人类赖以生存的地球家园。

中国坚定奉行独立自主的和平外交政策，尊重各国人民自主选择发展道路的权利，维护国际公平正义，反对把自己的意志强加于人，反对干涉别国内政，反对以强凌弱。中国决不会以牺牲别国利益为代价来发展自己，也决不放弃自己的正当权益，任何人不要幻想让中国吞下损害自身利益的苦果。中国奉行防御性的国防政策。中国发展不对任何国家构成威胁。中国无论发展到什么程度，永远不称霸，永远不搞扩张。

中国积极发展全球伙伴关系，扩大同各国的利益交汇点，推进大国协调和合作，构建总体稳定、均衡发展的大国关系框架，按照亲诚惠容理念和与邻为善、以邻为伴周边外交方针深化同周边国家关系，秉持正确义利观和真实亲诚理念加强同发展中国家团结合作。加强同各国政党和政治组织的交流合作，推进人大、政协、军队、地方、人民团体等的对外交往。

中国坚持对外开放的基本国策，坚持打开国门搞建设，积极促进“一带一路”国际合作，努力实现政策沟通、设施联通、贸易畅通、资金融通、民心相通，打造国际合作新平台，增添共同发展新动力。加大对发展中国家特别是最不发达国家援助力度，促进缩小南北发展差距。中国支持多边贸易体制，促进自由贸易区建设，推动建设开放型世界经济。

中国秉持共商共建共享的全球治理观，倡导国际关系民主化，坚持国家不分大小、强弱、贫富一律平等，支持联合国发挥积极作用，支持扩大发展中国家在国际事务中的代表性和发言权。中国将继续发挥负责任大国作用，积极参与全球治理体系改革和建设，不断贡献中国智慧和力量。

同志们！世界命运握在各国人民手中，人类前途系于各国人民的抉择。中国人民愿同各国人民一道，推动人类命运共同体建设，共同创造人类的美好未来！

实践范例三　大学生网络文明调查

【实践教学目标】

通过调研及讨论，帮助学生树立网络道德，自觉维护网络环境。

【实践教学方案】

（1）实践学时：2 学时。

（2）实践地点：本校校园内。

（3）实践流程：

① 将学生分组，每组 3 ～ 5 人，学生自行分工；

② 在教师的指导下学生设计调查问卷；

③ 学生发放并收回调查问卷，对问卷进行整理和分析；

④ 撰写调研报告。

【实践教学评价】

（1）实践结果：撰写调研报告。

（2）实践评价：教师针对学生的调研报告给出评价，评价标准如下：

得分	调研报告
10	内容翔实，格式正确，对问题进行分析并提出解决方法
7	内容翔实，格式正确，对问题进行分析，但没有提出解决方法
4	内容翔实，格式正确，没有分析问题和提出解决方法

【参考资料】

资料1

大学生网络文明调查问卷

感谢您打开本问卷并参与调查，希望大家认真填写，在此感谢各位！

Q1：您的性别是（　　）。

A 男

B 女

Q2：您所在的年级（　　）。

A 大一

B 大二

C 大三

D 大四

E 研究生

Q3：您在浏览、转载或口头传播信息的时候，会怀疑其真实性吗？（　　）

A 总是

B 经常

C 有时

D 偶尔

E 从不

Q4：在您不知情的情况下，发布或转载的虚假信息中，哪些信息占的比例高。（最多选择 3 项）（　　）

A 健康养生

B 灾害预警

C 娱乐新闻

D 民生热点

E 时事政治

F 爱心帮助

G 其他

Q5：当您对某条信息存疑时，您会（　　）。

A 不做任何表态，只在心中存疑，等待辟谣

B 搜索求证，得知真相后不发布

C 搜索求证，得知真相后，发布消息来辟谣

D 通过转载或口头传播来求证

E 无所谓

Q6：您认为虚假信息的影响是（　　）。

A 散布谣言，扰乱社会秩序，破坏社会稳定

B 毁人名誉，骗人钱财

C 误导民众，扰乱人们正常生活秩序

D 引起经济恐慌，政局动荡

E 无所谓，关系不大

Q7：您或者您周围的人群是否遭遇过网络霸凌？（网络霸凌是借由网际网络，如电子邮件、简讯、聊天室和社交网站，以暴力作势欺凌）（　　）。

A 是

B 否

Q8：面对网络霸凌现象，您会（　　）。

A 无所谓，感觉跟自己关系不大

B 于心不忍，但觉得是大势所趋，不发表任何言论

C 参与其中，偶尔发表意见

D 正义感爆发，发表激烈言论，时时关注

E 其他

Q9：您认为什么情况下更易发生网络霸凌现象？（最多选择3项）（　　）

A 公众人物的八卦事件

B 单纯言论立场不同

C 人际交流中的抗拒及排挤

D 道听途说，以讹传讹

E 看客心理（指人们面对事件像看戏一样，只看事件内容本身，对真实人物缺乏同情的一种不良心理）

F 其他

Q10：您认为现在的网络霸凌会产生什么影响？（　　）。

A 个人隐私权受侵

B 对被霸凌的人造成身心伤害

C 增加社会戾气，不利于构建和谐社会

D 误导缺乏是非辨别能力的青少年

E 社会道德沦丧

F 恶化网络环境

Q11：上网的时候，经常会遇到弹窗广告，广告的内容大多带有一些色情、暴力。您对这种被动式的浏览感觉如何？（　　）

A 很厌恶，直接关掉

B 好奇，有时会点击

C 无所谓

D 比较喜欢

Q12：您认为那些色情、暴力信息对您是否有影响？（比如言语、举止、心理上）（　　）

A 是

B 否

Q13：您认为网络暴力是一种怎样的行为？（　　）

A 情绪发泄

B 盲目地起哄与跟从

C 年轻的冲动与激情

D 正义感的突然爆发以致失控

E 其他

Q14：您认为色情、暴力信息出现的原因是（　　）。

A 发布者唯利是图，缺乏社会责任

B 受众个人自身需要

C 网络审核力度不够

D 伦理道德底线低

E 网络匿名，不需要负责

F 其他

Q15：您认为以下哪些属于网络不文明现象？（　　）

A 发表损害他人名誉或侵犯他人隐私的图片、文字

B 通过网络宣传一些煽动性或极端思想

C 网友在公共平台上进行言语上的相互辱骂

D 发表一些和社会主流思想不符的图片、文字

E 故意违反版规，恶意灌水、爆吧

Q16：您认为以下哪些方法能更好地减少网络不文明现象？（　　）

A 国家有关部门加强监管力度和处罚力度

B 提高个人修养，避免盲目跟风

C 网站管理者加大信息审核的力度，增加清理不良信息的频率

D 实行网络身份实名制

E 顺其自然，让网络自我净化

实践范例四　辩论赛——社会秩序的维系主要靠法律；社会秩序的维系主要靠道德

【实践教学目标】

通过此次辩论赛，促使大学生了解法律和道德的关系，自觉遵守社会秩序，做合法公民。

【实践教学方案】

（1）实践学时：2 学时。

（2）实践地点：多媒体教室。

（3）实践流程：

① 教师课前布置任务，以班级为单位，选一名学生作为主持人，四名学生为评委，其余学生分为两组，一组为正方，一组为反方；

② 每组自行选出主辩手，其他学生可参加自由辩论，辩论时间不超过 50 分钟；

③ 辩论结束后教师进行总结。

【实践教学评价】

（1）实践结果：总结辩论赛过程，思考道德与法律的关系。

（2）实践评价：教师针对辩论赛过程中学生的表现给出评价，评价标准如下：

得分	辩论赛表现
10	踊跃发言，逻辑清晰，发言内容具有说服力，语言表达能力很强
7	踊跃发言，逻辑清晰，发言内容较有说服力，语言表达能力较强
4	发言较少，发言内容较有说服力，语言表达能力一般

【参考资料】

辩论赛规则

一、程序

(1) 辩论赛开始，宣布辩题；

(2) 介绍参赛代表队及所持立场，介绍参赛队员；

(3) 介绍评委及点评嘉宾；

(4) 辩论比赛；

(5) 观众自由提问时间；

(6) 评委及点评嘉宾退席评议；

(7) 评委入席，点评嘉宾评析发言；

(8) 宣布比赛结果，辩论赛结束。

二、细则

（一）时间提示

自由辩论阶段，每方使用时间剩余30秒时，计时员以一次短促的铃声提醒；用时满时，以钟声终止发言。攻辩小结阶段，每方使用时间剩余10秒时，计时员以一次短促的铃声提醒，用时满时，以钟声终止发言。其他阶段，每方队员在用时剩30秒时，计时员以一次短促的铃声提醒，用时满时，以钟声终止发言。终止钟声响时，发言辩手必须停止发言，否则作违规处理。

（二）陈词

提倡即兴陈词，引经据典恰当。

（三）开篇立论

立论要求逻辑清晰，言简意赅。

（四）攻辩

(1) 攻辩由正方二辩开始，正反方交替进行。

(2) 正反方二、三辩参加攻辩。正反方一辩作攻辩小结。正反方二、三辩各有且必须有一次作为攻方；辩方由攻方任意指定，不受次数限制。攻辩双方必须单独完成本轮攻辩，不得中途更替。

(3) 攻辩双方必须正面回答对方问题，提问和回答都要简洁明确。重复提问和回避问题均要被扣分。每一轮攻辩，攻辩角色不得互换，辩方不得反问，攻方也不得回答问题。

(4) 正反方选手站立完成第一轮攻辩阶段，攻辩双方任意一方落座视为完成本次攻辩。攻方可以任意打断。

(5) 每一轮攻辩阶段为1分45秒，攻方每次提问不得超过10秒，每轮必须提出三个以上的问题。辩方每次回答不得超过20秒。用时满时，以钟声终止发言，若攻辩双方尚未完成提问或回答，不做扣分处理。

(6) 四轮攻辩阶段完毕，先由正方一辩再由反方一辩为本队作攻辩小结，限时1分30秒。正反双方的攻辩小结要针对攻辩阶段的态势及涉及内容，严禁脱离比赛实际状况的背稿。

（五）自由辩论

这一阶段，正反方辩手自动轮流发言。发言辩手落座为发言结束既为另一方发言开始的计时标志，另一辩手必须紧接着发言；若有间隙，累积时照常进行。同一方辩手的发言次序不限。如果一方时间已经用完，另一方可以继续发言，也可向主席示意放弃发言。自由辩论提倡积极交锋，对重要问题回避交锋两次以上的一方扣分，对于对方已经明确回答的问题仍然纠缠不放的，适当扣分。

（六）观众提问

正反方各回答两个观众提出的问题，双方除四辩外任意辩手作答，一个问题的回答时间为 1 分钟，如一位辩手的回答用时未满，其他辩手可以补充回答。

（七）结辩

辩论双方应针对辩论会整体态势进行总结陈词；脱离实际，背诵事先准备的稿件，适当扣分。

（八）评选

根据所有辩手的表现，评选出最佳辩手。最佳辩手要求自信大方，有感情，能言善辩。

专题十
弘扬中国精神，传承初心使命

知识点睛

实现中华民族伟大复兴的中国梦，必须弘扬中国精神，这就是以爱国主义为核心的民族精神和以改革创新为核心的时代精神。爱国主义始终是把中华民族坚强团结在一起的精神纽带，改革创新始终是鞭策我们在改革开放中与时俱进的精神力量。当代大学生担当着民族复兴的时代使命，要努力做忠诚的爱国者和走在时代前列的奋进者，用实际行动展现出中国精神的青春风采。“人无精神则不立，国无精神则不强。精神是一个民族赖以长久生存的灵魂，唯有精神上达到一定的高度，这个民族才能在历史的洪流中屹立不倒、奋勇向前。”中华民族能够在 5000 多年的历史长河中生生不息、薪火相传，很重要的一个原因，就是拥有孕育于中华民族悠久辉煌历史文化之中的伟大的中国精神。中国精神作为兴国强国之魂，是实现中华民族伟大复兴不可或缺的精神支撑和精神动力。

中华民族崇尚精神的优秀传统，首先表现在对物质生活与精神生活相互关系的独到理解上，也表现在中国古人对理想的不懈追求上。理想是激励个体的精神内驱力，是凝聚社会整体的精神力量。矢志不渝地坚守理想，是中国古人崇尚精神的典型体现，亦表现在对道德修养和道德教化的重视上。中国传统文化十分强调道德修养和道德教化，古代思想家们不仅对道德修养和道德教化理论进行了系统论述，而且提出了修身养性的具体方法以及家箴家训、乡规民约等教化方式。所有这些，无不表明中华民族自古以来对人的精神世界的高度关注。中华民族崇尚精神的优秀传统，还表现为对理想人格的推崇。

中国共产党是中华民族重精神优秀传统的忠实继承者和坚定弘扬者。在革命、建设、改革各个历史时期，中国共产党都强调要处理好物质和精神的关系，重视发挥人的精神的能动作用，中华民族重精神的优秀传统得到进一步发扬光大。中华人民共和国成立以来特别是改革开放以来，党高度重视精神文明建设，通过加强公民道德建设，开展爱国主义教育、理想信念教育，培育和弘扬民族精神，倡导和践行社会主义核心价值观等，大力提高全体人民的思想追求和精神境界。习近平强调，民族复兴不仅表现为经济腾飞，更要有中国精神的振奋和彰显；只有物质文明建设和精神文明建设都搞好，国家物质力量和精神力量都增强，全国各族人民物质生活和精神生活都改善，中国特色社会主义事业才能顺利向前推进。在实现中华民族伟大复兴的征程中，必须继承中华民族创造的一切精神财富，不断增强团结一心的精神纽带、自强不息的精神动力，提振全民族的精气神，以朝气蓬勃的精神状态迈向中华民族的光明未来。

中国精神是兴国强国之魂。实现中国梦，必须弘扬中国精神，以高扬的精神旗帜为指引，以强大的精神支柱为支撑，团结凝聚全体人民的智慧和力量，为实现中国梦而努力奋斗。

中国精神是凝聚中国力量的精神纽带。推进民族复兴的时代伟业，我们必须有万众一心、众志成城的强大精神凝聚力。人民群众是历史发展和社会进步的主体力量。坚持和发展中国特色社会主义、实现中华民族的伟大复兴，最根本的力量在人民，最强大的力量在团结凝聚起来的人民。弘扬中国精神，对于维系中华民族的生存与发展、维护国家统一和民族团结发挥着重要的凝聚作用。

中国精神是激发创新创造的精神动力。当前，我们正在从事的中国特色社会主义事业是一项前无古人的创造性事业，中国精神作为兴国强国之魂的价值和意义更为凸显。纵观人类发展史，创新始终是一个国家、一个民族发展的重要力量，也始终是推动人类社会进步的重要力量。实现梦想、应对挑战、创造未来，动力从哪里来？只能从发展中来、从改革中来、从创新中来。中国共产党带领人民通过改革开放新的伟大革命开辟了中国特色社会主义道路，使中国大踏步赶上了时代。推进新时代的伟大事业，必须有创新创造、向上向前的强大精神奋发力，勇于变革、勇于创新，永不僵化、永不停滞，使全体人民始终保持昂扬向上的精神状态，为实现中国梦注入强大的精神力量。

中国精神是推进复兴伟业的精神定力。世界上没有一个民族能够亦步亦趋走别人的道路实现自己的发展振兴，也没有一个民族会在心神不定、游移彷徨中成就自己的光荣和梦想。坚持和发展中国特色社会主义，需要我们正确认识当代世界和中国发展大势，正确认识中国特色和国际比较，坚定道路自信、理论自信、制度自信、文化自信。只有自觉弘扬中国精神，增强民族自尊心和自信心，坚定不移走自己的路，才能使全体人民在实现复兴伟业的征途中拥有坚如磐石的精神和信仰力量，不为困难吓倒，不为诱惑所动，不为干扰迷惑，坚定不移把我们的事业不断推向前进，直至光辉的彼岸。

鲁迅曾说："惟有民魂是值得宝贵的，惟有他发扬起来，中国才有真进步。"大学生是民族的希望和祖国的未来，要努力弘扬以爱国主义为核心的民族精神和以改革创新为核心的时代精神，将中国精神转化为青春行动，勇做弘扬和践行中国精神的时代先锋，为国家富强、民族振兴、人民幸福贡献自己的智慧和力量。

实践范例一　观看纪录片《红船精神》

【实践教学目标】

通过观看纪录片《红船精神》，让学生了解开天辟地、敢为人先的首创精神，坚定理想、百折不挠的奋斗精神，立党为公、忠诚为民的奉献精神，促使学生形成坚韧不屈的品格。

【实践教学方案】

（1）实践学时：2 学时。

（2）实践地点：多媒体教室。

（3）实践流程：

① 在观看纪录片之前，教师布置任务，让学生了解红船精神；

② 以教学班为单位，利用多媒体教室，在课堂上组织学生收看纪录片《红船精神》；

③ 观看结束后，教师组织学生进行讨论，让学生谈谈观看后的感受；

④ 学生上交观后感。

【实践教学评价】

（1）实践结果：纪录片《红船精神》观后感。

（2）实践评价：教师针对学生课堂讨论情况，以及观后感的质量对学生的实践活动做出评价，评价标准如下：

得分	课堂研讨	观后感写作
10	课堂上积极参与讨论	观后感内容丰富，有自己的见解
8	课堂上能够参与讨论	观后感内容丰富，有自己的见解
5	课堂上较少参与谈论	观后感内容空洞，无自己见解
2	课堂上没有参与谈论	观后感内容空洞，无自己见解

【参考资料】

红船精神

1921 年 8 月 3 日，中国共产党第一次全国代表大会在南湖的一艘画舫上完成了最后的议程，庄严宣告中国共产党成立。南湖从此成为党的诞生地，全国人民向往的革命圣地，中国红色旅游之源。

视频 10-1
红船精神

1921 年 7 月 23 日，中国共产党第一次全国代表大会在上海的原望志路 106 号（现在的兴业路 76 号）秘密召开，出席大会的代表有 13 位，分别是上海代表李达、李汉俊，北京代表张国焘、刘仁静，武汉代表董必武、陈潭秋，长沙代表毛泽东、何叔衡，济南代表王尽美、邓恩铭，广州代表陈公博，旅日共产主义小组代表周佛海，以及陈独秀指派代表包惠僧。共产国际代表马林和共产国际代表尼柯尔斯基也出席了会议。7月30日，会议遭到了法租界巡捕的袭扰，被迫中止。代表们曾多次商量，以重新确定继续会议的地点，都是因为意见不统一而定不下来。李达的夫人王会悟提出建议：将会议转移到嘉兴南湖继续进行。王会悟是嘉兴桐乡乌镇人，对南湖一带的情况比较熟悉，她向会议代表提出建议：以游客的身份到南湖边游湖边开会，比较好打掩护。代表们很快采纳了她的建议，并由她安排把会议转移到嘉兴南湖继续进行。就这样，历史选择了嘉兴南湖。

8月2日，王会悟与董必武、毛泽东、陈潭秋等一行，坐火车提前一天到达嘉兴，在鸳湖旅馆开了两个房间作为代表们的歇脚之处，并请当时的账房先生租用一艘画舫。当时租画舫共花了八块大洋，其中三块大洋用于代表们在船上的一顿午饭，其余五块大洋是租船的费用。王会悟等人曾事先上烟雨楼察看过地形，商定了开会时将游船撑到离湖心岛东南方向约200公尺的水面上，因为那里比较僻静，便于续会和警卫。第二天，其余代表从上海的北站出发，乘7时35分的早班火车，在上午10时25分抵达嘉兴。广州代表陈公博因其住宿的旅馆在上晚发生了枪杀事件，误以为事件是冲着他来的，心里感到十分害怕，于是便带着他的新婚妻子去了杭州西湖。马林和尼柯尔斯基因为是外国人，容易暴露目标，也没有出席南湖的续会。其他代表在王会悟的引导下，在嘉兴东门的狮子汇渡口登上摆渡船，到了南湖就换乘了这艘画舫。当时还特意准备了一副麻将牌，以掩人耳目。下午3点以后，湖上游船逐渐增多，留声机里唱京戏的声音时隐时现。5点左右，湖面上突然一艘汽艇开得很快，王会悟立刻敲窗报警，代表们以为是当局的巡逻艇，立即停会，并且将早已准备好的麻将牌推倒在桌上，假装打起麻将来。后来去了解了一下，知道是一家绅士为自己的儿子办喜事，开着汽艇在南湖兜风，代表们知道这一真相后，马上解除警报，会议继续进行。南湖的续会在中午十一时左右开始进行，到下午六时左右会议圆满结束。

中共“一大”南湖续会审议并通过中国共产党第一个《纲领》和中国共产党第一个《决议》，经过与会代表的无记名投票，选举产生了中央局领导机构：陈独秀为中央局书记（尽管陈独秀没有参加中共“一大”，但是由于他在“五四”时期的巨大影响和声望，以及在建党时期的特殊贡献，代表们还是一致选举了陈独秀为中央局书记）、李达分管宣传、张国焘分管组织，中国共产党庄严向全世界宣告正式成立，最后全体代表紧握右拳低声呼出时代的最强音“共产党万岁！第三国际万岁！共产主义万岁！”

至此“一个完全新型的，以共产主义为目的，以马克思列宁主义为行动指南的统一的无产阶级政党，已经诞生在中国的大地上”！从此南湖成为重要的革命纪念地，南湖红船也成了今天中国红色之旅的源头。

2005年6月21日，现任中共中央总书记、中共中央军委主席、中华人民共和国主席、中华人民共和国军委主席、时任浙江省委书记习近平在《光明日报》上刊发5000多字的署名文章《弘扬“红船精神”走在时代前列》，系统阐述“红船精神”，认为“红船精神”是中国革命精神之源。他将“红船精神”的内涵高度提炼为：开天辟地、敢为人先的首创精神，坚定理想、百折不挠的奋斗精神，立党为公、忠诚为民的奉献精神。

一条小船，诞生一个大党，“红船精神”同井冈山精神、长征精神、延安精神、西柏坡精神等一起，伴随中国革命的光辉历程，共同构成党在前进道路上战胜各种困难和风险、不断夺取新胜利的强大精神力量和宝贵精神财富，蕴含着极其丰富且博大精深的内涵。

革命和建设没有现成路可走，没有现成模式可循，正如邓小平同志所说：革命和建设都要走自己的路。开辟新路就需要有“敢为人先”的气魄和胆识，需要有勇往直前、百折不挠的勇气和毅力。在中国人探求救国救民的道路上，无数仁人志士前仆后继，但不管是农民阶级也好，资产阶级也好，都不能领导民主革命取得胜利。先进的中国人逐渐觉悟到必须另外探索救国救民的新道路。十月革命一声炮响，给中国送来了马克思主义，使中国产生了民族解放的新希望。中国的先进分子接受了马克思主义，并逐步与中国工人运动相结合，中国共产党应运而生了。以此为起点，开辟了一条前所未有的革命道路，最终取得了新民主主义革命的伟大胜利。

理想信念是思想和行动的“总开关”“总闸门”，是一个人的精神支柱，也是一个政党、一个民族的精神支柱。最可怕的敌人，就是没有坚定的信念。坚定的理想、执着的信念是早期共产主义先进分子战胜一切困难的力量源泉。在共产主义的传播过程中，反动势力视之为洪水猛兽。在党的第一次代表大会召开过程中，又遭到敌人暗探的袭扰。但先进的中国人坚持理想信念，顺利完成了党的创建任务。之后，党在长期艰苦卓绝的奋斗中，历经曲折而不畏艰险，屡受考验而不变初衷，靠着坚定的理想信念和百折不挠的革命精神，由小到大，由弱变强。

为了完成“民族独立和人民解放”“国家繁荣富强和人民共同富裕”这两大历史任务，中国共产党从诞生那天起，就没有自己的私利，而是以全心全意为人民谋福利为根本宗旨。经过28年的浴血奋斗，建立了新中国，人民过上了当家做主的日子。在社会主义革命和建设、改革开放的进程中，共产党人始终牢记“权为民所用、情为民所系、利为民所谋”，以实现好、维护好、发展好人民的根本利益为己任，始终保持同人民群众的血肉联系，因此中国共产党也成为在全国掌握政权并长期执政的执政党，带领全国人民走上了全面建设小康社会的伟大征途。

资料2

井冈山精神

井冈山精神产生于开创井冈山革命根据地的伟大实践。1921年中国共产党建立，从此中国革命的面貌一新。中共一大、二大、三大、四大，以马列主义为指导，结合中国实际，认真探索民主革命的规律，逐步摸清了新民主主义革命进程中的若干问题。从不同角度深化了对中国民主革命的认识。这些论述，正确地提出了反帝反封建的民主革命纲领。1924年，国共实现第一次合作，工农运动得到大发展，北伐战争节节胜利，沉重打击了帝国主义及其走狗北洋军阀的反动统治，锻炼了中国共产党和工人阶级，扩大了党在人民群众中的影响，为即将到来的土地革命准备了条件。但是，1927年，轰轰烈烈的大革命失败了。叛变革命的国民党按照蒋介石“宁可枉杀一千，不可使一人漏网”的旨意，对共产党人和革命群众进行了疯狂地屠戮。革命志士的血没有白流，中国共产党从中深刻懂得了一定要掌握枪杆子，有一支自己独立领导的革命军队的极端重要性和紧迫性。八一南昌起义打响了武装反抗国民党反动派的第一枪，接着，秋收起义、广州起义、百色起义等，这些标志着中国共产党开始了创建红军的历史新时期。其中，毛泽东领导的秋收起义为中国共产党开辟一条崭新的民主革命道路，作出了具有开拓性的贡献。根据中共八七会议的决定，1927 年 9 月 9 日，毛泽东以中共中央特派员的身份，率领以工农革命军为骨干的五千人发动了秋收起义。由于敌强我弱，起义受挫，是继续强攻大城市长沙、以卵击石，还是转向敌人力量薄弱的地区，暂时保存自己，另谋远图，成了当时问题的焦点。毛泽东力排众议，从敌大我小的实际出发，说服部队向敌人力量弱小的边僻的农村转移，取道萍乡，沿罗霄山，向南进攻。自文家市放弃打长沙的计划，到 9 月 29 日永新村三湾改编，一系列决策和行动表明，这支红军力量实际上已经开始踏上了一条中国式的民主革命的独特道路。10 月 27 日，部队服从党组织的领导开到兰花坪茨坪，把革命红旗插上了罗霄山中段的井冈山。井冈山地处湘赣两省的边陲之地，边界数县高山丘陵起伏连绵，远离中心城市，是敌人统治力量鞭长莫及的地区，而便于革命力量得以保存和发展；边界自然条件有独到之处，气候适宜、动植物的生长条件良好，可以为部队提供一定的物资给养；这里还有扎实的群众基础，大革命时期，边界党组织曾获得过发展，农民协会力量壮大，掀起了打土豪分田地的红色风暴。毛泽东率领秋收起义部队，经过大小十余次战斗，在这一带安营扎寨，完成了事关革命大局的战略转移，开始了为创建井冈山革命根据地而艰苦卓绝的斗争。1928 年 4 月，朱德、陈毅率南昌起义残部与毛泽东会师，两军计万余人，改为中国工农红军第四军。从此，在毛泽东、朱德的领导下，井冈山根据地大力发展党组织，深入开展土地革命斗争，巩固扩大红军力量，建立湘赣边界工农政权，成为中国共产党领导的革命武装第一个立足点。它是马列主义与中国革命实际相结合的产物，是中国共产党和人民集体智慧的结晶，是中国共产党领导的民主革命进程中第一座历史丰碑。与此相应，通过艰苦奋斗，开创中国式民主革命道路的革命精神就是井冈山精神。

在巩固和发展井冈山革命根据地的斗争实践中，红军创造了人民军队建设的一系列重要经验，形成了以“胸怀理想、坚定信念，实事求是、勇闯新路，艰苦奋斗、敢于胜利，依靠群众、无私奉献”为主要内容的井冈山精神，对中国革命的进程产生了广泛而深刻的影响。

资料3

长征精神

长征精神是中国共产党在二万五千里长征中创造的革命精神。1934—1936 年中国工农红军经历的二万五千里长征是人类战争史上的奇迹。红军指战员在长征途中表现出对革命理想和事业无比的忠诚、坚定的信念，表现出不怕牺牲、敢于胜利的无产阶级革命乐观主义精神，表现出顾全大局、严守纪律、亲密团结的高尚品德，创造了伟大的长征精神。集中体现为：坚忍不拔，自强不息，勇往直前。最显著特点是“一不怕苦，二不怕死”的革命英雄主义精神。长征精神是中华民族百折不挠、自强不息的民族精神的最高表现，是保证我们革命和建设事业走向胜利的强大精神力量。

视频 10-2
长征精神

长征是中华民族不屈不挠精神的典范。纵观整个长征的过程：四渡赤水河，巧渡金沙江，飞夺泸定桥，强渡大渡河，爬雪山，过草地……每一个战略方向的改变，每一项战略任务的确定，每一次战斗胜利的取得，无不体现出中国红军将士“大无畏”，不怕艰难困苦，永久坚持的精神。红军的大无畏不怕牺牲的精神，永远激励着我们前进！

长征是人类历史上艰苦奋斗精神的楷模。长征途中，红军将士面对的是一条条波涛汹涌的大河，一座座巍然耸立的雪山，一片片茫无涯际的草地，前有敌军，后有追兵，可就是在这敌军围困万千重的逆境中，红军转战两万五千里，终于从 100 万的敌人中杀出了一条生路。谱写出一曲曲动人的“永久奋斗”的革命乐章。

长征是充满着无私奉献精神的史诗。无论是难以自拔的沼泽，还是茫茫无际的草地；无论是皑皑白雪，还是飞机大炮；无论是酷暑严寒，还是饥饿干渴……红军将士都抱定全心全意为人民服务的宗旨，以坚忍不拔的毅力，与穷凶极恶的敌人展开殊死搏斗，将生的希望让给别人，死的威胁留给自己。

一个国家，一个民族，乃至一个团体，只要有艰苦奋斗的精神，实事求是，无私奉献，就能够成就事业，创造辉煌。我们进行的社会主义现代化建设，是新的长征。走在新长征路上，我们应继承和发扬当年红军长征的精神，把长征这份宝贵的精神财富变成推动我们各项事业前进的巨大力量。红军长征的路是艰苦的、漫长的；新长征的路会更艰苦、更漫长。因此，我们回忆长征、纪念长征，就是要更好地继承和弘扬红军长征精神，把红军长征留给我们的宝贵精神财富一代一代传下去，万众一心、艰苦奋斗，争取社会主义现代化建设“新长征”的胜利。

艰苦奋斗是中华民族的传统美德，是我们党领导和团结人民进行革命、建设和改革的强大精神动力。然而，有些党员认为生活水平提高了，没必要讲艰苦奋斗了，因此贪图安逸、追求享乐，讲排扬、摆阔气，生活高标准、工作低要求，特别是有少数党员领导干部过着纸醉金迷的奢侈腐朽生活，甚至坠入了违法犯罪的深渊，如果这种现象任其不断扩大和蔓延，势必严重侵蚀党的肌体，破坏党群关系。所以，在新形势下，要保持共产党员先进性，艰苦奋斗作风不能丢。

保持和发扬艰苦奋斗的作风，才能进一步坚定理想信念。共产主义理想和社会主义信念，是共产党人崇高的追求和强大的精神支柱。在革命战争年代，革命前辈在井冈山如果不发扬以门板当床、稻草做被的艰苦奋斗作风，就难以点燃革命的星星之火；在长征路上如果不发扬爬雪山过草地、嚼草根吃树皮的艰苦奋斗作风，就难以使中国革命转危为安；在延安如果不发扬自力更生、奋发图强的艰苦奋斗作风，就难以取得抗战胜利；当年如果我们共产党人没有艰苦奋斗、勇于胜利的精神，就难以实现推翻三座大山、建立社会主义新中国的革命理想。同样，在改革开放的今天，我们仍然要靠艰苦奋斗精神战胜前进道路上的各种困难，并不断丰富艰苦奋斗的内涵，将崇高理想与现实工作统一起来，使之不断地与时俱进。

改革开放和现代化建设是人民群众的事业，也只有人民群众的广泛参与才能取得成功。大力推进各项创新，就要不折不扣地走群众路线，真正做到“执政为民”。要尊重群众的首创精神，将人民群众中蕴藏的积极性、主动性和创造性保护好、发挥好。实现这种结合，就要弘扬“永久奋斗”的精神，把我们的事业不断推向前进。“永久奋斗”，是毛泽东同志1939年5月30日，在延安庆贺模范青年大会上讲话的标题。他号召全体共产党员、模范青年要把革命干到底，要有不达目的誓不罢休的气概。今天，在历史的机遇和挑战面前，我们更加需要这种“永久奋斗”的精神。机遇是什么？机遇从来都是对挑战的胜利。战胜挑战，就是机遇；被挑战所压倒，就是失败。我们要有勇气战胜各种挑战，在世界范围内综合国力的激烈较量中，不掉队，并迎头赶上，需要我们“永久奋斗”，绝不可半途而废。振兴中华是一个伟大的历史过程。今天我们所做的一切，只是万里长征的第一步。“永久奋斗”，就是要求共产党人成为一个彻底的唯物主义者。“永久奋斗”的精神和忧患意识是相辅相成的。缺乏忧患意识，就没有远见卓识，在困难和挫折面前就会惊慌失措、陷入被动，甚至导致事业的失败。对于一个政党、国家和民族来说，忧患意识是成熟的表现。生于忧患，死于安乐，这是被历史反复证明的真理。

我们相信，在新的历史时期，同时代精神结合起来的长征精神，将激励中华民族实现伟大的振兴！

实践范例二　课堂讨论——中国优秀传统文化的继承和发扬

【实践教学目标】

通过讨论，让学生深刻认识到文化是民族的灵魂，继承和发扬本民族文化具有重要的作用。

【实践教学方案】

（1）实践学时：2学时。

（2）实践地点：多媒体教室。

（3）实践流程：

① 教师提前布置任务，让学生思考如何继承和发扬优秀传统文化，学生自行分组讨论；

② 利用课堂时间学生汇报本小组的讨论情况；

③ 教师对学生的发言进行总结。

【实践教学评价】

（1）实践结果：PPT汇报。

（2）实践评价：教师针对学生的汇报情况进行评价，评价标准如下：

得分	PPT内容	PPT制作	汇报情况
10	PPT 内容丰富，理论实践相结合，贴近实际	PPT制作精美	发言人准备充分，语言流畅，并有本小组自己的见解
7	PPT 内容丰富，理论实践相结合，贴近实际	PPT制作精美	发言人准备充分，语言流畅，没有本小组自己的见解
4	PPT 内容不够丰富，没有把理论和实践相结合	PPT制作一般	发言人准备不够充分，没有本小组自己的见解

【参考资料】

民族的灵魂——文化

文化是一个国家、一个民族的灵魂。文化兴则国运兴，文化强则民族强。文化蕴含着人类的智慧、价值追求和审美情趣，文化的核心是价值观。举凡适应先进生产力发展要求、代表人民群众长远利益、顺应人类文明发展趋势的文化，都能起到促进社会进步和发展的作用。在人类历史发展中，先进文化是有效解决人类社会生存和发展中各种矛盾的精神武器。文化对社会发展的重要作用主要表现在：其一，文化为社会发展提供思想保证。作为一定经济、政治的反映，文化必然发挥维护或批判现实社会的功能，并影响着社会发展的方向。先进文化为社会发展指明变革方向并能够保证社会沿着正确方向前进。中国特色社会主义文化积淀着中华民族最深层的精神追求，代表着中华民族独特的精神标识，是中国人民胜利前行的强大精神力量。其二，文化为社会发展提供精神动力。中国特色社会主义文化是凝聚和激励全国各族人民的重要力量。习近平指出："中华民族从来不是一帆风顺的，遇到了无数艰难困苦，但我们都挺过来、走过来了，其中一个很重要的原因就是世世代代的中华儿女培育和发展了独具特色、博大精深的中华文化，为中华民族克服困难、生生不息提供了强大精神支撑。"红船精神、井冈山精神、长征精神、延安精神、大庆精神、焦裕禄精神、"两弹一星"精神、航天精神等，就在中国革命、建设、改革过程中发挥了巨大的精神动力作用。其三，文化为社会发展提供凝聚力量。社会力量的凝聚有赖于文化认同，文化通过它在社会中占主导地位的思想道德观念和规范体系，整合和统一其他思想道德观念，教化社会成员，规范人们行为，保持社会认同，凝聚社会共识，促进民族意识和民族精神的形成。"中华文化既坚守本根又不断与时俱进，使中华民族保持了坚定的民族自信和强大的修复能力，培育了共同的情感和价值、共同的理想和精神。"它是全体中华儿女共同的精神家园，是中国人民增强国家认同和社会认同的强大力量。其四，文化为社会发展提供智力支持。文化主要是脑力劳动和智力活动的产物，体现着人类认识世界的科学成果，并对人们改造世界的活动具有智力支撑作用。不论是自然科学还是哲学社会科学，都是人类的科学文化成果，都有助于提高劳动者的素质、管理水平和创新能力，从而促进生产力发展和社会全面进步。其中，哲学社会科学是文化的重要组成部分，其发展水平反映了一个民族的思维能力、精神品格、文明素质，体现了一个国家的综合国力和国际竞争力。哲学社会科学的发展水平和繁荣程度，是一个民族综合素质和国家文化软实力的重要体现和突出标志。一个国家的发展水平既取决于自然科学发展水平，也取决于哲学社会科学发展水平。一个没有发达的自然科学的国家不可能走在世界前列，一个没有繁荣的哲学社会科学的国家也不可能走在世界前列。

——《马克思主义基本原理概论》2018年版

专题十一
增强法律意识，自觉遵守法律

知识点睛

法治是现代文明的制度基石。法治兴则国家兴，法治衰则国家乱。建设法治中国，离不开每个公民的参与和推动。在全面依法治国、建设法治中国的进程中，大学生肩负着重要责任。大学生要担当民族复兴大任，不仅要加强思想道德修养，而且要努力提高法治素养。这就需要进一步学习马克思主义法学理论，深刻理解社会主义法律的本质特征和运行机制，整体把握中国特色社会主义法律体系、法治体系和法治道路的精髓，培养法治思维，尊重和维护法律权威，依法行使权利与履行义务，以实际行动带动全社会崇德向善，努力做尊法学法守法用法的模范。

我国社会主义法律的本质特征。我国社会主义法律体现了党的主张和人民意志的统一。我国社会主义法律既具有鲜明的阶级性，又具有广泛的人民性，体现了阶级性与人民性的统一，制定法律的权力属于人民。社会主义法律维护人民的根本利益，巩固中国共产党的领导地位，体现了党的主张和人民意志的统一。我国社会主义法律具有科学性和先进性。我国社会主义法律反映的不是少数人的特殊利益，而是全体人民的共同利益，尽管其具体内容会随着经济社会的发展而调整变化，但它与历史发展的基本方向和规律是一致的。因此，从本质上说，我国社会主义法律更能尊重和反映社会发展规律，具有科学性和先进性。

我国社会主义法律是中国特色社会主义建设的重要保障。法的社会作用是从法在社会生活中要实现的目的角度来认识的。我国法律的社会作用体现了社会主义的本质要求，经济发展、政治清明、文化昌盛、社会公正、生态良好，都离不开社会主义法律的引领、规范和保障。经济建设方面，我国法律维护和巩固社会主义经济制度，促进社会主义市场经济持续健康发展，保障现代化经济体系建设顺利推进。政治建设方面，我国法律维护和巩固社会主义政治制度，保障社会主义民主政治顺利推进，保证人民享有广泛的民主权利和自由，巩固人民民主专政。文化建设方面，我国法律巩固社会主义意识形态，维护社会主义核心价值观，弘扬社会主义道德，促进文化事业和文化产业的发展，推动社会主义文化繁荣兴盛。社会建设方面，我国法律确保让改革发展成果更多更公平惠及全体人民，促进社会公平正义，形成有效的社会治理、良好的社会秩序，使人民获得感、幸福感、安全感更加充实、更有保障、更可持续。生态文明建设方面，我国法律倡导尊重自然、顺应自然、保护自然的理念，引导形成节约资源和保护环境的空间格局、产业结构、生产方式、生活方式，推动绿色发展，促进人与自然和谐共生。

自觉尊法学法守法用法，要落实到依法行使权利与履行义务上。大学生应依法行使权利和履行义务，妥善处理学习、生活中遇到的法律问题和各种矛盾，也是提高自己法治素养的途径。依法行使法律权利，是体现权利正当性和保障权利实现的充分必要条件。在日常生活中，人们行使任何权利、做任何事情都不能超越法律界限。

我国宪法法律规定了公民享有一系列权利，主要包括政治权利、人身权利、财产权利、社会经济权利、宗教信仰及文化权利等。政治权利主要包括：一是选举权利，即选举权与被选举权。二是表达权，即公民依法享有的表达自己对国家公共生活的看法、观点、意见的权利。三是民主管理权，即公民根据宪法法律规定，管理国家事务、经济和文化事业以及社会事务的权利。四是监督权，即公民依据宪法法律规定监督国家机关及其工作人员活动的权利。人身权利主要包括：一是生命健康权，即维持生命存在的权利。二是人身自由权。三是人格尊严权。四是住宅安全权也称住宅不受侵犯权，即公民居住、生活、休息的场所不受非法侵入或搜查的权利。五是通信自由权。财产权利，是指公民、法人或其他组织通过劳动或其他合法方式取得财产和占有、使用、收益、处分财产的权利。社会经济权利，是指公民要求国家根据社会经济的发展状况，积极采取措施干预社会经济生活，加强社会建设，提供社会服务，以促进公民的自由和幸福，保障公民过上健康而有尊严的生活的权利。社会经济权利主要包括：一是劳动权；二是休息权；三是社会保障权；四是物质帮助权。宗教信仰及文化权利，是指公民依法享有的与宗教信仰活动和文化生活相关联的自由和权利的总称，主要包括宗教信仰自由、文化教育权等。

法律权利的行使，必须伴随着法律义务的履行。除了在各个部门法中规定了公民的法律义务外，我国宪法特别规定了公民的基本义务，具体包括：维护国家统一和全国各民族团结的义务；遵守宪法和法律，保守国家秘密、爱护公共财产、遵守劳动纪律、遵守公共秩序、尊重社会公德的义务；维护祖国安全、荣誉和利益的义务；保卫祖国、抵抗侵略和依法服兵役、参加民兵组织的义务；依法纳税的义务。此外，公民还有劳动的义务和受教育的义务，夫妻双方有实行计划生育的义务，父母有抚养教育未成年子女的义务，成年子女有赡养扶助父母的义务等。

实践范例一　大学生法律意识调研

【实践教学目标】

通过调研，了解大学生对法律知识的了解程度，是否能运用法律维护自己的利益。

【实践教学方案】

（1）实践学时：2 学时。

（2）实践地点：本校校园内。

（3）实践流程：

① 将学生分组，每组 3 ～ 5 人，学生自行分工；

② 在教师的指导下学生设计调查问卷；

③ 学生发放并收回调查问卷，对问卷进行整理和分析；

④ 撰写调研报告。

【实践教学评价】

（1）实践结果：撰写调研报告。

（2）实践评价：教师针对学生的调研报告给出评价，评价标准如下：

得分	调研报告
10	内容翔实，格式正确，对问题进行分析并提出解决方法
7	内容翔实，格式正确，对问题进行分析，但没有提出解决方法
4	内容翔实，格式正确，没有分析问题和提出解决方法

【参考资料】

大学生法律意识调查问卷

感谢您抽出宝贵的时间填写调查问卷，请认真填写，感谢您的参与！

Q1：您是哪个年级的学生？（　　）

A 大一

B 大二

C 大三

D 大四

Q2：在您所有的经历中，曾经运用过法律途径解决纠纷吗？（　　）

A 有

B 没有

Q3：您能区分违法和犯罪吗？（　　）

A 能

B 大部分能

C 不一定能

D 不能

Q4：您认为目前法律学习中的主要问题是（　　）。

A 能运用所学法律知识并解决现实问题

B 懂得法律知识但不会实际运用

Q5：您是否关注国家的立法活动或是法律报告？（　　）

A 经常

B 偶尔

C 从不

Q6：《中华人民共和国劳动法》里规定的试用期最长时限是（　　）。

A 三个月

B 六个月

C 一年

Q7：我国最高的立法机构是（　　）。

A 国务院

B 全国人民代表大会

C 人民政协

D 最高人民法院

Q8：全国法制宣传日是哪一天？（　　）

A 3 月 15 日

B 11 月 1 日

C 12 月 1 日

D 12 月 4 日

Q9：《中华人民共和国宪法》是我国的什么法？（　　）

A 基本法

B 权威法

C 根本法

D 基础法

Q10：如果您与他人发生纠纷，您通过哪种途径解决？（　　）

A 双方和平协商解决

B 找关系或中间人解决

C 向法院提起诉讼

实践范例二　普法宣传

【实践教学目标】

通过普法宣传，促使学生深入了解法律知识，自觉树立法律意识。

【实践教学方案】

（1）实践学时：2 学时。

（2）实践地点：本校校园内或学校附近社区。

（3）实践流程：

① 以行政班为单位，学生自主学习法律知识，制作调查问卷和普法宣传单；

② 教师提前与社区委员会联系，取得社区人员的配合；

③ 学生发放调查问卷和宣传单；

④ 宣传结束后，撰写报告。

【实践教学评价】

（1）实践结果：撰写报告。

（2）实践评价：教师针对学生普法宣传情况和报告给出评价，评价标准如下：

得分	报告	普法情况
10	内容翔实，格式正确，对问题进行分析并提出解决方法	准备充分，活动开展很好
7	内容翔实，格式正确，对问题进行分析，但没有提出解决方法	准备充分，活动开展较好
4	内容翔实，格式正确，没有分析问题和提出解决方法	准备不充分，活动开展一般

【参考资料】

中华人民共和国民法典第四编——人格权

第一章　一般规定

第九百八十九条　本编调整因人格权的享有和保护产生的民事关系。

第九百九十条　人格权是民事主体享有的生命权、身体权、健康权、姓名权、名称权、肖像权、名誉权、荣誉权、隐私权等权利。

除前款规定的人格权外，自然人享有基于人身自由、人格尊严产生的其他人格权益。

第九百九十一条　民事主体的人格权受法律保护，任何组织或者个人不得侵害。

第九百九十二条　人格权不得放弃、转让或者继承。

第九百九十三条　民事主体可以将自己的姓名、名称、肖像等许可他人使用，但是依照法律规定或者根据其性质不得许可的除外。

第九百九十四条　死者的姓名、肖像、名誉、荣誉、隐私、遗体等受到侵害的，其配偶、子女、父母有权依法请求行为人承担民事责任；死者没有配偶、子女且父母已经死亡的，其他近亲属有权依法请求行为人承担民事责任。

第九百九十五条 人格权受到侵害的，受害人有权依照本法和其他法律的规定请求行为人承担民事责任。受害人的停止侵害、排除妨碍、消除危险、消除影响、恢复名誉、赔礼道歉请求权，不适用诉讼时效的规定。

第九百九十六条 因当事人一方的违约行为，损害对方人格权并造成严重精神损害，受损害方选择请求其承担违约责任的，不影响受损害方请求精神损害赔偿。

第九百九十七条 民事主体有证据证明行为人正在实施或者即将实施侵害其人格权的违法行为，不及时制止将使其合法权益受到难以弥补的损害的，有权依法向人民法院申请采取责令行为人停止有关行为的措施。

第九百九十八条 认定行为人承担侵害除生命权、身体权和健康权外的人格权的民事责任，应当考虑行为人和受害人的职业、影响范围、过错程度，以及行为的目的、方式、后果等因素。

第九百九十九条 为公共利益实施新闻报道、舆论监督等行为的，可以合理使用民事主体的姓名、名称、肖像、个人信息等；使用不合理侵害民事主体人格权的，应当依法承担民事责任。

第一千条 行为人因侵害人格权承担消除影响、恢复名誉、赔礼道歉等民事责任的，应当与行为的具体方式和造成的影响范围相当。

行为人拒不承担前款规定的民事责任的，人民法院可以采取在报刊、网络等媒体上发布公告或者公布生效裁判文书等方式执行，产生的费用由行为人负担。

第一千零一条 对自然人因婚姻家庭关系等产生的身份权利的保护，适用本法第一编、第五编和其他法律的相关规定；没有规定的，可以根据其性质参照适用本编人格权保护的有关规定。

第二章 生命权、身体权和健康权

第一千零二条 自然人享有生命权。自然人的生命安全和生命尊严受法律保护。任何组织或者个人不得侵害他人的生命权。

第一千零三条 自然人享有身体权。自然人的身体完整和行动自由受法律保护。任何组织或者个人不得侵害他人的身体权。

第一千零四条 自然人享有健康权。自然人的身心健康受法律保护。任何组织或者个人不得侵害他人的健康权。

第一千零五条 自然人的生命权、身体权、健康权受到侵害或者处于其他危难情形的，负有法定救助义务的组织或者个人应当及时施救。

第一千零六条 完全民事行为能力人有权依法自主决定无偿捐献其人体细胞、人体组织、人体器官、遗体。任何组织或者个人不得强迫、欺骗、利诱其捐献。

完全民事行为能力人依据前款规定同意捐献的，应当采用书面形式，也可以订立遗嘱。

自然人生前未表示不同意捐献的，该自然人死亡后，其配偶、成年子女、父母可以共同决定捐献，决定捐献应当采用书面形式。

第一千零七条 禁止以任何形式买卖人体细胞、人体组织、人体器官、遗体。

违反前款规定的买卖行为无效。

第一千零八条 为研制新药、医疗器械或者发展新的预防和治疗方法，需要进行临床试验的，应当依法经相关主管部门批准并经伦理委员会审查同意，向受试者或者受试者的监护人告知试验目的、用途和可能产生的风险等详细情况，并经其书面同意。

进行临床试验的，不得向受试者收取试验费用。

第一千零九条 从事与人体基因、人体胚胎等有关的医学和科研活动，应当遵守法律、行政法规和国家有关规定，不得危害人体健康，不得违背伦理道德，不得损害公共利益。

第一千零一十条 违背他人意愿，以言语、文字、图像、肢体行为等方式对他人实施性骚扰的，受害人有权依法请求行为人承担民事责任。

机关、企业、学校等单位应当采取合理的预防、受理投诉、调查处置等措施，防止和制止利用职权、从属关系等实施性骚扰。

第一千零一十一条 以非法拘禁等方式剥夺、限制他人的行动自由，或者非法搜查他人身体的，受害人有权依法请求行为人承担民事责任。

第三章　姓名权和名称权

第一千零一十二条 自然人享有姓名权，有权依法决定、使用、变更或者许可他人使用自己的姓名，但是不得违背公序良俗。

第一千零一十三条 法人、非法人组织享有名称权，有权依法决定、使用、变更、转让或者许可他人使用自己的名称。

第一千零一十四条 任何组织或者个人不得以干涉、盗用、假冒等方式侵害他人的姓名权或者名称权。

第一千零一十五条 自然人应当随父姓或者母姓，但是有下列情形之一的，可以在父姓和母姓之外选取姓氏：

（一）选取其他直系长辈血亲的姓氏；

（二）因由法定扶养人以外的人扶养而选取扶养人姓氏；

（三）有不违背公序良俗的其他正当理由。

少数民族自然人的姓氏可以遵从本民族的文化传统和风俗习惯。

第一千零一十六条 自然人决定、变更姓名，或者法人、非法人组织决定、变更、转让名称的，应当依法向有关机关办理登记手续，但是法律另有规定的除外。

民事主体变更姓名、名称的，变更前实施的民事法律行为对其具有法律约束力。

第一千零一十七条 具有一定社会知名度，被他人使用足以造成公众混淆的笔名、艺名、网名、译名、字号、姓名和名称的简称等，参照适用姓名权和名称权保护的有关规定。

第四章　肖像权

第一千零一十八条　自然人享有肖像权，有权依法制作、使用、公开或者许可他人使用自己的肖像。

肖像是通过影像、雕塑、绘画等方式在一定载体上所反映的特定自然人可以被识别的外部形象。

第一千零一十九条　任何组织或者个人不得以丑化、污损，或者利用信息技术手段伪造等方式侵害他人的肖像权。未经肖像权人同意，不得制作、使用、公开肖像权人的肖像，但是法律另有规定的除外。

未经肖像权人同意，肖像作品权利人不得以发表、复制、发行、出租、展览等方式使用或者公开肖像权人的肖像。

第一千零二十条　合理实施下列行为的，可以不经肖像权人同意：

（一）为个人学习、艺术欣赏、课堂教学或者科学研究，在必要范围内使用肖像权人已经公开的肖像；

（二）为实施新闻报道，不可避免地制作、使用、公开肖像权人的肖像；

（三）为依法履行职责，国家机关在必要范围内制作、使用、公开肖像权人的肖像；

（四）为展示特定公共环境，不可避免地制作、使用、公开肖像权人的肖像；

（五）为维护公共利益或者肖像权人合法权益，制作、使用、公开肖像权人的肖像的其他行为。

第一千零二十一条　当事人对肖像许可使用合同中关于肖像使用条款的理解有争议的，应当作出有利于肖像权人的解释。

第一千零二十二条　当事人对肖像许可使用期限没有约定或者约定不明确的，任何一方当事人可以随时解除肖像许可使用合同，但是应当在合理期限之前通知对方。

当事人对肖像许可使用期限有明确约定，肖像权人有正当理由的，可以解除肖像许可使用合同，但是应当在合理期限之前通知对方。因解除合同造成对方损失的，除不可归责于肖像权人的事由外，应当赔偿损失。

第一千零二十三条　对姓名等的许可使用，参照适用肖像许可使用的有关规定。

对自然人声音的保护，参照适用肖像权保护的有关规定。

第五章　名誉权和荣誉权

第一千零二十四条　民事主体享有名誉权。任何组织或者个人不得以侮辱、诽谤等方式侵害他人的名誉权。

名誉是对民事主体的品德、声望、才能、信用等的社会评价。

第一千零二十五条　行为人为公共利益实施新闻报道、舆论监督等行为，影响他人名誉的，不承担民事责任，但是有下列情形之一的除外：

（一）捏造、歪曲事实；

（二）对他人提供的严重失实内容未尽到合理核实义务；

（三）使用侮辱性言辞等贬损他人名誉。

第一千零二十六条 认定行为人是否尽到前条第二项规定的合理核实义务，应当考虑下列因素：

（一）内容来源的可信度；

（二）对明显可能引发争议的内容是否进行了必要的调查；

（三）内容的时限性；

（四）内容与公序良俗的关联性；

（五）受害人名誉受贬损的可能性；

（六）核实能力和核实成本。

第一千零二十七条 行为人发表的文学、艺术作品以真人真事或者特定人为描述对象，含有侮辱、诽谤内容，侵害他人名誉权的，受害人有权依法请求该行为人承担民事责任。

行为人发表的文学、艺术作品不以特定人为描述对象，仅其中的情节与该特定人的情况相似的，不承担民事责任。

第一千零二十八条 民事主体有证据证明报刊、网络等媒体报道的内容失实，侵害其名誉权的，有权请求该媒体及时采取更正或者删除等必要措施。

第一千零二十九条 民事主体可以依法查询自己的信用评价；发现信用评价不当的，有权提出异议并请求采取更正、删除等必要措施。信用评价人应当及时核查，经核查属实的，应当及时采取必要措施。

第一千零三十条 民事主体与征信机构等信用信息处理者之间的关系，适用本编有关个人信息保护的规定和其他法律、行政法规的有关规定。

第一千零三十一条 民事主体享有荣誉权。任何组织或者个人不得非法剥夺他人的荣誉称号，不得诋毁、贬损他人的荣誉。

获得的荣誉称号应当记载而没有记载的，民事主体可以请求记载；获得的荣誉称号记载错误的，民事主体可以请求更正。

第六章 隐私权和个人信息保护

第一千零三十二条 自然人享有隐私权。任何组织或者个人不得以刺探、侵扰、泄露、公开等方式侵害他人的隐私权。

隐私是自然人的私人生活安宁和不愿为他人知晓的私密空间、私密活动、私密信息。

第一千零三十三条 除法律另有规定或者权利人明确同意外，任何组织或者个人不得实施下列行为：

（一）以电话、短信、即时通讯工具、电子邮件、传单等方式侵扰他人的私人生活安宁；

（二）进入、拍摄、窥视他人的住宅、宾馆房间等私密空间；

（三）拍摄、窥视、窃听、公开他人的私密活动；

（四）拍摄、窥视他人身体的私密部位；

（五）处理他人的私密信息；

（六）以其他方式侵害他人的隐私权。

第一千零三十四条 自然人的个人信息受法律保护。

个人信息是以电子或者其他方式记录的能够单独或者与其他信息结合识别特定自然人的各种信息，包括自然人的姓名、出生日期、身份证件号码、生物识别信息、住址、电话号码、电子邮箱、健康信息、行踪信息等。

个人信息中的私密信息，适用有关隐私权的规定；没有规定的，适用有关个人信息保护的规定。

第一千零三十五条 处理个人信息的，应当遵循合法、正当、必要原则，不得过度处理，并符合下列条件：

（一）征得该自然人或者其监护人同意，但是法律、行政法规另有规定的除外；

（二）公开处理信息的规则；

（三）明示处理信息的目的、方式和范围；

（四）不违反法律、行政法规的规定和双方的约定。

个人信息的处理包括个人信息的收集、存储、使用、加工、传输、提供、公开等。

第一千零三十六条 处理个人信息，有下列情形之一的，行为人不承担民事责任：

（一）在该自然人或者其监护人同意的范围内合理实施的行为；

（二）合理处理该自然人自行公开的或者其他已经合法公开的信息，但是该自然人明确拒绝或者处理该信息侵害其重大利益的除外；

（三）为维护公共利益或者该自然人合法权益，合理实施的其他行为。

第一千零三十七条 自然人可以依法向信息处理者查阅或者复制其个人信息；发现信息有错误的，有权提出异议并请求及时采取更正等必要措施。

自然人发现信息处理者违反法律、行政法规的规定或者双方的约定处理其个人信息的，有权请求信息处理者及时删除。

第一千零三十八条 信息处理者不得泄露或者篡改其收集、存储的个人信息；未经自然人同意，不得向他人非法提供其个人信息，但是经过加工无法识别特定个人且不能复原的除外。

信息处理者应当采取技术措施和其他必要措施，确保其收集、存储的个人信息安全，防止信息泄露、篡改、丢失；发生或者可能发生个人信息泄露、篡改、丢失的，应当及时采取补救措施，按照规定告知自然人并向有关主管部门报告。

第一千零三十九条 国家机关、承担行政职能的法定机构及其工作人员对于履行职责过程中知悉的自然人的隐私和个人信息，应当予以保密，不得泄露或者向他人非法提供。

实践范例三 模拟法庭

【实践教学目标】

通过模拟法庭活动，让学生亲身体验法律流程，自觉遵守法律，维护法律权威。

【实践教学方案】

（1）实践学时：2 学时。

（2）实践地点：多媒体教室。

（3）实践流程：

① 以行政班为单位，学生自行搜集典型案例，了解法律程序和基本知识；

② 教师组织学生进行庭审模拟；

③ 随机选取两名学生为模拟的学生录制视频；

④ 模拟结束后，教师组织学生进行讨论。

【实践教学评价】

（1）实践结果：模拟法庭视频。

（2）实践评价：教师针对学生课堂模拟情况以及后期视频的制作给出评价，评价标准如下：

得分	模拟情况	视频
10	准备充分，模拟流程完整，了解相关法律知识	视频制作精美
7	准备充分，模拟流程比较完整，了解相关法律知识	视频制作一般
4	准备充分，模拟流程比较完整，对相关法律知识缺乏了解	视频制作一般

【参考资料】

民事法庭庭审程序

一、开庭准备和开庭宣布

（一）庭前准备工作

书记员应先期到达法庭，做好以下开庭前准备工作：

(1) 宣布：请诉讼参加人入庭就座。检查诉讼参加人出庭情况。如有一方诉讼参加人未到庭的，应立即报告审判长处理。

(2) 宣布：请诉讼参加人出示身份证件。到案前核对诉讼参加人的身份。如确认有证人、鉴定人、勘验人、检查人、具有专门知识的人员（简称“专家”）出庭的，还应核对其身份后请其退席，等候传唤。

(3) 核实《当事人诉讼权利义务告知书》、《诉讼风险提示书》和《举证通知书》、《告知审判庭组成人员通知书》和开庭《传票》及《通知书》以及诉状等诉讼材料的收悉情况。

(4) 公开开庭的，应当检查参加旁听的人员是否适合，是否有现场采访的记者。如发现有未成年人（经批准的除外）、精神病人和醉酒的人以及其他不宜旁听的人旁听开庭的，应当请其退出法庭。

如发现有记者到庭采访，应当确认其是否办理审批手续。如未经批准，不得录音、录像或者摄影，但应当允许记者作为旁听人员参加旁听和记录。

（二）宣布法庭规则和法庭纪律

书记员宣布：现在宣布法庭规则和法庭纪律。法庭规则和法庭纪律的具体内容以《法庭规则》的有关规定为准。另外可以特别提示：全体人员应当关闭手机和传呼机的铃响。

（三）法官入庭和报告庭审前准备情况

书记员宣布：全体起立！然后引领审判长、审判员（人民陪审员）入庭。

待法官坐定后，书记员宣布：请坐下。

如果法官在书记员在做准备工作或宣布法庭纪律时进入法庭的，书记员应中止手头工作，主持法官入庭仪式后，再恢复手头的工作。

准备工作就绪后，向审判长报告庭审前准备工作情况：

(1) 出庭的诉讼参加人有……

(2) 出庭的其他诉讼参与人有……

(3) 经批准到庭旁听采访的新闻单位及记者有……

最后，书记员报告：法庭准备工作就绪，请审判长主持开庭。

（四）核对确认诉讼参加人的身份

在书记员已核对诉讼参加人身份的基础上，审判长简单核对即可。

经征询各方当事人：对对方出庭人员的身份是否有异议。经各方当事人确认无异后，即宣布：经法庭当庭核对确认，出庭的诉讼参加人符合法律规定，准予参加本案的庭审活动。

（五）宣布开庭

审判长先敲击法槌，然后庄严宣布：××人民法院现在开庭！

（六）宣告案名、案由、审理程序和方式

宣告案名：本庭现审理的是原告×××诉（与）被告××××及第三人×××……（案由）一案。

宣告案由：原告×××因本案纠纷，于……（时间）向本院提起诉讼；本院于……（受理时间）决定受理本案。如有追加当事人、延长审限、召开预审庭等情形的，应一并予以说明。本案系再审案件、合并审理案件的，还应当说明。

宣告审理的程序和方式：依照《中华人民共和国民事诉讼法》第十二章“第一审普通程序”的有关规定，本庭依照第一审普通程序，公开开庭审理本案。如不公开开庭审理的，应当说明理由。

（七）介绍审判人员

审判长宣告：本院受理本案后，依法组成合议庭。合议庭组成人员和书记员的名单已告知各方当事人。然后具体介绍合议庭组成人员和书记员，并说明其基本职务情况。

（八）告知诉讼权利义务，并征询申请回避意见

开庭前已经将《当事人的权利义务告知书》送达各方当事人，审判长逐一询问各方当事人：是否知悉自己在诉讼中的权利和义务？

在当事人确认知悉诉讼权利义务后，审判长逐一询问各方当事人：是否申请合议庭成员和书记员回避？

一旦当事人提出回避申请，应当要求其说明理由。如果当事人提出法定的回避理由，法庭不必审查该理由是否成立即宣布休庭。当事人确认不提出回避申请的，庭审活动得以继续进行。

（九）宣告庭审的阶段

审判长宣布：庭审活动分为法庭调查、法庭辩论、当事人最后陈述、法庭调解，调解不成的，法庭将休庭评议后进行宣判。

审判长还应强调：各方当事人应当正确行使诉讼权利，切实履行诉讼义务，遵守法庭规则，服从法庭指挥，确保庭审活动的顺利进行。

庭审活动一般由审判长主持。根据庭审的需要，审判长也可以委托其他合议庭成员主持部分庭审活动。但应向诉讼参加人说明。

（十）诉讼指导

在庭审过程中，当事人可以要求法庭对诉讼权利义务、诉讼风险和举证责任的具体内容予以释明。法庭也可以对诉讼能力比较低的当事人给予适当诉讼指导，以确保审判的公正和公平。

二、法庭调查

（一）宣布法庭调查

主持人宣布：现在进行法庭调查。

法庭可对法庭调查顺序予以说明：法庭调查一般按当事人陈述、归纳小结、当事人当庭举证、当庭质证、法庭认证的顺序进行。

（二）当事人陈述

主持人宣布：首先由当事人陈述。

主持人宣布：请原告宣读起诉状或者简要陈述诉讼请求及所依据的事实和理由，即指示原告陈述。

主持人宣布：请被告宣读答辩状或者简要陈述诉讼主张及所依据的事实和理由，即指示被告陈述。

主持人宣布：请第三人宣读答辩状（起诉状）或者简要陈述诉讼主张（诉讼请求）及所依据的事实和理由，即指示第三人陈述。

当事人陈述的内容如果超出诉状范围的，法庭可提示当事人另作补充陈述。当事人未提交诉状或者逾期提交诉状的，法庭应予以说明。

实践中，法庭认为组织当事人宣读诉状确无实际必要的，可以省略“宣读诉状”这一节。在当事人宣读诉状的基础上，法庭可根据案件的需要组织当事人补充陈述。主持人宣布：现在，由当事人作补充陈述，即指示原告、被告、第三人依次作补充陈述。

法庭应引导当事人针对对方当事人的陈述，补充陈述相应的事实和理由。陈述的内容应避免重复。

在当事人主动陈述的基础上，法庭可根据案件的需要有针对性地向当事人发问，以理清案情、明确无争议的事实和讼争焦点。主持人宣布：法庭现就案件的事实问题，向当事人发问。

对法庭的发问，当事人应如实进行答问陈述；同时，针对当事人的答问陈述，法庭应当征询对方当事人的质证意见。

实践中，如果经过预审，并已组织当事人陈述的，法庭认为再行组织当事人陈述已无实际必要的，经做必要的说明后，即可直接进行归纳小结。

（三）归纳小结

主持人宣布：根据当事人陈述，结合案件的其他诉讼材料，法庭归纳小结以下几个方面的内容：

(1) 本案的诉讼请求是……

(2) 当事人没有争议事实有……

在确认之前，主持人可以经征询各方当事人的意见。

各方当事人陈述一致或者都认可的事实，除涉及身份关系，或者涉及国家、第三人的权益，或者与其他证据有冲突的外，经合议庭评议确认后可以直接予以认定，并当庭宣布：以上事实，各方当事人陈述一致或均予认可，足以认定；并宣告：以上经法庭认定的事实，无须当事人举证、质证。

实践中，如果当事人对案件事实没有或者基本没有争议，且根据当事人陈述即可直接认定全案事实的，经合议庭评议确认后，即可宣布法庭调查结束。

(3) 本案诉讼争议的焦点有……

在确认之前，主持人可以经征询各方当事人的意见，在各方当事人均确认无异后予以确认。

(4) 法庭进一步调查的范围如下……

法庭确定调查的范围时无须征询当事人的意见。法庭调查的范围不以当事人诉讼争议的内容为限；但二者不一致的，法庭应予以释明。

法庭调查的范围主要是案件事实问题。有关法律适用问题则属于法庭辩论的范围，但对法律依据的有无以及法律条文的具体内容等发生的争议，法庭认为需要调查的，也可以作为法庭调查的范围。

法庭调查的范围确定后，法庭还宣布：当事人当庭举证、质证应当围绕法庭确定的范围进行。

（四）当庭举证

法庭调查范围内的事项应当逐一、有序地展开调查。

在逐一确定法庭调查的具体事项后，主持人宣布：现在，法庭调查……请当事人当庭举证。然后指示当事人当庭出示证据和进行说明。说明的内容包括证据的名称、种类、来源、内容以及证明对象等。由法庭调取的证据由法庭或者申请调取该证据的当事人出示和说明。

法庭应当引导举证当事人根据具体调查事项，有针对性地提供证据材料，具体包括：

(1) 书证和物证，应出示原件、原物；不能出示原件、原物的，可以出示复印件、复制品、照片或者抄录件等。

(2) 视听资料，应出示原始载体并当庭播放；不能出示原始载体或者当庭播放有困难的，可以以其他方式播放或者提供抄录件等。

(3) 证人、鉴定人、勘验人、检查人因故未出庭作证的，应当说明理由，并出示证人书面证言、鉴定结论、勘验笔录、检查笔录的原件。如证人、鉴定人、勘验人、检查人以及专家出庭作证的，另按出庭作证的程序举证、质证。

（五）当庭质证

举证完毕，主持人宣布：请当事人质证。

当庭质证一般以“一举一质”或“类举类质”的方式进行。

法庭应当引导当事人围绕证据的真实性、关联性、合法性，针对证据证明力有无以及证明力大小，进行辨认与辩驳。质证时，法庭应当引导质证当事人首先做出是否认可的意思表示。如不认可，应提出具体的理由，并组织当事人展开质辩。法庭不得把质辩作为法庭辩论的内容，制止当事人在质证中进行质辩。

质辩至少进行一个轮回，即在质证当事人提出反驳的基础上，主持人宣布：请……(举证当事人) 辩解。举证当事人辩解后，宣布：请……(质证当事人) 辩驳。法庭认为有必要，可以组织当事人进行多轮次的质辩。

在质证中，质证当事人提出相应的反证的，法庭应当当庭组织举证和质证。

（六）证人、鉴定人、勘验人、检查人以及专家出庭作证

有证人出庭作证的，当事人应当在规定的期限内提出传唤申请，由法庭通知证人出庭作证。通知书应告知证人作证的权利和义务以及作伪证应当承担法律责任。当事人在开庭时直接带证人到庭后申请法庭传唤出庭的，法庭按逾期举证处理。

在当庭举证的过程中，举证当事人申请传唤证人出庭作证的，应向法庭提出。经法庭审查准许后，主持人即宣布：传……到庭。

证人出庭就座后，主持人宣布：请证人报告本人的基本情况，并说明与本案当事人的关系。在确认其知道作证的权利和义务以及作伪证应当承担的法律责任后，请证人当庭保证或者在保证书上签名。

证人出庭作证陈述的一般顺序：(1) 根据法庭提示的调查事项，证人就其了解的事实作连贯性陈述；(2) 举证当事人发问，法庭指示证人答问；(3) 质证当事人发问，法庭指示证人答问。法庭根据需要也可以发问（一般在当事人发问后再行发问）。当事人

或者证人对发问有异议的，可以向法庭提出。异议是否成立，由合议庭评议确定。

证人回答发问结束后，主持人宣布：请证人退庭。可提示证人退庭后，在休息室休息，休庭后还要审阅笔录和签名。如果需要再次出庭的再行传唤。

证人退庭后，针对证人证言，法庭组织当事人进行举证说明和当庭质证。主持人先宣布：请……（举证当事人）说明。举证当事人说明后，主持人宣布：请……（质证当事人）质证。法庭可以组织质辩。

鉴定人、勘验人、检查人、专家出庭作证的具体程序，参照证人出庭作证的程序执行（除出具保证外）。

（七）当庭认证

证据经当庭举证、质证后，合议庭当庭或者休庭进行评议，对证据进行审查核实并做出认证结论。能够当庭宣布认证结论的应当当庭宣布；不能当庭宣布的，在下次开庭时或者宣判时宣布。不能当庭认证的，应当向当事人做出说明。

认证结论的表述主要有以下两种方式：

(1) 确认证据足予采信的，认证结论为：经合议庭评议确认，……（证据名称）内容真实，形式合法，可以作为认定……（案件事实）的根据。

(2) 确认证据不予采信的，认证结论为：经合议庭评议确认，……（证据名称），因……（不予采信的理由），故不能作为本案认定事实的根据（不予采信）。

证据不予采信的理由包括：

(1) 证据缺乏真实性、合法性或关联性，以致没有证明效力，故不能作为本案认定事实的根据；

(2) 该证据虽然有证明效力，但与其他证据相冲突，经比较证明力大小而不予采信，故不能作为本案认定事实的根据。

完整的认证结论包括两部分内容：一是确认证据的有效性；二是有效证据可以证明的案件事实。如果法庭不能当庭做出完整的认证结论的，可以做出部分认证结论：

(1) 确认证据的真实性、合法性、关联性及其证明效力，至于该证据可以作为认定案件哪一具体事实的根据，可另行评议确认。

(2) 或者仅确认证据的真实性、合法性或关联性；至于该证据是否有证明效力，可另行评议确认。法庭当庭不能做出完整的认证结论的，应予以说明，避免当事人产生歧义。

（八）发问和答问

法庭根据案件审理的需要，可以给当事人相互发问的机会。

主持人宣布：当事人有问题需要向对方当事人发问的，经法庭许可，可以发问。经逐一征询各方当事人，如果当事人申请发问的，请发问。法庭审查确认后，指示被问当事人答问。法庭根据案件审理的需要，也可以向当事人发问。

当事人对发问有异议的，可以向法庭提出。异议是否成立，由合议庭评议确定。

（九）其他事项的调查

法庭调查范围内的调查事项调查完毕后，可以征询当事人：是否还有其他事实需要调查或者有其他证据需要出示。

当事人申请调查其他事实，经法庭评议许可后，组织当事人当庭举证、质证。如果法庭经评议认为无调查必要的，可以驳回当事人的申请。

当事人申请出示其他证据的，应当说明理由和证明的对象。如系逾期提供的证据，法庭不组织质证；但对方当事人同意质证的除外。如系“新的证据”，法庭应当给对方当事人质证准备和收集反驳证据的时间，但对方当事人同意当庭质证的除外。如属于无须举证、质证范围内的证据，可以驳回当事人举证的申请。

（十）宣布法庭调查结束

经确认各方当事人没有新的证据提供和其他事实需要调查后，主持人宣布：法庭调查结束。

三、法庭辩论

（一）宣布法庭辩论

主持人宣布：现在进行法庭辩论。

主持人可以确定法庭辩论的范围：当事人应当围绕各自的诉讼请求或者诉讼主张，就法律的具体适用问题展开辩论。

当事人对证据和事实的认定产生的争议属于法庭调查的内容，一般不应作为法庭辩论的范围。

主持人可以强调法庭辩论规则：在法庭辩论中，辩论发言应当经法庭许可；注意用语文明，不得使用讽刺、侮辱的语言；语速要适中，以便法庭记录；发言的内容应当避免重复。在法庭辩论的过程中，如有违反规则的言行，法庭应予制止。

主持人说明法庭辩论阶段：法庭辩论分为对等辩论和互相辩论。

（二）对等辩论

主持人宣布：首先由当事人进行对等辩论。随即指示原告、被告、第三人依次进行辩论发言。

辩论发言一般不宜重复诉状的内容。

一轮辩论结束，法庭可根据实际情况决定是否进行下一轮辩论；如进行下一轮辩论的，应强调发言的内容不宜重复。法庭根据需要可限定每一轮次各方当事人辩论发言的时间。

（三）互相辩论

主持人宣布：现在进行互相辩论。

主持人应当告知：当事人要求辩论发言的，可以向法庭举手示意。经法庭许可，方能发言。

在互相辩论中，当事人未经许可而进行自由、无序的辩论发言或者辩论发言的内容重复的，法庭应予以制止。

（四）法庭调查阶段的回转

在辩论中发现有关案件事实需要进行调查，或者需要对有关证据进行审查的，应当宣布：中止法庭辩论，恢复法庭调查。

法庭调查结束后，宣布：恢复法庭辩论。庭审活动恢复到中止时的阶段。

（五）宣布法庭辩论结束

在确认各方当事人辩论意见陈述完毕后，主持人即可宣布：法庭辩论结束。

四、当事人最后陈述

主持人宣布：现在，由当事人陈述最后意见。随即指示原告、被告、第三人依次做最后陈述。

合议庭成员应当认真、耐心听取当事人陈述，一般不宜打断当事人的发言。但其陈述过于冗长，法庭应当予以引导；当事人陈述的内容简单重复多次的，或者陈述的内容与案件没有直接关联的，法庭以适当的方式予以制止。

五、法庭调解

（一）宣布法庭调解

主持人宣布：现在进行法庭调解。

法庭要把握时机，根据案件审理的实际情况，在法庭调查和法庭辩论中适时组织调解。在法庭辩论之后，当事人或者法定代理人出庭参加诉讼，或者委托的代理人有特别授权的，法庭应当组织调解。如果当事人或者法定代理人未出庭参加诉讼，而且委托的代理人也没有特别授权的，法庭不能当庭组织调解。庭后有调解必要和可能的，应当于休庭后组织调解。

（二）询问当事人调解的意愿

主持人征询各方当事人：是否愿意调解。各方当事人均表示愿意调解的，法庭即可组织调解；有一方当事人不同意调解的，主持人宣布：终结调解。随即宣布休庭。

由于刚经过法庭调查和法庭辩论，当事人情绪对立可能比较严重。法庭应注意调整庭审气氛，讲究工作方法，在做好思想工作的基础上，适时征询当事人调解意愿和开展调解工作。即使不能当庭调解，但确有再行调解的必要和可能的，应当在休庭后进一步做调解工作。

（三）组织调解

经确认各方当事人均有调解意愿的，主持人宣布：现由法庭组织调解。

法庭调解的一般程序：

(1) 先由原告方提出调解方案，征询被告的意见。

(2) 如被告同意原告的调解方案的，法庭予以审查确认；被告拒绝的，则由被告提出新的调解方案，并征询原告的意见。

(3) 原告同意被告提出的新的调解方案的，法庭予以审查确认；原告拒绝的，法庭可以再进行调解或者终止调解程序。

(4) 当事人各方提出的调解方案均被对方拒绝的，法庭可以提出调解方案，并征询当事人的意见。

对当事人达成的调解协议，法庭经审查确认调解协议内容的合法性和当事人意思表示的真实性后，制作调解书。调解书经双方当事人签收后，即具有法律效力。根据民事诉讼法第九十条的规定不需要制作调解书的案件，当事人各方同意在调解协议上签名或者盖章后生效，经人民法院审查确认后，应当记入笔录或者将协议附卷，并由当事人、审判人员、书记员签名或者盖章后即具有法律效力。当事人请求制作调解书的，人民法院应当制作调解书送交当事人。当事人拒收调解书的，不影响调解协议的效力。

调解成功后，审判长宣布闭庭。

（四）终结调解

调解不成，主持人宣布：法庭调解结束。

经合议庭评议认为没有进一步调解必要或可能的，应当休庭评议，及时做出判决。

六、休庭、评议和宣判

（一）宣布休庭

审判长先宣布：现在休庭，然后敲击法槌。

宣布休庭后应告知当事人复庭的时间；如果决定不当庭宣判的，应当告知宣判的时间或者交代；宣判时间另行通知。

民事案件法庭审理的程序是参考民事诉讼法进行的，一方面是因为现在的民事诉讼法都是公开透明的，另一方面，专业的庭审工作人员不可能不按照规定的程序来审理民事案件。所以，到了民事法庭以后，基本上庭审程序都是在工作人员的主持之下进行的，如果自己不配合庭审流程也会造成案件审理的中止。

（二）评议和宣判

经合议庭评议，事实清楚，适用法律明确，能够当庭宣判的案件，应当当庭宣判。评议中如发现案件事实尚未查清，需要当事人补充证据或者人民法院自行调查收集证据的，或尚需要鉴定、勘验的，或适用法律较难，无法当庭宣判的，审判长应宣布另行开庭审理和判决，并说明理由。

审判长根据法庭调查、辩论情况和合议庭评议意见，对证据进行评述，认定案件事实，并说明处理纠纷的法律依据。

专题十二
决胜全面小康社会　夺取新时代中国特色社会主义伟大胜利

知识点睛

党的十八大提出了到2020年全面建成小康社会的奋斗目标。全面建成小康社会标志着我们跨过了实现现代化建设第三步战略目标必经的承上启下的重要发展阶段。全面建成小康社会，更重要、更难做到的是“全面”。“小康”讲的是发展水平，“全面”讲的是发展的平衡性、协调性、可持续性。全面小康，覆盖的领域要全面，是“五位一体”全面进步的小康。

全面小康社会是一个整体性目标要求，它们之间相互联系、相互促进、不可分割。任何一个方面发展滞后，都会影响全面建成小康社会目标的实现。

党的十八届五中全会顺应我国经济社会新发展和广大人民群众新期待，赋予“小康”更高的标准、更丰富的内涵，对全面建成小康社会进行了总体部署。

经济保持中高速增长。在提高发展平衡性、包容性、可持续性基础上，到2020年国内生产总值和城乡居民人均收入比2010年翻一番，主要经济指标平衡协调，发展质量和效益明显提高。

创新驱动成效显著。创新驱动发展战略深入实施，创业创新蓬勃发展，全要素生产率明显提高。科技与经济深度融合，创新要素配置更加高效，重点领域和关键环节核心技术取得重大突破，自主创新能力全面增强，迈进创新型国家和人才强国行列。

发展协调性明显增强。消费对经济增长贡献继续加大，投资效率和企业效率明显上升。

人民生活水平和质量普遍提高。就业、教育、文化体育、社保、医疗、住房等公共服务体系更加健全，基本公共服务均等化水平稳步提高。

国民素质和社会文明程度显著提高。生态环境质量总体改善。生产方式和生活方式绿色、低碳水平上升。

党的十九大进一步明确了决胜全面建成小康社会的战略安排。第一，坚决打好防范化解重大风险攻坚战。高度重视金融、地方债务、信息安全、社会稳定等领域存在的风险隐患，增强忧患意识和底线思维，积极采取有力措施，坚持标本兼治，注重以完善体制机制来防范化解风险。第二，坚决打好精准脱贫攻坚战。坚持精准扶贫、精准脱贫基本方略，坚持专项扶贫、行业扶贫、社会扶贫等“三位一体”大扶贫格局。健全公共服务、建设基础设施、发展特色优势产业。重点解决好深度贫困问题，加强东西部扶贫协作和对口支援，做好中央单位定点帮扶。坚持中央统筹、省负总责、市县抓落实的工作机制，强化党政一把手负总责的责任制。做到脱真贫、真脱贫。第三，坚决打好污染防治攻坚战。坚持绿水青山就是金山银山，推进绿色发展，坚持节约优先、保护优先、自然恢复为主，加快形成节约资源和保护环境的空间格局、产业结构、生产和生活方式。第四，确保经济社会持续健康发展。坚持稳中求进工作总基调，深化供给侧结构性改革，促进“三去一降一补”（去产能、去库存、去杠杆、降成本、补短板）重点任务取得更大成效，强化创新驱动，加快经济发展方式转变，提高发展质量和效益。

我们已经进入全面建成小康社会决胜阶段，我们要紧扣社会主要矛盾变化，统筹推进“五位一体”总体布局，坚定实施科教兴国、人才强国、创新驱动发展、乡村振兴、区域协调、可持续发展、军民融合发展战略，突出抓重点、补短板、强弱项，使全面建成小康社会得到人民认可、经得起历史检验，在此基础上开启全面建设社会主义现代化国家新的伟大征程。

实践范例一　课堂讨论——凝心聚力打赢脱贫攻坚战

【实践教学目标】

通过讨论，让学生认识到脱贫攻坚战是建设全面小康社会的重要一步，是党的初心使命的坚守和践行，是对社会主义制度的诠释。

【实践教学方案】

（1）实践学时：2 学时。

（2）实践地点：多媒体教室。

（3）实践流程：

① 教师提前布置任务，让学生思考如何打赢脱贫攻坚战，学生自行分组讨论；

② 利用课堂时间学生汇报本小组的讨论情况；

③ 教师对学生的发言进行总结。

【实践教学评价】

（1）实践结果：PPT 汇报。

（2）实践评价：教师针对学生的汇报情况进行评价，评价标准如下：

得分	PPT内容	PPT制作	汇报情况
10	PPT内容丰富，理论实践相结合，贴近实际	PPT制作精美	发言人准备充分，语言流畅，并有本小组自己的见解
7	PPT内容丰富，理论实践相结合，贴近实际	PPT制作精美	发言人准备充分，语言流畅，没有本小组自己的见解
4	PPT内容不够丰富，没有把理论和实践相结合	PPT制作一般	发言人准备不够充分，没有本小组自己的见解

【参考资料】

决胜全面建成小康社会，开启全面建设社会主义现代化国家新征程

——选自《十九大报告》

改革开放之后，我们党对我国社会主义现代化建设作出战略安排，提出“三步走”战略目标。解决人民温饱问题、人民生活总体上达到小康水平这两个目标已提前实现。在这个基础上，我们党提出，到建党一百年时建成经济更加发展、民主更加健全、科教更加进步、文化更加繁荣、社会更加和谐、人民生活更加殷实的小康社会，然后再奋斗三十年，到新中国成立一百年时，基本实现现代化，把我国建成社会主义现代化国家。

从现在到二〇二〇年，是全面建成小康社会决胜期。要按照十六大、十七大、十八大提出的全面建成小康社会各项要求，紧扣我国社会主要矛盾变化，统筹推进经济建设、政治建设、文化建设、社会建设、生态文明建设，坚定实施科教兴国战略、人才强国战略、创新驱动发展战略、乡村振兴战略、区域协调发展战略、可持续发展战略、军民融合发展战略，突出抓重点、补短板、强弱项，特别是要坚决打好防范化解重大风险、精准脱贫、污染防治的攻坚战，使全面建成小康社会得到人民认可、经得起历史检验。

从十九大到二十大，是“两个一百年”奋斗目标的历史交汇期。我们既要全面建成小康社会、实现第一个百年奋斗目标，又要乘势而上开启全面建设社会主义现代化国家新征程，向第二个百年奋斗目标进军。

综合分析国际国内形势和我国发展条件，从二〇二〇年到本世纪中叶可以分两个阶段来安排。

第一个阶段，从二〇二〇年到二〇三五年，在全面建成小康社会的基础上，再奋斗十五年，基本实现社会主义现代化。到那时，我国经济实力、科技实力将大幅跃升，跻身创新型国家前列；人民平等参与、平等发展权利得到充分保障，法治国家、法治政府、法治社会基本建成，各方面制度更加完善，国家治理体系和治理能力现代化基本实现；社会文明程度达到新的高度，国家文化软实力显著增强，中华文化影响更加广泛深入；人民生活更为宽裕，中等收入群体比例明显提高，城乡区域发展差距和居民生活水平差距显著缩小，基本公共服务均等化基本实现，全体人民共同富裕迈出坚实步伐；现代社会治理格局基本形成，社会充满活力又和谐有序；生态环境根本好转，美丽中国目标基本实现。

第二个阶段，从二〇三五年到本世纪中叶，在基本实现现代化的基础上，再奋斗十五年，把我国建成富强民主文明和谐美丽的社会主义现代化强国。到那时，我国物质文明、政治文明、精神文明、社会文明、生态文明将全面提升，实现国家治理体系和治理能力现代化，成为综合国力和国际影响力领先的国家，全体人民共同富裕基本实现，我国人民将享有更加幸福安康的生活，中华民族将以更加昂扬的姿态屹立于世界民族之林。

同志们！从全面建成小康社会到基本实现现代化，再到全面建成社会主义现代化强国，是新时代中国特色社会主义发展的战略安排。我们要坚忍不拔、锲而不舍，奋力谱写社会主义现代化新征程的壮丽篇章！

实践范例二　新闻播报——乡村振兴之路

【实践教学目标】

通过新闻播报活动，促使学生思考如何振兴乡村，提升学生的辩证思维能力。

【实践教学方案】

（1）实践学时：2 学时。

（2）实践地点：多媒体教室。

（3）实践流程：

① 教师提前布置任务，让学生自行分组进行排练，以记者、新闻播音员的形式进行新闻播报，课前录制视频，视频中要插入音乐、图片、乡村发展回顾等；

② 选题范围：近年来乡村发展实况；

③ 利用课堂时间，运用多媒体设备展示视频作业；

④ 教师组织学生进行评价，给出每组相应的分数。

【实践教学评价】

（1）实践结果：新闻播报视频。

（2）实践评价：教师针对学生的视频和其他学生的反馈给出相应的评价，评价标准如下：

得分	视频内容	视频制作
10	新闻选题合理，语言表达清晰流畅，较好的仪态	视频制作精美，内容丰富，形式多样
7	新闻选题合理，语言表达清晰流畅，仪态一般	视频制作精美，内容丰富，形式单一
5	新闻选题合理，语言表达不够流畅，仪态一般	视频制作内容不够饱满，形式单一

【参考资料】

乡村振兴战略规划（节选）

前言

党的十九大提出实施乡村振兴战略，是以习近平同志为核心的党中央着眼党和国家事业全局，深刻把握现代化建设规律和城乡关系变化特征，顺应亿万农民对美好生活的向往，对“三农”工作做出的重大决策部署，是决胜全面建成小康社会、全面建设社会主义现代化国家的重大历史任务，是新时代做好“三农”工作的总抓手。从党的十九大到二十大，是“两个一百年”奋斗目标的历史交汇期，既要全面建成小康社会、实现第一个百年奋斗目标，又要乘势而上开启全面建设社会主义现代化国家新征程，向第二个百年奋斗目标进军。为贯彻落实党的十九大、中央经济工作会议、中央农村工作会议精神和政府工作报告要求，描绘好战略蓝图，强化规划引领，科学有序推动乡村产业、人才、文化、生态和组织振兴，根据《中共中央、国务院关于实施乡村振兴战略的意见》，特编制《乡村振兴战略规划（2018—2022年）》。

本规划以习近平总书记关于“三农”工作的重要论述为指导，按照产业兴旺、生态宜居、乡风文明、治理有效、生活富裕的总要求，对实施乡村振兴战略作出阶段性谋划，分别明确至2020年全面建成小康社会和2022年召开党的二十大时的目标任务，细化实化工作重点和政策措施，部署重大工程、重大计划、重大行动，确保乡村振兴战略落实落地，是指导各地区各部门分类有序推进乡村振兴的重要依据。

第一篇　规划背景

党的十九大作出中国特色社会主义进入新时代的科学论断，提出实施乡村振兴战略的重大历史任务，在我国“三农”发展进程中具有划时代的里程碑意义，必须深入贯彻习近平新时代中国特色社会主义思想和党的十九大精神，在认真总结农业农村发展历史性成就和历史性变革的基础上，准确研判经济社会发展趋势和乡村演变发展态势，切实抓住历史机遇，增强责任感、使命感、紧迫感，把乡村振兴战略实施好。

第一章　重大意义

乡村是具有自然、社会、经济特征的地域综合体，兼具生产、生活、生态、文化等多重功能，与城镇互促互进、共生共存，共同构成人类活动的主要空间。乡村兴则国家兴，乡村衰则国家衰。我国人民日益增长的美好生活需要和不平衡不充分的发展之间的矛盾在乡村最为突出，我国仍处于并将长期处于社会主义初级阶段的特征很大程度上表现在乡村。全面建成小康社会和全面建设社会主义现代化强国，最艰巨最繁重的任务在农村，最广泛最深厚的基础在农村，最大的潜力和后劲也在农村。实施乡村振兴战略，是解决新时代我国社会主要矛盾、实现“两个一百年”奋斗目标和中华民族伟大复兴中国梦的必然要求，具有重大现实意义和深远历史意义。

实施乡村振兴战略是建设现代化经济体系的重要基础。农业是国民经济的基础，农村经济是现代化经济体系的重要组成部分。乡村振兴，产业兴旺是重点。实施乡村振兴战略，深化农业供给侧结构性改革，构建现代农业产业体系、生产体系、经营体系，实现农村一二三产业深度融合发展，有利于推动农业从增产导向转向提质导向，增强我国农业创新力和竞争力，为建设现代化经济体系奠定坚实基础。

实施乡村振兴战略是建设美丽中国的关键举措。农业是生态产品的重要供给者，乡村是生态涵养的主体区，生态是乡村最大的发展优势。乡村振兴，生态宜居是关键。实施乡村振兴战略，统筹山水林田湖草系统治理，加快推行乡村绿色发展方式，加强农村人居环境整治，有利于构建人与自然和谐共生的乡村发展新格局，实现百姓富、生态美的统一。

实施乡村振兴战略是传承中华优秀传统文化的有效途径。中华文明根植于农耕文化，乡村是中华文明的基本载体。乡村振兴，乡风文明是保障。实施乡村振兴战略，深入挖掘农耕文化蕴含的优秀思想观念、人文精神、道德规范，结合时代要求在保护传承的基础上创造性转化、创新性发展，有利于在新时代焕发出乡风文明的新气象，进一步丰富和传承中华优秀传统文化。

实施乡村振兴战略是健全现代社会治理格局的固本之策。社会治理的基础在基层，薄弱环节在乡村。乡村振兴，治理有效是基础。实施乡村振兴战略，加强农村基层基础工作，健全乡村治理体系，确保广大农民安居乐业、农村社会安定有序，有利于打造共建共治共享的现代社会治理格局，推进国家治理体系和治理能力现代化。

实施乡村振兴战略是实现全体人民共同富裕的必然选择。农业强不强、农村美不美、农民富不富，关乎亿万农民的获得感、幸福感、安全感，关乎全面建成小康社会全局。乡村振兴，生活富裕是根本。实施乡村振兴战略，不断拓宽农民增收渠道，全面改善农村生产生活条件，促进社会公平正义，有利于增进农民福祉，让亿万农民走上共同富裕的道路，汇聚起建设社会主义现代化强国的磅礴力量。

第二章　振兴基础

党的十八大以来，面对我国经济发展进入新常态带来的深刻变化，以习近平同志为核心的党中央推动“三农”工作理论创新、实践创新、制度创新，坚持把解决好“三农”问题作为全党工作重中之重，切实把农业农村优先发展落到实处；坚持立足国内保证自给的方针，牢牢把握国家粮食安全主动权；坚持不断深化农村改革，激发农村发展新活力；坚持把推进农业供给侧结构性改革作为主线，加快提高农业供给质量；坚持绿色生态导向，推动农业农村可持续发展；坚持在发展中保障和改善民生，让广大农民有更多获得感；坚持遵循乡村发展规律，扎实推进生态宜居的美丽乡村建设；坚持加强和改善党对农村工作的领导，为“三农”发展提供坚强政治保障。这些重大举措和开创性工作，推动农业农村发展取得历史性成就、发生历史性变革，为党和国家事业全面开创新局面提供了有力支撑。

农业供给侧结构性改革取得新进展，农业综合生产能力明显增强，全国粮食总产量连续5年保持在1.2万亿斤以上，农业结构不断优化，农村新产业新业态新模式蓬勃发展，农业生态环境恶化问题得到初步遏制，农业生产经营方式发生重大变化。农村改革取得新突破，农村土地制度、农村集体产权制度改革稳步推进，重要农产品收储制度改革取得实质性成效，农村创新创业和投资兴业蔚然成风，农村发展新动能加快成长。城乡发展一体化迈出新步伐，5年间8000多万农业转移人口成为城镇居民，城乡居民收入相对差距缩小，农村消费持续增长，农民收入和生活水平明显提高。脱贫攻坚开创新局面，贫困地区农民收入增速持续快于全国平均水平，集中连片特困地区内生发展动力明显增强，过去5年累计6800多万贫困人口脱贫。农村公共服务和社会事业达到新水平，农村基础设施建设不断加强，人居环境整治加快推进，教育、医疗卫生、文化等社会事业快速发展，农村社会焕发新气象。

同时，应当清醒地看到，当前我国农业农村基础差、底子薄、发展滞后的状况尚未根本改变，经济社会发展中最明显的短板仍然在“三农”，现代化建设中最薄弱的环节仍然是农业农村。主要表现在：农产品阶段性供过于求和供给不足并存，农村一二三产业融合发展深度不够，农业供给质量和效益亟待提高；农民适应生产力发展和市场竞争的能力不足，农村人才匮乏；农村基础设施建设仍然滞后，农村环境和生态问题比较突出，乡村发展整体水平亟待提升；农村民生领域欠账较多，城乡基本公共服务和收入水平差距仍然较大，脱贫攻坚任务依然艰巨；国家支农体系相对薄弱，农村金融改革任务繁重，城乡之间要素合理流动机制亟待健全；农村基层基础工作存在薄弱环节，乡村治理体系和治理能力亟待强化。

第三章　发展态势

从2018年到2022年，是实施乡村振兴战略的第一个5年，既有难得机遇，又面临严峻挑战。从国际环境看，全球经济复苏态势有望延续，我国统筹利用国内国际两个市场两种资源的空间将进一步拓展，同时国际农产品贸易不稳定性不确定性仍然突出，提高我国农业竞争力、妥善应对国际市场风险任务紧迫。特别是我国作为人口大国，粮食及重要农产品需求仍将刚性增长，保障国家粮食安全始终是头等大事。从国内形势看，随着我国经济由高速增长阶段转向高质量发展阶段，以及工业化、城镇化、信息化深入推进，乡村发展将处于大变革、大转型的关键时期。居民消费结构加快升级，中高端、多元化、个性化消费需求将快速增长，加快推进农业由增产导向转向提质导向是必然要求。我国城镇化进入快速发展与质量提升的新阶段，城市辐射带动农村的能力进一步增强，但大量农民仍然生活在农村的国情不会改变，迫切需要重塑城乡关系。我国乡村差异显著，多样性分化的趋势仍将延续，乡村的独特价值和多元功能将进一步得到发掘和拓展，同时应对好村庄空心化和农村老龄化、延续乡村文化血脉、完善乡村治理体系的任务艰巨。

实施乡村振兴战略具备较好条件。有习近平总书记把舵定向，有党中央、国务院的高度重视、坚强领导、科学决策，实施乡村振兴战略写入党章，成为全党的共同意志，乡村振兴具有根本政治保障。社会主义制度能够集中力量办大事，强农惠农富农政策力度不断加大，农村土地集体所有制和双层经营体制不断完善，乡村振兴具有坚强制度保障。优秀农耕文明源远流长，寻根溯源的人文情怀和国人的乡村情结历久弥深，现代城市文明导入融汇，乡村振兴具有深厚文化土壤。国家经济实力和综合国力日益增强，对农业农村支持力度不断加大，农村生产生活条件加快改善，农民收入持续增长，乡村振兴具有雄厚物质基础。农业现代化和社会主义新农村建设取得历史性成就，各地积累了丰富的成功经验和做法，乡村振兴具有扎实工作基础。

实施乡村振兴战略，是党对“三农”工作一系列方针政策的继承和发展，是亿万农民的殷切期盼。必须抓住机遇，迎接挑战，发挥优势，顺势而为，努力开创农业农村发展新局面，推动农业全面升级、农村全面进步、农民全面发展，谱写新时代乡村全面振兴新篇章。

……

实践范例三　课堂讨论——东北振兴战略

【实践教学目标】

通过讨论，让学生认识到振兴东北的重要性。

【实践教学方案】

（1）实践学时：2 学时。

（2）实践地点：多媒体教室。

（3）实践流程：

① 教师提前布置任务，让学生思考如何振兴东北，学生自行分组讨论；

② 利用课堂时间学生汇报本小组的讨论情况；

③ 教师对学生的发言进行总结。

【实践教学评价】

（1）实践结果：PPT 汇报。

（2）实践评价：教师针对学生的汇报情况进行评价，评价标准如下：

得分	PPT内容	PPT制作	汇报情况
10	PPT 内容丰富，理论实践相结合，贴近实际	PPT制作精美	发言人准备充分，语言流畅，并有本小组自己的见解
7	PPT 内容丰富，理论实践相结合，贴近实际	PPT制作精美	发言人准备充分，语言流畅，没有本小组自己的见解
4	PPT 内容不够丰富，没有把理论和实践相结合	PPT制作一般	发言人准备不够充分，没有本小组自己的见解

【参考资料】

关于习近平总书记在深入推进东北振兴座谈会上的讲话

深入推进东北振兴，事关我国区域发展总体战略的实现，事关我国新型工业化、信息化、城镇化、农业现代化的协调发展，事关我国周边和东北亚地区的安全稳定。

在深入推进东北振兴座谈会上，习近平总书记着眼国家发展大局，立足实现东北全面振兴、全方位振兴，明确提出了6个方面的要求，也是重大工作部署，对于我们推进新时代东北全面振兴，形成对国家重大战略的坚强支撑，具有深远意义。

以优化营商环境为基础，全面深化改革；以培育壮大新动能为重点，激发创新驱动内生动力；科学统筹精准施策，构建协调发展新格局；更好支持生态建设和粮食生产，巩固提升绿色发展优势；深度融入共建“一带一路”，建设开放合作高地；更加关注补齐民生领域短板，让人民群众共享东北振兴成果。习近平总书记科学把握形势，坚持问题导向，确立了全面振兴东北的重点任务，具有很强的科学性、指导性，是推进新时代东北全面振兴的重要方法论，为东北地区破解矛盾、扬长避短、发挥优势指明了努力方向。

把握东北振兴的重点任务，就要把深化改革摆在首要位置。东北地区发展面临新的困难和问题，解决这些困难和问题归根结底还要靠全面深化改革。在这次座谈会上，习近平总书记提出要“在谋划地区改革发展思路上下功夫，在解决突出矛盾问题上下功夫，在激发基层改革创新活力上下功夫”；强调要“重点从有利于深化供给侧结构性改革、有利于加快培育经济增长新动能、有利于激发各类市场主体活力、有利于增强人民群众获得感、有利于调动保护广大干部群众积极性等方面完善改革思路”。“三个下功夫”明确了深化改革的着力点，“五个有利于”突出了完善改革思路的总原则。按照习近平总书记的要求，坚定改革信心，做实改革举措，释放改革活力，提高改革效能，就能为新时代东北全面振兴提供强劲动力。

把握东北振兴的重点任务，就要把新发展理念贯彻到各个方面。新发展理念是指挥棒、红绿灯，是管全局、管根本、管长远的导向。只有依靠创新把实体经济做实、做强、做优，积极扶持新兴产业加快发展，才能激发创新驱动内生动力；只有培育发展现代化都市圈，形成东北地区协同开放合力，深入推进东北振兴与京津冀协同发展、长江经济带发展、粤港澳大湾区建设等国家重大战略的对接和交流合作，才能构建协调发展新格局；只有贯彻绿水青山就是金山银山、冰天雪地也是金山银山的理念，充分利用东北地区的独特资源和优势，更好支持生态建设和粮食生产，才能巩固提升绿色发展优势；只有深度融入共建“一带一路”，加快落实辽宁自由贸易试验区重点任务，完善重点边境口岸基础设施，才能建设开放合作高地；只有更加关注补齐民生领域短板，保障好城乡生活困难人员基本生活，加大东北地区公共基础设施领域的投资力度，才能让人民群众共享东北振兴成果。

实现东北振兴，是历史赋予我们这一代人义不容辞的使命。坚持以习近平新时代中国特色社会主义思想为指导，贯彻落实党中央关于东北振兴的一系列决策部署，一以贯之、久久为功，东北地区就一定能重塑环境、重振雄风，实现全面振兴。

——摘自中国徐州网

专题十三
大庆精神立德　铁人榜样树人

知识点睛

以大庆精神立德、铁人榜样树人，就是用爱国主义精神培育大学生的崇高理想信念，用艰苦创业精神锻造大学生的责任感，用科学求实精神提升大学生的创新能力，用无私奉献精神筑牢大学生的世界观、人生观和价值观。高校应在大庆精神、铁人精神的传承和创新中发挥引领效应，以思政课为主渠道、以校园文化建设为载体、以社会实践服务为依托，把大庆精神、铁人精神的传承和创新融入实现高校育人的全过程，推动高等教育质量的全面提升和大学生的全面发展。在实现中华民族伟大复兴和建设社会主义现代化强国的大背景下，大庆精神仍然具有深刻的时代价值，高校大学生需要坚定不移地接受大庆精神、铁人精神的引领。

实践范例一　爱国主义教育基地——大庆铁人王进喜纪念馆、油田历史陈列馆

【实践教学目标】

大庆石油会战翻开了中国石油开发史上具有历史转折的一页，由此开始了中国石油工业的跨越式发展。大庆油田在创造巨大物质财富的同时，也铸就了以“爱国、创业、求实、奉献”为主要内涵的大庆精神。在波澜壮阔的大庆石油会战中孕育形成的大庆精神，是中华民族伟大精神的重要组成部分，是激励中国人民不畏艰难、勇往直前的宝贵精神财富。铁人纪念馆和油田历史陈列馆通过翔实的史料生动再现了大庆油田波澜壮阔创业历程，突出了大庆油田会战的优良传统和以铁人为代表的老一辈石油人的感人事迹。学生通过参观铁人王进喜遗物和一幅幅反映大庆油田开发历史的珍贵照片、一件件历经风雨的珍贵史物、一段段震撼人心的英雄事迹，感受当年铁人不畏艰难，不怕困苦，“有条件要上，没有条件创造条件也要上”的不怕流血牺牲的革命英雄主义精神，感受大庆油田前辈的英勇事迹和他们为革命事业奋不顾身的崇高精神。通过参观体验接受革命传统教育，聆听铁

人事迹、追寻铁人足迹、感悟铁人精神，进一步坚定理想信念，提高自身意志品质。

【实践场馆介绍】

场馆介绍1

大庆铁人王进喜纪念馆

铁人王进喜纪念馆坐落在大庆市让胡路区世纪大道西侧，2003 年 10 月 8 日，在铁人王进喜诞辰 80 周年之际奠基。2006 年 8 月 10 日，温家宝总理为纪念馆题写馆名。2006 年 9 月 26 日，大庆油田发现 47 周年纪念日铁人王进喜纪念馆正式开馆。铁人王进喜纪念馆馆区占地面积有 11.6 公顷，其中主体建筑面积 2.15 万平方米，建筑外形为“工人”两个字的组合，纪念馆高度 47 米，其顶部为钻头造型，正门台阶共 47 级，寓意为铁人 47 年不平凡的人生历程，象征铁人纪念馆是一座工人纪念馆。

铁人王进喜纪念馆展览整体以《爱国、创业、求实、奉献——石油魂》为主题，集中展示铁人王进喜生平的业绩及用终生实践所体现出的大庆精神、铁人精神。整体展厅总面积 4790 平方米，展线总长度 917 延长米。共展出照片 494 张，展出文物（实物）953 件、文照 48 件、文献 184 件。铁人纪念馆陈列理念超前，主题鲜明突出，史料翔实，构思巧妙，亮点迭起。宽阔、辽远、恢宏大气的展厅，通透、开放、引人入胜的场景，富有感染力和震撼力的陈列内容，体现了铁人纪念馆与众不同的特色。馆区互动景观——40 型钻机是 1960 年铁人王进喜带领 1205 钻井队来大庆会战时使用的相同型号钻机，此钻机参加过大型纪录片《大庆战歌》和《铁人》电视连续剧拍摄。观众可以登上钻台，亲自动手扶刹把，感受铁人王进喜当年钻井的风采。铁人王进喜纪念馆是国家一级博物馆、全国青少年教育基地、全国爱国主义教育示范基地、国家 AAAA 级旅游景点、中国石油企业精神教育基地，被评为中国十大红色旅游景区、中国最具特色旅游目的地、中国旅游文化示范基地。截至 2020 年，累计接待参观者超过 200 万人次。

场馆介绍2

油田历史陈列馆

大庆油田历史陈列馆隶属大庆油田第一采油厂，馆址为黑龙江省文物保护单位，为大庆石油会战指挥部旧址“二号院”，2005 年 3 月开始重建，2006 年 9 月 26 日落成开馆，大庆老领导张轰题写“大庆石油会战指挥部旧址”。

大庆油田历史陈列馆是我国第一个工业题材原址纪念馆，展馆占地面积 15900 平方米，展览面积 4200 平方米，拥有藏品 7400 件，陈列展品 3055 件，容纳史料 200 多万字，首批国家级文物 117 件。展览分为“岁月・大庆”“松辽惊雷，油出大庆”等九部分。展馆引进了先进的展项理念，并采用立体空间交叉展示手法，利用声光电等现代技术，通过大量照片、文献、实物、音像资料以及绘画、雕塑、场景复原、沙盘等艺术表现形式，全面地回顾大庆油田发展历程，系统地展示大庆油田各类英雄群体、宝贵经验、巨大贡献以及126位党和国家领导人对大庆的亲切关怀，突出表现党领导建设社会主义工业企业成功典范的深刻主题。展馆集教育功能、展示功能、研究功能、旅游功能以及人性化服务功能相融一体，成为展示大庆油田文化、石油员工风采和爱国主义教育的重要基地。先后被评为中国石油天然气集团公司企业精神教育基地、全国工业旅游示范点和全国青年文明号。2007年，荣获全国博物馆十大陈列展览精品奖。2008年7月12日，北京奥运会圣火来到大庆，在该馆进行了火炬传递起跑仪式。

【实践教学评价】

（1）实践结果：PPT 汇报。

（2）实践评价：教师针对学生通过场馆的参观汇报情况进行评价，评价标准如下：

得分	PPT内容	PPT制作	汇报情况
10	PPT 内容翔实，图片丰富，理论实践相结合	PPT制作精美	发言人准备充分，语言流畅，并有本小组自己的见解
7	PPT 内容丰富，理论实践相结合，贴近实际	PPT制作精美	发言人准备充分，语言流畅，没有本小组自己的见解
4	PPT 内容不够丰富，没有把理论和实践相结合	PPT制作一般	发言人准备不够充分，没有本小组自己的见解

【参考资料】

“有条件要上，没有条件创造条件也要上”

视频 13-1
有条件要上，没有条件创造条件也要上

这是以王进喜为代表的大庆石油职工面对各种困难和矛盾发出的豪言壮语，表达了大庆石油职工对待困难的顽强态度和艰苦创业的钢铁意志。

面对大庆石油会战的各种特殊情况和困难条件，是不怕困难硬打上去，还是畏惧困难退下来？铁人王进喜发出了“有条件要上，没有条件创造条件也要上”的豪迈誓言，带领1205钻井队创造了大庆会战史上一个又一个奇迹。

1960年3月25日，即1205队到达大庆的那一天，石油工业部党组在哈尔滨召开了大庆会战的第二次筹备会议，确定了4月份的战斗任务，发出了“迎接大会战，打响第一炮”“高速度高水平拿下大油田”的战斗号召，成立了大会战的领导和办事机构——部机关党委和会战指挥部。会后，石油工业部长、部机关党委书记余秋里，副部长、会战总指挥康世恩搬到安达办公，亲临前线指挥。他们下现场，住牛棚，深入钻井队，向参战职工传达党中央、毛泽东的指示，讲解大会战的形势、任务和深远意义。余秋里根据周恩来的指示，要求全体职工，特别是各级干部要认真学习毛泽东的《实践论》和《矛盾论》，用毛泽东思想的立场、观点和方法指导大会战的全部工作，解决所面临的各种复杂矛盾和极端困难。他走到哪儿讲到哪儿，宣传到哪儿。他对大家说，大庆会战是一场大仗、硬仗、恶仗，不下个死决心，拿出个大干劲，创出高水平，打出高速度是不行的，成败在此一举，我们要背水一战。每个参战职工，都要发扬战争时期那种不怕牺牲的精神和一往无前的气势，奋发图强，艰苦奋斗，勇敢地去战胜困难，夺取大会战的胜利。

在当时交通不便、通讯不畅的情况下，为了及时传达上级指示和领导讲话精神，刚刚成立的萨中指挥部派出一个强有力的工作组到1205队帮助工作。

经过大西北戈壁风沙吹打和艰苦的钻井生产的长期磨炼，王进喜骨子里充满了一股不可遏制的挑战欲望，越是困难越要去战胜它。他主动挑战，要和来自全国的标杆队比高低，决心创出全国新纪录。王进喜既承认困难，又藐视困难，面对“青天一顶，荒原一片”，喊出了“有也上，无也上，天大困难也要上”，充分表现出压倒一切困难的英雄气概，有一股不可战胜的气势。在玉门不少钻井队都有自己的小仓库，尤其像王进喜这样爱跑废料堆，爱修旧钻头的队长，“小仓库”还比较“富”。上级管这叫“针线笸箩”，允许其存在。可到了会战新区，这个“小仓库”没有了，没有了不能成为坐等条件的理由，由此引出王进喜发出“有也上，无也上，脱了裤子也要上”的誓言，这“砸锅卖铁也得干，脱了裤子也要上”的精神，是一种信念、一种决心、一种顽强的意志。

王进喜不是把“有也上，无也上”当作口号说说而已，而是当作一种指导思想，一种行为准则来指导自己的行动，用以动员全队职工，鼓舞大家的士气。

大会战的最高指挥官余秋里也有类似“有也上，无也上”的思想，所以听了关于王进喜的事迹汇报后大加赞许并喊得更响。后来石油工业部副部长孙敬文觉得这样说不大科学，几经研究切磋，完善为“有条件要上，没有条件创造条件也要上”。“有条件要上，没有条件创造条件也要上”成为大庆会战的行动准则，成为鼓舞士气最有力的一句口号，慢慢地也成为流行全国的一句名言。在会战初期一些物资的供应、后勤保障暂时跟不上的情况下，王进喜第一个喊出“有也上，无也上，天大困难也要上”，表明了石油工人奋发图强、不被困难吓倒的决心和气魄。“有条件要上，没有条件创造条件也要上”的豪言壮语，充分体现了大庆人敢于与天斗，与地斗，敢于革命，敢于取胜的大无畏精神，也充分体现了大庆人既藐视困难，又重视困难的科学态度。

一、“井无压力不出油，人无压力轻飘飘”

“井无压力不出油，人无压力轻飘飘”，这是大庆石油人强烈的社会使命感、历史责任感和自律意识的突出表现。铁人王进喜说："一个人每天都要工作，如果责任心不强，就没有压力，就轻飘飘地过去了。我们说的压力，不是哪个领导给的压力，是我们自觉自愿的压力。要有责任心，对党负责，对国家负责，对自己负责，就应该有压力。""没有油国家有压力，我们要自觉分担这个压力。一般的压力还不够，我们要承担100吨的压力。"这种自觉加压意识，是以铁人王进喜为代表的大庆石油职工艰苦创业、不断开拓进取的内驱力。

为了减轻国家的石油压力，石油会战工人开展了岗位练兵活动来提升技术水平。当年参加会战的各个生产岗位上的职工，大部分是解放军复员战士，他们政治素质高，但技术水平低，同油田开发建设的艰巨任务不适应。

1962 年建立岗位责任制以后，根据生产发展的需要，会战指挥部提出学习解放军群众性练兵运动的做法，开展岗位练兵。生产工人立足本岗位，以练基本功为主，紧密结合生产实际，不脱产或利用生产间隙进行技术学习和技术训练。主要是岗位工人自觉自练、互教互学、以老带新、示范表演、技术比武以及讲技术课、短期集训等。基本原则是做什么、学什么，缺什么、练什么，掌握本岗位必需的理论知识和操作技能。基本要求是岗位工人要做到"四懂"(对本岗位、本班组的设备、仪器、工具，要懂结构、懂性能、懂原理、懂故障判断)、"三会"(会操作、会保养、会修理)。对于关键生产岗位，不仅要求工人有很强的责任心，还必须有很高的技术水平。比如钻井队司钻是指挥和决定钻台其他岗位的关键岗位，司钻手里掌握"三条命"——工人的命、机器的命、油井的命，因此，司钻的选拔和培训尤为重要。

在岗位练兵中，广大职工表现了很高的热情。很多同志在工作中认真操作，业余时间认真学习，有的披星戴月，勤学苦练。工地、宿舍都成了练兵的场地，很快涌现出了一大批技术能手。32139 钻井队 1963 年接受了用 3200 米钻机打 4000 米超深井的任务。全队掀起了练兵热潮，边干边练，一连几个月，各岗位职工都掌握了一套过硬技术，实现了钻井操作规范化。通过岗位练兵和生产实践，他们在技术上达到了"四过硬"：一是在机器上过得硬，熟悉机械性能，会维护保养，会除故障；二是在操作上过得硬，动作熟练、准确，协同动作好；三是在质量上过得硬，干活正正规规，合乎质量规格标准；四是在复杂情况面前过得硬，有安全知识，能判断、预防和处理事故。潘风歧、刘明田、陈淑英、胡法莲等 4 名青年工人，能从井上的压力变化，分析出地下油层动态，判断出邻近油井的开停和生产情况，提出技术措施建议，把油井管得正正规规，生产顺顺当当。他们成了采油工人的技术尖子，被誉为油井管理"四小将"。

岗位练兵要从难从严，勤学苦练，讲求实际，不搞形式，钻工苦练打大钳基本功成为极为常见的情况。3 月份，寒气逼人，钻井工人脱掉棉衣练，满头是汗，100 多斤重的大吊钳，"咣"的一声推过去，钳口正好扣住钻杆。当时的《战报》曾报道，有个叫解西祥的青年钻工，打大钳又快又准，技术表演时，1 小时 20 分钟连续打大钳 1220 次，次次成功。其他钻井队的工人也不甘示弱，不断有新的纪录出现。后来又有报道说，有一名副司钻赵德福，连续打大钳 1537 次。为了避免大家的积极性流于形式，余秋里曾指出："群众的练兵积极性很高，要有控制，掌握适度，过分了会损伤工人的身体。打大钳技术，主要是熟练、准确，在钻台上适用，不能一味提倡次数，追求形式主义的东西。”通过正确引导，会战各路队伍的技术练兵，既轰轰烈烈又扎扎实实，不搞花架子，收到了实效。

在艰苦的会战中，广大职工通过生产实践和各种形式的技术学习与技术培训，在技术上都有了长足的进步。据 1964 年统计，1960 年复员的 17761 名战士，从不懂技术到掌握本岗位业务技术，达到三级、四级工水平的有 11860 多人。据 44 个主要技术工种调查，熟练的技术工人比会战开始时增加了 70%，涌现出各级技术能手 855 人。

大庆油田工人通过自我加压，以扎实过硬的专业技术为石油会战奠定了基础，完成了为国家分忧的历史使命。

二、“北风当电扇，大雪当炒面，天南海北来会战，誓死拿下大油田”

这是铁人王进喜发出的豪迈誓言，是大庆石油职工献身精神的突出表现。

1960 年 5 月，打第二口井时，他被砸伤的腿肿得还很厉害，但他放心不下井队，两次从医院偷跑回队，成天拄着拐棍，坚持在井场指挥生产。一天，井上突然出现意外井喷迹象，在这危急关头，他当机立断，拖着伤腿带领全队职工扛水泥、运泥土，压制井喷。一袋袋水泥和泥土倒进泥浆池中，却搅拌不开，打不进井里。铁人大喊一声“跳”，便跃进齐腰深的泥浆池中，带领队友奋战 3 个小时，终于制伏了井喷。这是有史以来从未有过的压井办法，铁人王进喜和他的队友凭着对党、对祖国、对人民、对石油事业的一腔热血，谱写了一曲新中国石油工人的壮丽凯歌。

会战打响以后，各探区、各井队响应“集中全力猛攻试验区”的号召，为高速度、高水平地拿下大油田而大显身手，你追我赶，互不相让。会战指挥部做出决定，在萨尔图油田中部开辟一个 30 平方公里的油田开发试验区，调集过硬钻井队快速优质地打出一批开发井，尽快投入开发。第一口井就打出威风、打出水平的王进喜被调来，在一个井排上从东往西打；玉门另一个老标杆景春海队则在同一个井排的另一头从西往东打；新疆的马德仁队在铁路北面另一个井排上打；二探区的四川段兴枝队在杏树岗油田上挑大梁。让这些强手们同区竞赛同台比武，一试高低。从不服输的王进喜当然不甘示弱，他挟一口井的余威，牢记万人大会上发下的誓言，带着严重的腿伤，指挥全队工人快搬家，巧安装，早开钻，要在 2589 井上实现“4 天打完一口井”，创出班进日进月进尺的全新纪录，打它个 5 月会战开门红，在这场大竞赛中争第一，在标杆林中夺冠军。为了按时完成任务，王进喜忍着伤腿的剧痛指挥工作，并要求全队为他的伤情保密。“队长受伤，全队保密”成为 1205 队的一条纪律。

一次，副部长康世恩到井上来了解情况，工人们事先得到了消息，王进喜把伤腿用棉裤遮住，把双拐都塞进套管里用老羊皮袄盖好，从容镇定地给康部长汇报，还领着他到处参观了一遍。康部长对 5 队工作很满意，表扬队长抓得紧、工人干得好。康世恩一走，工人们赶快上前把队长扶住，搀回铺上休息。事后，康世恩在一次会上当着几千人对王进喜说：“你老铁封锁可真厉害，把我糊弄住，很长时间不知道。说明你是铁人挺得住，也说明你们队人心齐瞒得好。”

王进喜就这样凭着对党和石油事业的忠诚，凭着钢铁般的坚定意志，凭着全队工人的纪律性，坚持带伤在新老两个井场上指挥拆卸、搬家、安装，有时需要联系事，他还要骑上摩托车外出。伤的是右腿，没法发动摩托，他就叫工人们发动好，他再骑上走。他还对人开玩笑说：“天王老子专和我作对，小时要饭狗咬、进矿被铁板砸，都是伤的右腿。这回受伤又是这条‘发动腿’，你说怪不？”在场的人听了又是敬佩，又是心疼，谁也笑不出来。

当年《工人日报》报道大庆时，有篇“大庆人谈铁人”，其中有1205队司机苑玉福说的这样一段话：1960年，“铁人”腿受了伤，领导和同志们把他送到医院，他偷着跑回来了。有一回他骑着摩托往井上送东西，半路上摩托车倒了压在伤腿上，他半天爬不起来。周正荣看见了，要把他背回来，他不让。周正荣看见他疼得直咬牙，感动得哭起来了。“铁人”说：“哭什么？干工作哪有不受点苦流点血的。”他不能走路，就坚持坐在井场上指挥说：“我腿伤了干不了重活，脑子没伤，可以留在井上看着你们干，给你们出主意。”

他说这话一半是借口，一半是真情。他留在井上不是不干活，而是不要命地啥活都干，同时也确实是在动脑筋，想办法，给大家出主意。他管这“动脑筋，想办法”叫作“转脑子”，他说，大会战需要我们好好干，领导也支持我们好好干。我们有什么理由不好好干，有什么理由干不好呢？人长脑瓜子就要转，就要想事情。学了“两论”，懂得了要围着轨道转，去认识规律。

当年，段兴枝的1247钻井队响应部党组号召，大搞技术革新，实现了“钻机自走”，轰动了全油田，也给王进喜增加了不小的压力。他想5队在这方面也不能落后，所以就从生产需要出发揭矛盾，找问题，搞革新。他带伤住在井上，一面指挥拆卸搬家，一面坐在铺位上“转脑子”，还发动全队搞“技术民主”，叫大家结合实际学“两论”，揭露矛盾找差距，联系实际提建议，想办法。工人们热情很高，不仅会上说，会下议，还把建议用大纸写出来贴在墙上，几天就揭出问题400多个，提出建议166条。

看到这形势，王进喜非常高兴，归纳和集中大家的意见，最后决定在搬家安装和钻井中采取了三项大胆的革新措施：去支架、改大绳、接单根不卸方钻杆。这在别的队看来可以说是风险很大的惊人之举。王进喜知道这样干得冒很大的风险，但为了大会战，为了早日拿下大油田，这个风险值得冒，要敢承担，在祖国需要时，不能顾及个人得失。

实践范例二　铁人精神发源地——1205钻井队和铁人一口井——萨55井

【实践教学目标】

铁人精神是一种为国争光、为国分忧的高度觉悟的爱国主义精神；铁人精神是一种不计名利、不计报酬、埋头苦干、乐于奉献精神；铁人精神是一种不畏艰难险阻、战天斗地的艰苦创业、忘我拼搏精神；铁人精神是一种对技术精益求精、为事业练就一身硬功夫、真本领的科学求实精神；铁人精神是一种不安于现状、不拘于常规、奋发思变的创新精神。“铁人精神”是当前和今后大学生学习和工作不可缺少的一种力量源泉，更是指引大学生跨越难关的不竭动力。当代大学生要在铁人精神的感召和激励下，自强、自信、自尊、自律，自觉地把个人的成长与社会的发展结合起来，立足当前的实际，扎实认真学习，为建设社会主义现代化强国，实现中华民族的伟大复兴贡献自己的力量。

【实践场馆介绍】

场馆介绍1

铁人精神发源地——1205钻井队

视频 13-2
铁人名号的由来

钻探工程公司钻井二公司1205钻井队是中国工人阶级的先锋战士——铁人王进喜同志带过的队伍，铁人精神的发源地。1953年9月在玉门油矿建队，1960年3月来到大庆油田参加石油会战。现有员工83人，其中党员27人，团员22人，国内47人，海外36人。其中，具有本科学历15人，大专学历14人，中级以上专业技术职称11人。主要承担油田调整井、中深开发井和特殊工艺井及海外苏丹钻井项目施工任务。建队50多年来，1205钻井队为中国石油事业发展作出巨大贡献。20世纪50年代，在玉门油田打出“月上五千，年上双万”的当时全国最好水平。会战初期，创出15小时38分打出一口“小三一”井、22小时钻完一口1221米“大三一”井、班进尺721.64米的钻井纪录。1966年，突破年钻进尺10万米大关，超过美国王牌钻井队和苏联格林尼亚功勋钻井队。1971年，实现钻井进尺日上千、月上万，年进尺12.7万米，首创月进尺16201米的全国纪录。1982年4月11日，成为全国第一个累计钻井进尺突破100万米的钻井队。1984年，引进使用美国威尔逊65型钻机，夺得原石油工业部同工种劳动竞赛金牌三连冠。1989年11月13日，钻井总数在全国率先突破1000口。1999年以来，先后施工定向井、水平井等特殊工艺井，实现由单一井型向多功能井型转变。2000年以来，实现ZJ15到ZJ30DB钻机的四次转型。2004年2月，钻井总进尺在全国率先突破200万米。2006年8月，完成大庆油田第一口长水平段339米取心井的施工任务，首创长水平段取心收获率99.1%的全国纪录。2005年11月，GW1205队成功进入苏丹钻井市场，已在苏丹钻井23口。建队以来，1205钻井队先后为兄弟油田和单位输送干部和技术骨干1200余人，涌现出以铁入王进喜为代表的众多先进模范人物，有“继承铁人精神的好队长”高金颖，七届全国人大代表、全国五一劳动奖章获得者申冠，黑龙江省劳动模范、大庆石油管理局“百优”职工朱振国，全国五一劳动奖章获得者、黑龙江省特等劳动模范盛文革，集团公司“十大杰出青年”、全国劳动模范李新民，黑龙江省劳动模范胡志强等一大批模范和标兵人物。该队还荣获各类锦旗、奖杯、奖状等300多面（件），先后被石油工业部授予“铁人钻井队”“钢铁钻井队”“卫星钻井队”等荣誉称号，获得大庆石油管理局先进集体标兵、黑龙江省“五一劳动奖章”、中国石油天然气集团公司“百面红旗”、全国五一劳动奖状、全国青年文明号等荣誉称号。1995 年 5 月，被确立为大庆市爱国主义教育基地，2003 年，被大庆石油管理局确定为首批传统教育基地。党和国家领导人毛泽东、周恩来、刘少奇、朱德、邓小平、江泽民、李鹏、李瑞环、温家宝、贾庆林、黄菊、吴官正、李长春等都曾接见 1205 钻井队员工代表或来队视察指导工作。截至 2019 年，累计接待参观者 4 万余人次。

场馆介绍2

铁人一口井——萨55井

视频 13-3
破冰端水保开钻

萨 55 井是铁人王进喜 1960 年 4 月率 1205 钻井队到大庆参加石油会战打的第一口油井，该井位于萨尔图区解放南村，是一口详探井。1960 年 4 月 14 日，王进喜带领 1205 钻井队（时称 1262 队）在极其困难情况下，凭借“有条件要上，没有条件创造条件也要上”的大无畏革命精神，争分夺秒保开钻。没有吊车，就靠挖土卸车坑的办法，人拉肩扛卸钻机。开钻没有水，就用铝盔、脸盆到附近水泡子破冰取水。克服重重困难，经过 9 昼夜奋战，于 23 日正式完钻，当天 16 时 32 分喷出原油，5 月 26 日开井生产。多年来，这口井一直是自喷井，已累计产油 15 万多吨。该井附近现在仍保留着当年的卸车坑、钻井液池、土油池、值班房和工人住过的地窨子等遗址与实物。萨 55 井是黑龙江省爱国文物保护单位、中国石油天然气集团公司企业精神教育基地，是对广大石油工人进行会战传统教育、弘扬铁人精神的生动课堂。

【实践教学评价】

（1）实践结果：话剧。

（2）实践评价：教师针对学生以弘扬铁人精神主题拍摄话剧情况给出评价，评价标准如下：

得分	表演情况	视频
10	准备充分，表演流程完整，完整诠释铁人精神并能够升华	话剧准备充分，内容丰富，表演到位
7	准备充分，表演流程完整，能够较好地弘扬铁人精神	话剧准备充分，内容丰富，表演到位
4	准备相对充分，表演流程较完整，能够诠释铁人精神	话剧准备充分，内容较丰富，表演较到位

【参考资料】

资料1

宁可少活二十年，拼命也要拿下大油田

“头顶天山鹅毛雪，面临戈壁大风沙……”听到《我为祖国献石油》这首歌，人们都会这样说：“石油工人太艰苦了！”这结论没有错。但这毕竟是艺术化了的艰苦。实际上，石油工人遇到的困难，吃的苦，遭的罪，远比歌中唱到的多得多。如果说搞石油是艰苦的事业，那么，最能体现这种艰苦劲的，也莫过于大庆会战了。

大庆会战的序幕拉开之时，正是我国发生三年经济困难的时期。那时会战的主战场萨尔图只有几十户人家，周围一望无边的大草原上有许多季节性的积水洼地和低位沼泽以及大大小小的碱水泡子。既有国民经济困难的大环境，又有自然条件恶劣的小环境，这就注定了这场会战是一场苦战，一场恶仗。会战最早选定的主战场并不在萨尔图，而是在油田南部的大同镇。大庆油田喷出工业油流的第一口探井——松基3井就在这附近。在准备会战的日子里，包括总工程师、总地质师、大学教授等各类工程技术人员在内的4万多人的会战队伍，一下子都开到了这里。但是，会战队伍在这里刚喘口气，就传来了新的消息：位于北部的萨尔图构造第一口探井——萨66井，杏树岗构造第一口探井——杏66井，喇嘛甸构造高点上的喇72井相继喷出高产量的工业油流，这表明，南起敖包塔、北到喇嘛甸的800余平方公里范围内都是含油区。萨尔图又在滨洲线上，交通方便，自然成为石油会战的重点。相比之下，大同镇的自然条件要比萨尔图好得多，但是地下石油的储量没有萨尔图多。如果把主战场摆在萨尔图，用当时石油部长余秋里的话来说，就能抱个“大金娃娃”，而主战场摆在大同镇，就只能抱个“小金娃娃”。转移战场，意味着走向大荒原，迎接困难的挑战。为了抱个“大金娃娃”，会战大军不畏艰辛，进行百里大搬迁。这就是大庆石油会战史上著名的“挥师北上”。

此时，江南已是春拂绿柳，而萨尔图仍在冰封雪飘。几万人的会战队伍，一下子集中到这毫无依托的大荒原上，一些意想不到的困难都出现了。形势十分严峻。上，有很多矛盾难以解决；不上，国家又急需石油。此时此刻，上至会战领导小组组长、石油工业部副部长康世恩，下至每一个普遍的会战职工，4万多人的脑海里几乎同时出现一个大问号：怎么办？人心浮动靠什么统一思想？在关键时期，会战工委做出的第一个决定就是号召会战职工学习毛主席的光辉著作《实践论》和《矛盾论》。在篝火旁，在牛棚和马厩里，随时可以看到会战职工手捧“两论”学习和讨论的情景。广大职工用马列主义、毛泽东思想分析会战形势。他们说：“在我们面前确有很多矛盾，但千矛盾，万矛盾，国际上的霸权主义实行经济封锁，用石油卡我们脖子是最大的矛盾。在我们面前确有很多困难，但这困难，那困难，国家缺油是最大的困难。上，无非是多吃点苦，多流点汗；不上，国际上的霸权主义继续卡我们，国家就会更困难。”王进喜向战友们说：

“我们工人阶级，就是要有这样的雄心，现在我们流点汗、吃点苦，为的是快快把我们国家建设得更强大，只要国家有了油，再苦再累也高兴。”“一分钟也不能等。有条件要上，没有条件创造条件也要上。”“宁可少活 20 年，拼命也要拿下大油田！”王进喜的话表达了大庆人对待困难的顽强态度和艰苦创业的钢铁意志。他们正是在生活、生产都缺乏常规保证的条件下，充分发挥主观能动性，从多方面创造条件，打破常规，克服了正常情况下难以克服的困难。

会战伊始，荒原茫茫，没有房子住，帐篷、活动板房又不够住，就挖地窨子，不知什么时候被丢弃的牛棚、马厩也住上人了。有的人还是什么都住不上，没办法，只能天当房，地当床，几十个人扯起一张篷布盖在身上。王进喜带领的1205 钻井队，下火车来到目的地马家窑的第一天晚上，就住在一间三堵破墙、四面透风的马厩里。他们三十几个人挤在里边，背靠背地过一夜。不知道什么时候，有几个伙伴挤得实在受不了，就抱来一堆草，摸黑找到一个夹道，躺下就睡。醒来一看，原来睡在一口井边，地下全是冰！

会战第一年的雨季到了。老天爷不作美。这一年雨多，小雨不断，大雨十天八天就下一场。住帐篷、活动板房、牛棚马厩时的会战职工，饱受雨淋之苦。下雨了，外面大下，里面小下，外面雨住了，里面还在滴答。漏雨了，要避开，就要挪床，有时挪动几次，也找不到一处不漏的地方。床上不能睡，大家就挤在一起，合顶一块雨布，坐着睡。有时候，住处灌满了雨水，早晨起来，鞋子、脸盆都漂走了。雨水一多，蚊子、瞎虻、小咬就多，而且多得吓人，到处咬你，叫你痛得受不了。会战职工风趣地说：“萨尔图有‘三宝’：蚊子、瞎虻和小咬。”

这一年，冬天又来得早。国庆节前就下了一场鹅毛大雪，这是老天爷向风餐露宿的会战职工发出的警告。萨尔图最低的气温可达到 -40℃，天当房、地当床是要冻死人的。面对老天爷的警告，有人产生了南下哈尔滨“猫冬”的念头，这样，就可以享一冬福了。这种想法，当然不会成为会战领导决策的依据，因为他们想的是创造条件，坚持会战。

于是，一场赶在入冬前“治窝”的战斗打响了。全油田从上到下，人人动手，挖土打墙，盖“干打垒”。机关干部晚上办公，白天盖“干打垒”，钻井工人白天钻井，晚上盖“干打垒”。仅用两个月时间，就建成了 30 多万平方米的“干打垒”，不但使几万人有了住处，还做到“油进站、车进库、菜进窖、粮进仓”，保证了生产的正常进行。因为冻土施工，有些“干打垒”不保温，数九寒天睡一宿，第二天一早起来，被子就冻粘在墙上了，鞋子冻在地上用手撬起来。又因为是应急，有些“干打垒”的窗户糊不上纸，安不上玻璃，就用油毡纸钉上。屋里不通气，取暖烧原油时油烟子特别大，不要说常住，就是待一天，住一宿，全身都像打了遍“黑又亮（鞋油)”，除了牙齿，没有白的地方。靠“干打垒”，会战职工度过了第一个严冬。以后他们又盖了 100 多万平方米“干打垒”。当时在油田上，绝大部分职工住的是“干打垒”，油田党委、油田总指挥部、油田政治部领导机关的办公室也是“干打垒”，整个矿区的非生产性建筑，除了一所中心医院和个别科研机关外，其余如食堂、商店、卫生所和文化娱乐场所等，也都是“干打垒”和少量简易的砖瓦平房。当年的大庆，实际上是一个“干打垒”城。

在那上上下下普遍勒紧腰带的日子里。生活上的另一个大困难，就是缺吃的。石油工人从事繁重的体力劳动，仅靠3斤定量是远远不够的，况且定量一降再降，最低时每天只能“五两保三餐”。尽管黑龙江省委顾全大局，每月调给战区15万斤粮食，但也远远填不饱肚子。当时有个口号，叫作“勒紧腰带，坚持会战”。经过几个月的苦干、苦熬，终于熬来了万物生长的季节，野菜救了“驾”。各单位每天都抽出一些人，由副书记为“黄花司令”。吃了“野菜包子黄花汤”，有位工人编出这样一则顺口溜：“野菜包子黄花汤，吃到嘴里分外香，挥锹舞镐扶刹把，含有伙夫一臂膀。”长期吃野菜，又加上繁重的体力劳动，一些职工得了浮肿病，最多时出现了4000多名浮肿病患者。这期间，职工家属又一批批来到油田，吃粮吃菜更加困难。为了渡过难关，战区工委号召家属组织起来，发扬南泥湾精神，自己动手搞农副业生产，“五把铁锹闹革命”就是在这样的背景下发生的。那是1962年4月16日，钻井指挥部机关的职工家属王秀敏、杨学春、丛桂兰、吕玉莲，在45岁的家属薛桂芳带领下，扛着铁锹，背上行李，抱着孩子，到远离驻地15公里外的地方去开荒种地。在那里，她们利用钻井队留下来的活动房架，找了个破帐篷，搭起了一个简易住房。晚上，大人小孩子就睡在垫着干草的地上，她们用铁锹翻地，3天开了0.3公顷，手上打出了血泡，也没有人叫苦叫累。在她们的带动下，陆续又来了一些家属。她们又用人拉犁，赶在春播前开出2公顷地，种上了大豆，到秋天打了1 800多公斤。会战工委领导及时总结推广了这个典型。于是，“五把铁锹闹革命精神”成为鼓舞广大家属发挥“半边天”作用的巨大力量，她们纷纷走出家门，参加集体农副业生产。据统计，61年来，大庆职工家属已开荒种地近2万公顷，累计生产粮食6.2亿多公斤，蔬菜15亿多公斤，肉5800多万公斤，蛋1690多万公斤，鱼420多万公斤，奶320多万公斤，水果660多万公斤。有5.5万名农村户口的家属连续12年不吃商品粮。

视频 13-4
共渡难关保三餐

搞石油生产建设，“万事俱备”的情况是没有的。特别是大庆会战初期，只有400多台汽车，10多台吊车，设备严重不足，运输上不去。大庆人硬是靠发扬“人拉肩扛精神”，把会战打了上去。在这方面，王进喜和他带领的1205钻井队表现得尤为突出。

这个队到大庆的第二天就忙了起来。有的到车站打听钻机什么时间到，有的去井场做打井准备。后来钻机到了吊车不够用，60吨重的钻机，怎么从车上卸下来，又怎么安起来呢？大家都很着急。就在这时，党支部开了会。王进喜说：“没有吊车，咱们有‘宝贝’，照样干！”有人问：“啥宝贝？”王进喜说：“大活人！毛主席不是教导咱们人的因素第一吗？大家讨论一下怎么办？”有人说：“人拉肩扛也要把钻机弄到井场！”王进喜说：“对，咱们就是只能干，不能等。”说干就干，全队职工用木板垫，绳子拉，撬杠撬，奋战了4昼夜，把钻机和设备卸下火车，拉到了井位，将40多米高的井架竖立在井场上。

视频 13-5
人拉肩扛运钻机

要开钻了，水管线没接好，那哪里去弄水？钻机没有水，就像人没有血液一样，动弹不得。王进喜主张："没有水，端水也要开钻。"有人反对说："这简直胡闹！"王进喜问他："我们打井怎么是胡闹？"那人反问："你看哪个国家是用手端水打井？"王进喜说："就是我们国家！我们就是尿尿也要打井！"在王进喜的带领下，职工们纷纷去端水，大桶、小桶、脸盆、灭火器外壳，都成了运水工具。刚刚保证了开钻用水，地下又发生了漏层。漏层好像个无底洞，水一进去就被吞干。怎么办？大伙说："漏多少，端多少。"井水端干了，他们就跑到一里多地远的水塘砸冰取水。有的人脚冻成了冰疙瘩，有的人手冻得失去了知觉，他们都全然不顾。大家一共端了200吨水，终于战胜了漏层，打完了第一口井。

视频 13-6
铮铮铁骨王进喜

王进喜在整个石油会战中，处处发扬艰苦创业的精神，他的"宁可少活20年，拼命也要拿下大油田"的豪言壮语，他那"北风当电扇，大雪是炒面，天南海北来会战，誓夺头号大油田"的气壮山河的诗篇，激励了千千万万的人。一次王进喜在指挥放井架时，被钻杆砸伤了腿，血从裤脚流下来，昏倒在井场。他苏醒过来后，看到指导员在为他包扎止血，战友们围在他身边哭，而井架还没有放倒，便猛地坐起来，高喊："继续放井架！"然后忍痛坚持指挥。

第二口井开钻后，他的双腿还没好，领导和战友们送他住院，他几次偷偷地溜回钻井队，拄着双拐在现场指挥。有一天，他突然发现井喷迹象，如果不采取措施，及时制止，就会把几十米高的井架通通吞进地层。制服井喷，必须用重晶石粉加大泥浆的密度来压井。当时井上没有重晶石粉，他立即决定用水泥加土拌和泥浆。可是，由于没有搅拌设备，单靠泥浆泵循环一时搅拌不起来，在这紧急关头，王进喜甩掉双拐，纵身跳进泥浆池，挥动胳膊、腿脚，用身体搅拌水泥和土。他和另外两名战友，搅动了3个多小时。井喷事故避免了，王进喜的皮肤却被碱性很强的泥浆烧起了水泡，伤腿也被烧红了。战友们拉他回来后，他竟痛倒在钻杆上。像王进喜这样艰苦的典型，在会战中还涌现出许多。

1202钻井队队长马德仁和1206钻井队队长段兴枝，为了保证钻机正常运转，在最冷的天气里，破冰下泥浆池清理泥浆泵的上下管线，全身单衣被泥浆浸透，冻成了冰的铠甲。

大庆第一个采油队队长薛国邦，自制绞车为第一批油井清蜡，双手持蒸汽管下到约1米深的土油池里化开凝结的原油，保证了大庆首次原油外运列车的顺利开出。

工程队长朱洪昌，在水管线漏水时，用双手捂住裂缝堵住漏水，忍着灼烫的疼痛，让焊工接裂缝，保证了供水工程的提前竣工。

当时，整个会战队伍就是这样奋不顾身、英勇拼搏的。他们争分夺秒，用汗水、心血乃至生命赢得了油田会战的高速度。

谁无血肉之躯？谁不想延长自己的生命？然而，以铁人王进喜为代表的大庆人，却用自己的血肉之躯、自己的宝贵生命，去拼搏、去苦战，为的是为祖国、为人民拿下一个举足轻重的大油田，为祖国、为人民换来一个更加光明、美好的明天。他们的胸怀是博大的，他们的风格是高尚的！他们的进取、他们的拼搏、他们的奋斗，可歌可泣，永垂史册！

资料2

工人身上多少泥，干部身上泥多少

当大庆会战的4万大军开进油田的时候，当重重的困难摆在他们面前的时候，也不是所有的人都是很坚定的。有说怪话的；有写“四六句”的，有贴大字报，表示“就是不愿干”的；也有干脆脚底抹油——开“小差”、当“逃兵”的。但是，没有多久，这些被困难吓“熊”了的人，却又一个个被大庆牢牢地吸引住了。这个变化，有政治道德的作用，有先进典型的引导，也有干部以身作则，带头艰苦奋斗的影响。正是这些综合的因素，形成了一种强大的向心力，把4万大军牢牢地凝聚起来，形成了一股坚不可摧的战斗力。

在1202钻井队，至今仍流传着一个新工人思想转变的故事。

那是1960年，1202队调来的20名新同志中，有个姓王的年轻人。他分配到队上以后，看见钻井工人上班很特殊，既没有厂房，又不分昼夜，人人身上喷满了泥浆，脸上挂满了油渍，下班后也没有像样的宿舍，许多人睡在一个通铺上。吃的是高粱米、窝窝头，外加一碗冻白菜。一天晚饭时小王问一个老工人：“咱们吃不吃大米白面？”老工人笑了笑说：“吃，逢年过节吃。”这天夜里下雨，雨水从屋顶滴滴答答地漏下来。有雨布的把雨布盖在被子上，没有雨布的索性用被子把头一蒙，很快就打起呼噜来了。小王从来没有尝过这个滋味，半夜睡不着觉，嘴里嘀嘀咕咕，向一块来的同志抱怨自己不该来参加会战，说井队是他长这么大也没有见过的苦窝窝。指导员悄悄爬起来，坐在铺头上，和小王谈起来。他告诉小王：“别看咱们在这里住牛棚，受雨淋，吃粗粮，但咱们是在开发祖国最大的油田啊！红军长征的时候，吃的是皮带、草根，不要说没有住的，连片遮雨的树叶也没有啊！”

“现在革命胜利了，怎么能和红军长征比呢？”

“怎么不能比，咱们是个一穷二白的国家，要建设好这个国家，还有许多艰难困苦等着我们呢。咱们年轻轻的，要听党的话，要有这股硬劲，要有革命的志气！你们知道咱们中央石油部部长吗，他还不是和咱们一样住牛棚，受雨淋，也在风里冲，雨里撞，和咱们一样干！”

“部长也住牛棚，真的吗？”

“可不是，不但住牛棚，而且也受雨淋，为了开发油田的大事，也是天天通宵工作……”

这位指导员说的是实话。当时统帅大庆石油会战大军的石油工业部部长余秋里、副部长康世恩的办公室、宿舍就设在红色草原牧场的旧牲畜棚里。他们吃的也和会战职工一样，“五两保三餐”。虽然指导员的一番劝说没有使小王完全丢掉怕苦怕累的思想，但部长住牛棚这非同寻常的事，却给他留下了难忘的印象。“那么个大官还住牛棚，我这个‘小白人’有什么了不起！”小王在冷静的沉思中开始转变了，他撤回了前几天递上去的退职申请书，同时向领导递交了当一辈子钻井工的决心书。

谁也不会想到，小青年的转变竟与“部长住牛棚”这件事连在了一起。无声的榜样胜过有声的命令。从思想政治工作的角度来看，这种联系，再好不过地说明了身教重于言教的道理。

大庆会战刚开始的时候，会战工委就号召各级干部深入生产第一线，跟工人同吃同住同劳动，哪里有困难、哪里最艰苦、哪里最危险，就到哪里去。工人们说：“我们身上有多少雨，干部身上就有多少雨；我们身上有多少泥，干部身上就有多少泥。领导同志比我们还辛苦。”就说王进喜吧，不论是当队长，还是当大队长、副指挥，他都不坐在办公室里，成天从这个队跑到那个队，有问题就解决，没有问题就和工人一起干活。困了，他就往套管上一躺，把老羊皮袄脱下来一盖，和工人挤在一起眯一会儿。他的生活一直十分俭朴，一条帆布裤子补了又补，一件老羊皮袄不知穿了多少年。他脚上蹬的那双布鞋，破得不能穿了。战友们要给他领一双新工鞋，他说：“还是把新工鞋先给生产工人吧！”他自己到夏天就打赤脚，穿草鞋。吃的，他就更不讲究了。有一个时期，因为经常要到各井队去劳动，去解决问题，他就让爱人给他炒几斤苞米面，缝个口袋装上。吃饭的时候，他就随手从背后取下炒面袋，抓几把炒面放在碗里，用开水泡泡就对付一顿。有人关心他，劝他不要那么艰苦。他说：“和旧社会比还是甜呢！新中国成立前，除了光身子，我啥也没有。现在要单有单，要棉有棉，这有多幸福呀！”有一个时期，王进喜生病，吃不好，睡不好，眼窝塌下去了，体重轻了很多，但他仍不离开井场。在工人心目中铁人永远是工人。铁人与工人不同的地方，就在于他吃苦在前。对会战职工来说，铁人无愧为一面艰苦奋斗的旗帜。

大庆会战以来，从会战工委到石油管理局党委，都一直强调干部要以身作则，带头艰苦奋斗，并在不同时期，根据不同对象，提出不同要求，采取不同措施，做出统一规定。

领导干部“五同”，即领导干部要同职工同吃、同住、同劳动、同解决生产问题、同娱乐。这是会战初期对领导干部提出的要求。当时，生产和生活条件都很差，参加会战的各级领导干部按照“五同”要求，与群众同甘共苦，深入基层做思想政治工作，遇事同群众商量，虚心听取群众意见，进一步密切了党群关系，进而保证了各项生产和工作任务的完成。

工人三班倒，班班见领导，即企业基层干部坚持长年跟班劳动和轮流住队值班。这是会战领导机关从会战开始就提出的要求。根据这一要求，无论是基层生产管理干部，还是政工干部，都坚持住队轮流值班，一天 24 小时管生产。1963 年会战工委还明确了干部跟班劳动的七种形式：(1) 跟班劳动，跟班写实，进行调查研究；(2) 带上问题，跟班劳动，找解决问题的办法；(3) 住在落后班组，跟班劳动，改造落后；(4) 在最困难最艰苦的时候，跟班劳动；(5) 在最紧要关键的地方，跟班劳动；(6) 生产上遇到复杂情况，跟班劳动；(7) 人少打突击的时候，跟班劳动。

三定一顶，“三定”即定岗位、定时间、定职责，“一顶”即顶替定员。这是会战工委于1964年8月10日做出的关于干部参加集体生产劳动的规定。它的内容是：(1) 基层干部（包括钻井队、采油队、基本建设施工队、车间干部）不脱产，实行三定一顶；(2) 矿场、大队的干部（包括矿长、大队长及机关干部）实行“三定”、“两顶一”或“三顶一”(2个或3个干部顶1个生产定员；(3) 指挥部会战指挥机关干部（包括处、科长在内），实行“三定”“三顶一”“四顶一”或“五顶一”(3个、4个或5个干部顶1个生产定员)。(4) 会战指挥部和各指挥部的领导成员除认真执行好蹲点制度外，组成一个劳动小组，顶替定员，参加劳动。

领导干部“约法三章”。这是会战工委在1964年8月下旬的工委扩大会议上提出来的。它的内容是：(1) 坚持发扬党的艰苦奋斗的优良传统，保持艰苦朴素的生活作风，永不特殊化；(2) 坚决克服官僚主义，不做官当老爷；(3) 坚持“三老四严”的作风，谦虚谨慎，兢兢业业，永不骄傲，永不说假话。1964年9月下旬，石油工业部向各局、厂、公司转发了大庆工委的“约法三章”。为了执行“约法三章”的规定，油田各级党员领导干部坚持每月开一次党小组会，各级党委还坚持对执行“约法三章”的情况进行检查。

领导干部思想革命化的10条措施。这是“文化大革命”期间大庆党委制定的促进领导干部思想革命化的办法，其中绝大部分是要求领导干部带头艰苦奋斗。例如，(1) 坚持参加农副业生产劳动，各级领导和机关干部平均每人种地4～7分，参加农业劳动全过程，使干部首先成为亦工亦农的新型劳动者；(2) 坚持星期五定为干部劳动日，参加挖土方、修路、备料等劳动，当一名劳动者；(3) 到艰苦的劳动岗位上劳动，机关干部轮流到钻井队去，同工人钻井，各基层单位的领导要轮流到最艰苦的基层队组顶岗劳动；(4) 坚持向工人学习日，机关科级以上的干部，每月下到基层班组一次，同工人劳动一个班一次学习，同住一宿，同吃三顿饭；(5) 坚持组织前线指挥所，做到指挥靠前。领导干部和机关工作人员要同生产工人一样，住帐篷、跑工地，实行“三同”。

随着油田的发展和完善，会战初期形成的领导干部以身作则、带头艰苦奋斗的好传统不断得到发扬光大。现在，一些生产单位仍然是“工人三班倒，班班见领导”，“工人身上有多少泥，干部身上也有多少泥”。这方面的事例举不胜举。

12110钻井队党支部书记王志军，每天都坚持到井场和工人们一起摸爬滚打，用自己的实际行动来影响职工。队里每口井开钻他都要亲自扶刹把，固表层、完钻和下套管等关键环节他都顶上去。队长梁洪生，平时很少回家。为了便于指挥生产，他吃住在井场，一心扑在工作上。每天饭菜送到井场时，他都让工人们先吃，有时菜吃光了，他就干嚼馒头，喝凉水。1989年10月，他患了慢性肝炎，加上长期胃病，终于支持不住了。住院期间，他对队里的工作仍放心不下，经常跑回井队询问生产情况。1151钻井队的干部，在井上每样活都主动去干，靠自己的实干去带动大家。正常钻井时，每一次大加重是一项最累的活，这个队的干部就头一个站在加重漏斗前。1989年春节过后打第一口井时，由于设备出了故障，影响了生产。为了尽快修好设备，队长王明学在井上干了两天两夜。接岗的副队长来了，让他回去休息，他说什么也不肯，一直在井场上干了6天6夜。最后井口全部恢复了生产，他才离开。在干部的带动下，职工们为了多打井，顶风冒雪，不计报酬地主动连班加点，加快了生产速度。

王明学这样拼死拼活地带头干，工人哪个还肯偷懒？难怪工人们说："在我们这里，是干部叫一号拉一号呢！"

实践范例三　"三老四严"和"四个一样"发源地——中四队

【实践教学目标】

三老四严："对待革命事业，要当老实人，说老实话，办老实事；对待工作，要有严格的要求，严密的组织，严肃的态度，严明的纪律。"这一提法源自1962年，1963年形成完整表述。这一作风是大庆石油工人高度的主人翁责任感和科学求实精神的具体体现，是大庆油田企业文化融会中华民族优秀文化传统最基本、最典型、最生动的概括和总结。

四个一样："对待革命工作要做到：黑天和白天一个样；坏天气和好天气一个样；领导不在场和领导在场一个样；没有人检查和有人检查一个样。""四个一样"于1963年由李天照井组首创，得到周总理的高度赞扬，并与"三老四严"一同写入当年颁布的《中华人民共和国石油工业部工作条例（草例）》，作为工作作风的主要内容颁发。"四个一样"是党的优良作风和解放军的"三大纪律八项注意"同油田会战具体实际相结合的产物，是大庆油田广大职工自觉坚持标准、严细成风的真实写照。

大学生学习"三老四严"精神就是要学习如何做人。周总理曾经说过，只有老实人才是最聪明的人，因为只有老实才能经得起历史与人民的检验。大学生学习"三老"精神就是要重树"老实人不吃亏"的理念，让广大青年学生做老实人，对待事业踏踏实实、不要滑头耍小聪明、实事求是地说老实话，遵纪守法地办老实事。大学生学习"三老四严"精神就是要学习如何做事，做事要认真负责，加强自身建设；重视自己的世界观、人生观、价值观改造，提高自控能力，筑起思想防线；从严自律，管住自己，保持清醒的头脑。

【实践场馆介绍】

第一采油厂第三油矿中四采油队，建于1960年3月，已累计生产原油1100多万吨，安全生产15000多天。在大庆会战时期，中四采油队总结出的"三老四严"（"三老"即对待革命事业要当老实人，说老实话，办老实事；"四严"即对待工作要有严格的要求，严密的组织，严肃的态度，严明的纪律）闻名油田，并成为大庆精神的重要内容之一。周恩来、邓小平等党和国家领导人先后到中四队视察，并给予充分肯定和赞扬。50多年来，中四采油队"三老四严"传统作风始终代代相传，以其独有的教育、凝聚、引导、激励功能，影响着一代又一代石油工人。该队被原石油工业部和黑龙江省授予"高度觉悟、严细成风""团结的核心、战斗的堡垒""五好红旗单位标兵""高产稳产采油队""模范集体"等荣誉称号。先后荣获中国石油天然气总公司铜牌队、银牌队、金牌队称号，并实现中国石油天然气总公司金牌采油队"三连冠"。

【实践教学评价】

（1）实践结果：撰写报告。

（2）实践评价：教师针对学生的报告给出评价，评价标准如下：

得分	报告	活动参与情况
10	内容翔实，格式正确，对问题进行分析并有独到的见解	参观前准备充分，纪律良好，参观认真
7	内容翔实，格式正确，对问题进行分析，但没有自己的见解	纪律良好，参观认真
4	内容相对充实，格式正确，没有分析问题和提出自己的见解	准备不充分，纪律良好，参观较认真

【参考资料】

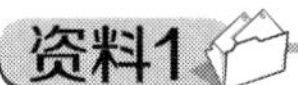

“三老四严”和“四个一样”

讲求科学、“三老四严”的求实精神是大庆油田职工在党组织指引与教育下，以马克思列宁主义、毛泽东思想和中国特色社会主义理论体系为指导，在生产斗争与科学实验中自觉实践的结果，是与一切愚昧落后、不文明不科学的旧习惯坏风气做斗争，一点一滴培育、养成、积蕴起来的。大庆人常说：讲干劲要猛如老虎，讲细劲要细如绣花。这种“细”，说的就是求实精神，这种“细”充分体现了石油职工高度的革命自觉和严细认真的工作态度。在大庆油田会战时期形成的“三老四严”“四个一样”和“干工作要经得起子孙万代检查”就是这种科学求实精神的具体体现。

1962 年大庆油田首次提出“对待革命事业，要当老实人，说老实话，办老实事；对待工作，要有严格的要求，严密的组织，严肃的态度，严明的纪律”。1963 年形成完整表述，并将其高度概括为“三老四严”，是“大庆精神”和“铁人精神”的重要内容之一。

“四个一样”是大庆油田职工把党的优良作风和解放军的“三大纪律八项注意”同油田会战具体实践结合起来的产物，是 1963 年由大庆油田采油一厂二矿五队 5-65 井组首创。即对待革命工作要做到：黑天和白天一个样，坏天气和好天气一个样，领导不在场和领导在场一个样，没有人检查和有人检查一个样。

大庆石油人就是靠着这些行为准则，这种严格的革命纪律，把天南海北来参加会战、操着不同口音的 13 路兵马最终统一到一起，组成了一个坚强的革命集体。

一、当老实人、说老实话、做老实事

所谓“三老”是当老实人、说老实话、办老实事。

"三老"的工作作风起源于一件看似平常的小事。据当年担任大庆油田三矿四队队长的辛玉和回忆，有一天，他到队里负责的西六排二号井去检查，返回途中发现队里新来的徒工小孙手里拎着一个崭新的刮蜡片急匆匆地要去上井。当时辛玉和心里就产生了疑问：小孙的刮蜡片刚领了没几天，怎么又拿了个新的上井？于是，他转身回到了材料库，找到正在当班的材料员了解情况。材料员拿出一个变了形的刮蜡片，对辛队长说："今天早晨小孙清完蜡，没有检查刮蜡片是否起到井口，就把清蜡阀门关上了，刮蜡片就被挤扁了，所以又到我这里领了个新的。"辛玉和了解完情况，从库房走回井队的路上思绪起伏，认为这不单纯是一个刮蜡片的问题，出现了这种情况小孙隐瞒事故，换个刮蜡片就了事，缺乏一个石油工人起码的老实态度，这样下去，问题积累下来，肯定会出大乱子。另外，在这件事上，也反映出最近一段时间队里的领导们都只顾忙新井投产，而放松了井队的思想工作，对职工提出严格的要求也没有很好地贯彻下去。在对这件事情深刻认识的基础上，辛玉和决定找小孙严肃地谈谈。他对小孙说："要干好工作，没有一个老实态度是不行的，对任何事情，丁是丁，卯是卯，对就是对，错就是错。"小孙也深刻认识到了自己的错误，检讨说："当时自己只是想，反正刮蜡片没掉到井里，也不会出什么大问题，换一个就行了，别人应该也不会知道，以后在工作中注意一点就好了，没想到这种说假话的行为欺骗了组织，欺骗了领导。"一般说来，因工作疏忽挤扁了一个刮蜡片，领导批评了，本人承认错误并做了思想检讨，事情也就可以过去了。但三矿四队却决心从小事做起严抓工作作风。于是井队党支部决定在小孙管的那口井上召开一个"事故分析现场会"，用这件事来教育全队的职工，会上，党支部书记李忠和重点讲了事故原因及对待事故的态度问题。他说："采油工人的工作特点是单兵作战，没有老老实实的态度、严格的要求，是管不好油井的。"小孙越听越坐不住，当即就站了起来，眼含热泪激动地表示，要求把那个变了形的刮蜡片挂在自己管的油井上，以提醒自己在今后的工作中时刻不忘这个教训。辛玉和也激动地说："干部是带队伍的人，我们怎么带，队伍就怎么走。我们不能严格要求自己和别人，队伍就不可能具有高度的革命自觉性。事故出在小孙，可根子在我身上，我这个队长只埋头抓生产，放松了职工的思想工作。"看到这样的情景，全队职工纷纷表示：应该把那只变了形的刮蜡片挂在井队上，让全队的职工天天看到，时时想到，小孙的教训也是大家的教训。大家还自觉提出，在今后的工作和生活中，要说老实话，办老实事，做老实人，要严格要求自己，对每一件事都要有一种严肃认真的态度，只有这样才能管好油井。

不久，在队党支部的带领下，全队开展了"当老实人，办老实事，说老实话，严格要求，严明纪律"的活动，党支部还制定了"干部上岗，工人监督，要求工人做到干部首先要做到"的制度。就这样，在全队逐渐形成了严细的工作作风。全队职工对每盘长达 1500 米的清蜡钢丝都要用放大镜一寸一寸地检查，确认合格后才准使用。在交接班时，发现刮蜡片直径差 0.2 毫米，生产报表涂改一个字，灭火器上有一点灰尘，开关阀门差半圈或工具摆得稍微不整齐，都要交班人一一改正，才能接班。由于全队职工都严格执行工作制度，坚持严细的工作作风，扎扎实实干工作，确保了油井的安全生产。而且，这个队建队 3 年所录取的 3 万多个数据，无一差错，在用设备也台台完好，井井站站都达到了一类标准，连续多年被评为油田标杆单位。

二、对待工作要有严格的要求、严密的组织、严肃的态度和严明的纪律

所谓“四严”是严格的要求、严密的组织、严肃的态度和严明的纪律。

大庆油田开发建设距今已走过61年的发展历程，在这61年里，大庆油田培养队伍过硬的作风关键就靠一个字——“严”。

“严”，首先体现在严格的要求。具体而言，就是办事要严肃认真，对待一切工作，都要不马虎，不凑合；做什么事情都要有个规范，干就干得好，干得漂亮，干出样子来；就是对一切工作都要有高标准，不降格要求，不满足现有水平。一旦出了差错，绝不姑息迁就。大庆油田职工就是这样来严格要求自己的。

在坚持严格要求的会战过程中，涌现出了很多令人敬佩的人、感人至深的故事。大庆石油工人有一个“纪念日”永远不忘——“难忘的四一九”，即1961年的4月19日。因为就在这一天，大庆油田的领导同志断然决定封掉一口新打的油井。其实这口井和老矿区的井相比，各方面的条件都算不错，也可以出油，只是这口井的斜度超过了当时的标准，导致这口井原油采收率和油井寿命都可能受到影响。于是建设者们含着泪，横着心，把它填死了。就在“四一九”这天，大庆油田召开了万人大会，会上把高速度、高水平地开发油田的政治意义透彻地讲了又讲，发动所有会战职工把各种各样的“老毛病”“新问题”揭露出来，弄得不少人头上出汗，眼中流泪。自“四一九”事件过后，大庆油田打出的油井确保了高质量、严要求，每口井的斜度都从原来的5°、4°、3°下降到了2°、1°，甚至0.5°，这就等于一个人沿着一条路径直走下去，走了一公里，偏差不到半米。

像这样的故事举不胜举。1964年1月16日下午，大庆油田指挥部书记、指挥，所属单位的大队长、教导员，工程技术人员以及工人代表600余人，冒着零下30多摄氏度的严寒，聚集在油建指挥部总机厂工区预制厂内开现场会。10根10米长的钢筋混凝土大梁摆放在会场中央。这些大梁表面平整光滑，没有丝毫蜂窝麻面，每根大梁的长短粗细色泽均相同，说明生产完全符合标号。但是，油建指挥部的负责人却在大会上检讨说，由于他们工作不深入，检查不严格，这些大梁的某些部位，比规定的标准宽了5毫米。5毫米的宽度不过一个韭菜叶而已，一根钢筋混凝土大梁，又不是什么精密仪器，也不影响实际使用，用得着这么兴师动众地开一次几百人的现场会吗？但是油建指挥部的负责人认为，今天我们放过5毫米的差距，明天就可能出现6毫米、7毫米……所以这5毫米必须铲掉。大庆石油人的可贵之处就在于此。现场会上，干部、工程技术人员和工人，抄起榔头、扁铲，拿起磨石、砖头，把大梁上宽出5毫米的所有部位，都一一铲掉、磨光。当时就有人说：“咱们要彻底铲掉磨掉的，不只是5毫米混凝土，而是马马虎虎、凑凑合合的坏作风！”

这就是大庆人严格的要求。把严格的要求建立在对职工队伍耐心教育、启发觉悟的基础上，使职工认清：“严”是对党、对国家、对人民、对企业高度负责的表现，“严”出责任心，“严”出高标准。

大庆石油人的“严”还体现在严密的组织。搞石油工业就是在和大自然作斗争，就是

在和深埋大自然地下的油层作斗争。针对这种特殊的工作性质，会战党委提出："光有干劲，不讲究科学，不做扎扎实实的工作，那就是一股虚劲，就会产生严重后果。""搞好一个现代化企业，不知要做多少艰苦、细致、扎实的工作。如果违反客观规律，蛮干乱干，搞坏一个企业，那就很容易。"《大庆石油会战情况的报告》中指出："高度的革命精神、冲天的革命干劲，与严格的科学结合在一起，才能发挥巨大威力，才能使主观和客观相一致，在生产上和科学技术上达到预期的效果。"革命干劲要鼓到科学研究上去，鼓到第一性资料上去，鼓到掌握自然界客观规律上去，鼓到扎扎实实的工作上去，鼓到生产上去。因此，会战党委在会战一开始，就严密组织管理，明白无误地把坚持高度的革命精神与严格的科学态度相结合，作为组织大会战的指导思想。这就是大庆油田会战时期严密组织的体现。

会战开始后，大庆油田始终坚持尊重知识、尊重人才，坚持发展科学技术。当时研究表明，大庆油田是陆相沉积的非均质油田，具有油层层数多、单层薄、渗透性差异大的特点。再加上原油物性差，含蜡量、凝固点也相对较高，这些特性在客观上都为油田开发带来了很多困难。面对多种多样的困难，广大会战职工和科技人员遵循"不同质的矛盾只有用不同质的方法才能解决"的原则，处理了一个个难题。油层层数多，渗透性变化大，注水采油互相干扰，就用"六分四清"分而治之的方法解决；薄层低渗透不出油，少出油，就采用压裂改造的方法去解决，后来又进一步发展为限流压裂的方法，效果更好；长期自喷开采、能量不济，就转变采油方式，用人工举升的方法解决；开发后期剩余油饱和度分布复杂，难以确定挖潜对象，就采用密闭取心、能谱测井、生产动态测井与数值模拟等配套方法解决；等等。总之，单个问题用单项技术解决，综合问题用配套技术综合治理的办法解决。如今，大庆油田的生产方式已发生了根本性的变化：科技人员研制的"井壁超生彩色成像技术"，使人在地面就能够清晰、准确地观察到千米地下井管哪个部位发生了破损以及损坏的形状和程度；大庆建立起来的油田勘探开发综合数据库，使科研人员可以通过操纵计算机，研究全油田和各类采油厂的各种开发指标及其变化规律。这些都是在油田严密组织领导下的取得的丰硕成果。

大庆油田首创的岗位责任制也是会战时期严密组织的体现。著名的岗位责任制源自油田一个注水站的一场火灾，直接经济损失高达160万元。会战开始不久，针对石油工业地下作业多、隐蔽工程多、间接获取资料多，和大兵团、多工种、作业分散的实际作战情况，油田党委不断严密组织管理。然而，由于油田开发初期，生产和建设规模迅速扩大，管理工作很难跟上去，实际工作中的矛盾也变得越来越尖锐。1962年5月8日，中一注水站因管理不善，发生了一场特大火灾。会战工委决定通过这起事故的教训，进一步严密组织管理，发起了一场所有会战职工都参与的"一把火烧出的问题"的主题大讨论。讨论时会战领导明确提出，类似这样的严重事件必须从根本上杜绝。随后，会战工委又召开了全体党员干部大会，讨论总结失火的惨痛教训。与此同时，会战工委还组织了160名生产管理干部到10个不同类型的基层单位蹲点，了解和掌握实际情况。时任会战副指挥的宋振明来到刚建立不久的北二注水站蹲点。在此期间，他发现张洪州班组织管理办法很好。他们根据工作经验，把要管的物资和相对应的工作，按照生产工艺和工作量的轻重划分为

5个区、8个岗位，明确规定每个岗位的具体职责，做到人人有专责、事事有人管、办事有标准、工作有检查，形成了岗位专责制，在此基础上，会战指挥部领导又指导北二注水站借鉴其他单位的经验，将他们订立的岗位专责制不断修改完善，最终制定出了岗位专责制、交接班制、巡回检查制、设备维修保养制、质量负责制、岗位练兵制、安全生产制、班组经济核算制8种组织管理制度，归纳总结后统称为“基层岗位责任制”。会战职工坚守这种组织管理制度，做到了“集中作战讲质量，分散施工不变样，单人独马自觉严，任务再重不转向”。

此后，会战工委在全油田推广了岗位责任制，还先后建立了基层干部岗位责任制和机关干部、领导干部岗位责任制，并强调“岗位责任制的灵魂是岗位责任心”。这一整套岗位责任制，把千万项的具体工作同千万名会战职工联系起来，将每项工作都落到实处，这就体现了油田生产的客观要求，具有广泛的科学性、群众性和实践性，对石油企业的组织管理，发挥了重要作用。同时也涌现出了一大批坚守岗位责任制、严密组织管理的典型。

供电公司星火一次变电所职工，提出了“在岗一分钟，负责六十秒”的口号，并用“藐视一千天，重视一伸手”的警句来制约自己，形成了时时从严、事事从严、人人自觉的好习惯。在这种严密的组织管理下，所里的16个人创造了纪录5万字无一涂改的记录，所记录的各种数据多达50余万个，无一差错，实现了全所安全运行3000天的目标，并连续5年被评为东北地区红旗变电所，1989年被命名为“全国能源工业先进集体”。

被人们称作“严字当头的好班长”的赵纯义，1983年10月被派往远离石化总厂16公里外的红旗泡泵站工作。数年来，他始终坚持“严”字当头抓组织管理，对泵站的每一项工作都提出了具体的标准，就连最日常的消防器材和各项施工工具的摆放都有指定位置。在他的组织下，泵站还制定和完善了100多项组织规章管理制度。所有的这些规定、制度，赵纯义都带头执行。有一次，为了解决泵站计量间地下水压力大、槽壁经常被鼓坏、计量间里常渗水的问题，赵纯义从当天下午3时到第二天上午9时，持续18个心时，蹲在3米深的地下计量间里观察水泵合适的开关时间。腿酸了，就站起来活动一下；肚子饿了，就随手拿个馒头啃几口。地下室里光线昏暗，累得他眼睛流泪、发胀。经过长时间的持续观察，终于找到了解决问题的办法：白班检查一次，夜班再开一次泵，罐里就不会再冒水了。经过这件事情，泵站原有的规章制度又增加了一条，就是防止计量间水罐冒水。最终，在这种严格的组织管理下，他和泵站的同事共同避免了65起事故的发生，并改观了曾经泵站组织管理混乱的局面，连续多年被评为同工种样板泵站。1987年在全国石化系统班组建设竞赛中，荣获了东北组一等奖。

为了进一步严密油田组织管理，1989年6月至8月间石油管理局组织了第92次岗位责任制大检查，并统一组织制定了25种检查标准。以这25项标准为对照，先在基层队组织检查，然后分别向局、厂两级机关派出3700多名管理干部，配合基层同志，对48个二级生产单位、718个生产大队、2266个基层小队和1.7万多口油水井站进行检查。共发现了198726个问题，当时就组织整改了192725个，保障全油田上万口油水井，上千座油、水、电站，和十几万台机器设备，90%以上都处于良好的工作状态，使会战初期形成的

"人人出手过得硬，事事做到规格化，项项工程质量全优，台台在用设备完好，处处注意勤俭节约"的传统作风进一步得到发扬光大。

大庆油田严密的组织还体现在一个重要方面，就是会战党组要求所有会战职工必须扎扎实实地做工作，不搞花架子，不图虚名，讲求实效。无论是在艰难困苦的20世纪60年代，还是在"文化大革命"期间；无论是在持续数十年的高产稳产期间，还是在改革开放进入攻坚深水区的今天，大庆石油人始终坚持"任尔东西南北风，咬定青山不放松"，老老实实地找油、采油，老老实实地为国家作贡献。

大庆石油人的"严"更体现在严肃的态度。石油行业有其特殊的工作特点：石油工人的工作对象都是在地下，整个石油开采系统更是一个看不见、摸不着的隐蔽性工程。在这样的情况下，要保证油井准确打入有开采价值的油层，还要根据不同的油层层性采取相应的配套技术，同时在开采过程中还要随时掌握油层的变化，更要不断改善工艺以保持石油开采的高产稳产，等等。所有这些问题，如果没有严肃的态度作保障，是无法解决的。可以说，严肃的态度是大庆石油人求实精神的客观基础。基于这样的认识，会战一开始，党组织就把尊重科学、讲求科学的严肃态度，作为一条重要原则，贯彻到整个石油会战过程中，并且数十年来坚持不懈。会战党委在严肃的态度方面提出了以下三个原则：

一是强调狠抓第一手资料。在大庆会战初期，会战党委要求每打一口井都要取全取准20类资料、72项数据，而且一个不能少，一点不能错。提取岩心，通过化验分析及综合研究对比，确定地层岩性，地层构造情况以及油气藏情况，就是其中最重要的第一手资料。会战三年期间，共钻井取岩心1304米，井壁取岩心14500颗。共测线2万多米，长2万多公里，测压力4万多次。会战职工对这些原始资料做过55万个岩样分析，165万次分析化验，1744万次地层对比。大庆石油人就在这样严肃的工作态度下，通过艰苦、扎实地工作，掌握了油田地下动态的变化及油层的各种情况，为会战党委做出正确的决策、部署，提供了最齐全、最准确、最可靠的第一手资料。当时广为流传的"方永华班捞岩心"的故事，就充分反映了会战期间石油工人对取全、取准第一手资料的严肃态度和工作作风。3249钻井队方永华班，有一次从井下取岩心的时候，一个6米岩心的一半断落地下，未取成功，岩心的收获率就没有达到规定的标准，当时班长就急得掉了眼泪。班里的其他职工见此情景，斩钉截铁说："没完成任务，就不离开岗位，非把岩心全部取上来不可。"于是，他们连续多次起钻、下钻，持续工作了26个小时，队长劝他们休息一下，他们没有一个人答应，坚持不吃饭、不睡觉也要完成任务。指导员见此情况，又是着急，又是心疼，只好亲自把馒头、饺子给他们送到工作现场，职工们却说："岩心取不上来，吃什么也不香。"他们坚持不捞起岩心不吃饭，直到把6米岩心全部取了上来才肯休息。

二是坚持实践第一，实事求是。大庆油田投入开发建设初期，面对这样一个大油田、好油田，审慎地设计布局，力求开发效果良好，是会战领导工作的重中之重。为了保证大庆油田顺利勘探开采，一方面，会战领导组织专门人员调查国外同类油田的情报，注重借鉴实践经验教训；另一方面，会战领导还做出了开辟生产实验区的决策，即在油田中区选择一块具有一定代表性的区块（数十平方公里），把各种可能采用的开发方案，都在区块中试验生产。通过典型试验、解剖“麻雀”、揭露矛盾，会战职工终于掌握和总结出了大庆油田的勘探开采规律。正确的思想，一旦被群众掌握，就会变成群众的自觉行动，就能产生巨大的力量。其实，大庆油田的开发建设还存在诸多实践困难，比如原油的含蜡量高、凝固点高、黏度高，在28℃下就不流动了。而大庆又是一个高寒地区，这就增加了原油集输的实际困难。为了有效地解决这个技术难题，石油高校的一些教授、油田的广大技术人员和参加会战的采油工人，在现场进行了无数次的原油地面集输工艺流程试验。他们在试验中，了解了232口井的生产情况，获取了8万多个数据，经过两年多时间的反复试验和详细分析，最终解决了油井保温、清蜡、管线回压等关键技术难题，并创造了单管密闭油、气混输加水套式加热炉的原油集输工艺流程。石油职工将这种工艺流程亲切地称作为“萨尔图式流程”。这种原油集输流程的应用，不仅符合当时大庆地区的实际情况，很好地解决了“三高”原油的集输问题，同时，这种技术与当时世界上其他原油集输流程比较，节约钢材33%，节约投资13.5%。

三是紧密结合油田生产实际，不断改进和完善油田开发技术。这一原则，是大庆油田会战期间制定的严格纪律，在大庆油田开发建设的62年历程中依然坚守。半个多世纪来，大庆油田坚持以马克思主义的世界观方法论为指导，既紧密结合油田生产实际，能动地认识油层情况，同时，还提出要通过实践不断地改造油层，在实践、认识、再实践、再认识的往复循环中，不断探索地下油层的奥秘，挖掘石油开采的客观规律，攻破油田开采的技术难题。

在大庆油田勘探开发初期，油田基本处在不含水层面，用比较简单的开采技术就可获得较高的石油产量。但开采一段时间后，地下压力开始下降，石油自喷能力也在不断减弱，面对这样严峻的现实，会战广大技术人员同采油工人一起，通过不断地开采实践，认真分析实践结果，提高认识，最终采取了注水技术，即用注水井把水打入地下，通过水的压力推动砂岩中的原油加速流入油井管。此后，注水技术又在实践中不断改善，使油田确保高产稳产。但是，经过一段时期的注水技术采油后，新的问题又出现了。因为，注水开采的对象主要集中在较厚的主力油层，经过注水后这一油层的含水量不断提升，造成了原油产量递减速度重新加快。于是大庆石油人又把开采的目标转向了较薄的油层，采取了在一个区域内大量增加钻井密度的办法，以井网的方式进行分层开采，几乎动用了所有的油层来加快出油，同时，还转变石油开采的具体方式，即将自喷开采转为机械抽油，从而保证了石油的产量。

大庆油田至今60多年的开发历程，经历了无水期、低含水期、中含水期、高含水期四个阶段。大庆油田石油开发的科学研究工作就是根据不同时期的油层特点，进行超前研究，以保障每个开发阶段都能具备及时、与之相应的配套技术。例如，早在1970年前后，大庆油田的油层含水量已达17.5%左右，面对这种极为困难的客观环境，油田从事科技研究的管理干部严格遵循周恩来提出的“两论起家”的指示，在中区西部进行了中含水期提高石油采油速度的试验；1976年以后，大庆油口的综合含水量已达到37.6%，尤其老区主力油层已进入高含水量阶段，针对这种情况，油田领导又提出了改进采油工艺，猛攻十大工艺技术课题；1980年，针对高含水阶段采油的一系列重大技术难题，大庆油田又开辟了多个现场试验区，进行多项开发技术试验，同时，还组织了多学科联合攻关“高含水期开采技术研究”难题；当大庆油田即将进入高含水后期，特别是“八五”期间，油田含水量高达87%以上，高产稳产的难度进一步加大，但大庆油田的广大科技人员坚持发扬“敢想敢说敢干、严格严肃严密”的作风，决心向科技要智慧，通过科学研究寻求解决办法，以保证大庆油田高产稳产持续不断。

大庆石油人的“严”又体现在严明的纪律。“严在针尖上，细在发丝上”，“宁要一个过得硬，不要99个过得去”。这是大庆会战初期周占鳌和他所在的油建十一中队，为提高施工水平和工程质量坚守的严明纪律。一次，某排油井投产后，队长周占鳌去回访，在检查过程中，发现一口井的清蜡杆上残留了几滴油渍。几天后他依然放心不下，又专程去看那口井，发现清蜡杆的焊口上还是留有油渍。夜里，他还是在琢磨那几滴油渍，翻来覆去睡不着，就第三次到了井上，奇怪的是焊口上还是存在油迹，于是断定这个焊口一定有“砂眼”。他立即赶回队里，找来井队工程师，连夜把砂眼补好。在会战后的油田开发建设中，周占鳌所在的十一中队，累计建泵站所4座，安装井口2338套，铺设管线2286公里，焊接上百万道焊口，完成建安工作量12104万元，工程质量合格率100%，优良率始终达到80%以上。这个队“好字当头，自觉从严”的严明纪律一代一代传下来，并在油田建设队伍中形成了风气。

视频13-7
三代铁人跨越时空的对话

60多年的风雨兼程，大庆油田在队伍作风建设上，一直坚持严格的要求、严密的组织、严肃的态度、严明的纪律，每一个新油田的开发和老油田区块的调整，都要求有系统配套的开发和调整方案，否则不准施工；每一个工程项目都必须有完整的设施，都必须事前经过审查、事中加强监督、事后严格验收，不允许存在工程事故隐患；每一个项目的施工过程，都必须有严格的经济核算和管理，努力做到工完料净场地清。这样，不仅提高了企业的管理水平，而且使“三老四严”的作风进一步在队伍中扎了根。

三、“四个一样”

1963年由李天照任井长的采油一厂二矿五队5-65井组首创的“四个一样”的工作作风，是大庆石油大会战时期全体会战职工工作形象的真实写照，得到周恩来的高度赞扬，并与“三老四严”一同写入当年颁布的《中华人民共和国石油工业部工作条例（草例）》，作为石油行业工作作风的主要内容颁发。

李天照井组管理的3口油井均地处油田边缘。1963年7月的一天，瓢泼大雨下个不停，可一小时一次的油井巡回检查时间已经到了。当班徒工小刘心想，“这么大的雨怎么出去啊，等雨停了再去检查吧。”这时井长李天照却冒着雨冲出了值班室。检查过程中发现，加热炉底部已经进水，火苗正挟着黑烟从炉口处向外燃，马上就要呛灭了。他立刻拿起铁锹，挖了3条水沟，排出了积水，重新调好合封。为了确保安全加热，他站在大雨中观察了好一段时间，直到加热炉正常燃烧才回到值班室。他边脱下外衣拧尽雨水，边对徒工小刘说：“越是坏天气越容易出问题，咱们干工作，要坏天气和好天气一个样才行呀。”

就这样，这个井组在李天照井长的带领下，又把在实际工作中总结出来的几个“一样”，写进井组的纪律中，首创了“四个一样”的工作作风，即对待革命工作要做到：黑天和白天一个样，坏天气和好天气一个样，领导不在场和领导在场一个样，没有人检查和有人检查一个样。这个井组就是凭着这种高度的自觉自律精神，其录取的21334个地质数据无一差错，油井各种设备上的862道焊口、70个大小阀门，无一处漏油漏气，1851套螺丝全部完整无缺，83件工具、仪表各个完好，油井长期安全生产，月月超额完成原油生产任务，年年获得油田“标杆井组”荣誉称号，在大庆油田多次被评为五好红旗井组。

“四个一样”是建立在广大油田职工的主人翁意识基础之上的，它的实质就是一种高度的自觉自律精神。只有职工队伍具备了这种好的工作作风，油田的各项规章制度才能切实贯彻落实，才能保证各项工作的扎实开展。在1963年年底召开的中共中央东北局工交企业基层工作经验交流会上，时任石油工业部党组书记的余秋里介绍了大庆的工作经验，并欢迎与会各位代表对大庆油田的工作进行检查、批评、指导。于是代表们用各种方法检验了大庆油田的工作，尤其是岗位责任制的执行情况，除了多次访问、检查会议安排的参观点外，还在会议安排之余进行了多次突击检查，甚至有的代表还白天明察、夜里暗访，不是暗访一个点两个点、一次两次，而是好多点、好多次。经过多数人多次反复的检查，与会代表普遍认可，大庆石油人思想觉悟高，工作态度认真，工作成果也经得起检验，尤其是认真坚守岗位、严肃执行制度的工作作风，真正做到了“四个一样”。

因此，“四个一样”集中体现了会战时期大庆石油人爱岗敬业、争创一流、脚踏实地、自觉从严、自觉加压的高尚品质与觉悟；体现了会战时期大庆石油人的自我道德约束和饱满的工作激情；体现了会战时期大庆石油人忘我奉献的精神实质。“四个一样”是会战时期大庆石油人的重要精神支柱，是大庆油田的宝贵精神财富，对大庆油田的勘探、开发、建设及企业核心竞争能力的提升和我国石油事业的发展有着重要而深远的意义。

“四个一样”产生60多年来，始终激励着全体油田职工继承和弘扬石油大会战的优良传统，不断刷新成绩，成为促进企业发展的强大精神动力。

实践范例四　爱国主义教育基地——大庆精神育人展馆

【实践教学目标】

东北石油大学与大庆油田同生共长，血脉相连。大庆精神是学校宝贵的精神财富，是学校的育人之魂。从建校初期“捡粮、种地、干打垒”的艰苦创业、荒原办学到学校迁建大庆的二次创业、跨越发展，从“三宝”“九风”的优良传统到“艰苦创业，严谨治学”的校训积淀，无不闪耀着大庆精神的光芒，大庆精神已深深融入学校各个时期的育人理念之中，成为教育、熏陶、影响和激励东北石油大学（简称东油）师生的精神力量之源。用大庆精神办学育人是东油人的教育理念，是东油人的价值追求，是东北石油大学的校魂，更是学校发展的优势和特色，成为学校提升办学水平、提高教育质量的重要精神力量。大庆精神育人展馆是学校与学生之间交流沟通的真切纽带，是让学生了解校史、校情、校训时间场所，使每一位学生都能够深入地了解学校，从而更好地接受学校的教育。

【实践场馆介绍】

大庆精神育人展馆是东北石油大学对师生开展大庆精神教育、育人做法和育人成果展示的专题馆。东北石油大学与大庆油田同生共长，血脉相连，助力大庆油田发展，助推石油工业壮大。东油人与大庆石油人一道成为以“爱国、创业、求实、奉献”为基本内涵的大庆精神的创造者、践行者和传承者。大庆精神是学校宝贵的精神财富，是学校的育人之魂。从建校初期“捡粮、种地、干打垒”的艰苦创业、荒原办学到学校迁建大庆的二次创业、跨越发展，从“三宝”“九风”优良传统的形成到“艰苦创业，严谨治学”校训的积淀，无不闪耀着大庆精神的光芒，大庆精神已深深融入学校各个时期的育人理念之中，成为教育、熏陶、影响和激励东油师生的精神力量之源。

【实践教学评价】

（1）实践结果：演讲

（2）实践评价：教师针对学生的表演情况进行评价，评价标准如下：

得分	表演情况
10	准备充分，演讲流畅，台词熟练，感情丰富
7	准备充分，演讲流畅，台词熟练，感情不够丰富
5	准备较充分，演讲较流畅，台词较熟练，感情不够丰富

【参考资料】

艰苦创业　兴教荒原

1960 年，随着石油会战轰轰烈烈地打响，周恩来总理亲自指示在油田建一所培养高级石油技术人才的高等院校，安达石油学院筹建处成立。1961 年原石油工业部党组决定从北京石油学院、黑龙江石油专科学校和抚顺石油学院等单位抽调一批满腔热血、经过严峻考验的教师、干部和工人，同时还有一批来自北京、天津、上海等地著名高校的毕业生和教师，响应国家号召，远离繁华都市，怀着崇高的理想信念和报国之志，先后来到当时松辽会战的指挥部所在地安达小镇，建设新中国第一所建立在油田上的大学——东北石油学院（1975 年更名为大庆石油学院，2010 年更名为东北石油大学）。他们用自己的忠诚与热情、青春与智慧，承担起了为石油工业培养急需的高级工程技术人才的重任。

建校之初，正值三年自然灾害时期，办学条件异常艰苦，开拓者们发扬大庆精神、铁人精神，在荒原上盖起了四千多平方米的“干打垒”，组织900多名师生兵分3路，冒着零下30摄氏度的严寒到北安、克山、萝北三个农场捡回来8万多斤粮食，同时靠人拉犁建起了自己的农场，师生自己种地养猪，为建校开学提供了基本条件。东油师生员工硬是靠“捡粮、种地、干打垒”的艰苦奋斗精神，靠马棚开课、脸盆端水开实验的创业精神，靠学生第一、教学第一的育人态度，开始了第一次艰苦奋斗、兴教办学的创业历程，创出了当年建校、当年招生、当年开学、当年上课的教育史上的奇迹。因此，学校无论从选址、人员配备，还是到专业设置等都深深烙上了“石油”的烙印，东油人从此也责无旁贷并义无反顾地承担起了振兴民族石油工业的历史使命。

资料2

同生共长　血脉相连

我校随着大庆油田的发现而诞生，为满足国家石油战略资源开发、建设石油工业之急需而建立，学校与大庆油田同生共长、与石油工业血脉相连。学校第一届学生就在半是荒野半是工地的松辽石油会战现场开学，第一批老师中就有来自油田的总工程师，第一批教材就来自源于油田生产的先进经验和科技成果。在办学过程中学校轮换派出教师到矿、厂进修和实习，教师组织现场教学，以矿场的先进技术和经验充实教学内容，邀请现场工程技术干部帮助指导毕业设计，进行专题讲座。在50多年发展历程中，我校长达40年隶属石油工业部、石油天然气总公司，为开发油田、建设油田服务已是学校责无旁贷和义不容辞的重任。东北石油大学见证了新中国石油工业从小到大、从弱到强的光辉历史。学校在人才培养、科学研究、社会服务、文化传承与创新方面的办学实践活动及其成果，无不渗透和体现着“大庆精神和铁人精神”的精神特质。

资料3

三宝九风　传统积淀

建院初期，学校党委十分重视良好作风、良好学风建设，响亮提出学习抗大作风，学习松辽作风，树立以院校为家、艰苦为荣的思想。气壮山河的松辽会战的熏陶，白手起家的建校实践的锤炼，油味浓厚的专业设置，立足油田的服务面向，扎实有效的思想政治工作引导，使我校在建校的短短几年时间里，就形成了以“三宝”“九风”为标志的办学传统。“三个传家宝”就是思想政治教育、艰苦奋斗、教学为主；“九个风气”的基本内容为热爱石油、热爱学校、热爱集体荣誉成风，以艰苦奋斗为荣、不怕困难成风，敢于承担重任、敢想敢干成风，自力更生、勤俭办学成风，团结友爱、互相协作成风，调查研究、一切从实际出发成风，雷厉风行、说干就干、干就干好成风，严格要求、循循善诱、教书育人成风，刻苦钻研、勤奋读书成风。这“三宝”“九风”是大庆精神、铁人精神在教育领域的体现，不仅培育了建院初期的一代东油人的精神风貌，也成为学校的宝贵精神财富，不断激励和坚定东油人报效祖国、献身祖国石油事业的信心和决心。

铸魂育人　薪火相传

用大庆精神办学育人已深深融入学校的办学历程中，凝练、总结和积淀成了“艰苦奋斗，严谨治学”的校训和“严谨、朴实、勤奋、创新”的优良校风，成为学校鲜明的办学特色与教育理念。“学石油、爱石油，献身石油”已经成为一代又一代东油人的情感归宿和价值追求。在学校历届党代会报告和学校发展规划等重要文件中，都明确提出了用大庆精神育人的办学指导思想和具体要求。

参考文献

[1] 徐雁，冯清，余虹. 思政实践课实训指南. 2版. 武汉：武汉大学出版社，2018.

[2] 邬勇，范建明. 大学生思想政治理论课实践教学实用教程. 北京：科学出版社，2018.

[3] 戴钢书. 高校思想政治理论课实践教学论. 北京：中国人民大学出版社，2015.

[4] 李国俊，宋玉玲. 大庆精神. 北京：中共党史出版社，2018.

[5] 杨晓龙，赵金子，王世恒，等. 大庆精神. 哈尔滨：黑龙江教育出版社，2016.

[6] 陈雷，王继全，吴彩强. 发现的魅力：思想政治理论课实践教学优秀成果撷英. 北京：光明日报出版社，2015.

[7] 杨晓龙，杨锐锋，王世恒，等. 大庆精神理论与实践研究. 哈尔滨：黑龙江教育出版社，2012.